Thomas Gronenthal et al.

Das Diesel-Desaster

Chronologie eines deutschen Dramas

Die Geschichte des größten Industrie-Skandals Deutschlands

Thomas Gronenthal et al.

Das Diesel-Desaster

Chronologie eines deutschen Dramas

Die Geschichte des größten Industrie-Skandals Deutschlands

Diplomatic Council Publishing

1. Auflage 2022

Bibliografische Informationen der Deutschen Nationalbibliothek

Die Deutsche Nationalbibliothek verzeichnet diese Publikation in der Deutschen Nationalbibliografie; detaillierte bibliografische Daten sind im Internet über http://dnb.d-nb.de abrufbar.

Printed in the Federal Republic of Germany.

Gestaltung, Cover, Satz: IMS International Media Services, Wiesbaden

Gedruckt auf säurefreiem Papier.

Print ISBN: 978-3-947818-83-9

E-Book ISBN: 978-3-947818-84-6

„Wir werden eine Arbeitslosigkeit erleben, wie wir sie noch nie gehabt haben. Wenn die Politiker hier den Hebel umlegen, wird es zappenduster in Deutschland … Ich warne die Politik, das Thema Klima eindimensional anzugehen und mit dem Wohlstand in Deutschland zu pokern … Was ich in Brüssel erlebe, ist nur verbieten, verbieten, verbieten.“

Manfred Schoch, Vorsitzender des BMW-Betriebsrats, 2021

„Das, was wir gemacht haben, war Betrug, ja.“

Herbert Diess, Vorstandsvorsitzender Volkswagen AG
18. Juni 2019

„Die VW-Ingenieure dürften unter massivem Druck gestanden haben und sind an die Grenzen dessen gestoßen, was möglich ist. Tricksen war wohl die einzige Möglichkeit.“

Elon Musk, CEO Tesla, 2015

„Ganz ohne Bescheißen werden wir es nicht schaffen“.

Giovanni P., Audi-Manager, 22. Januar 2008

Inhalt

Vorwort

Über Jahrzehnte hinweg galt der Diesel als besonders sauberer Motor. Wer sich einen Diesel zulegte, konnte sich geradezu als Umweltschützer wähnen.

Dann kam das Jahr 2015 und der Diesel geriet zum Symbol einer Dreckschleuder, für die man sich schämen sollte. Die Verkehrung ins Gegenteil war verbunden mit dem wohl größten Industrieskandal, den Deutschland jemals erlebt hat.

Dax-Konzerne hatten die Politik, die zuständigen Behörden und ihre Kunden über Jahre hinweg mit falschen Angaben belogen und betrogen. Statt die Motoren immer umweltschonender zu entwickeln, wie sie vorgaben, hatten sie mit Schummelsoftware dafür gesorgt, dass die Wagen bei den behördlichen Fahrzeugtests viel weniger Emissionen ausstießen als im Straßenverkehr.

Als die Sache aufflog, setzten die Automobilkonzerne alles daran, ihr beschämendes Tun zu vertuschen und sich aus der Verantwortung zu stehlen. Die Vorstände gaben sich ahnungslos die Hersteller ließen Millionen von Kunden im Regen stehen. Schnell weitete sich der Skandal über den Diesel hinaus auf alle Fahrzeuge mit Verbrennungsmotor aus.

Mit dem millionenfachen Lug und Betrug schufen die Autohersteller unbeabsichtigt die Grundlage für um sich greifende Fahrverbote und legten ebenso ungewollt die Basis für den mittlerweile wohl unaufhaltsamen Siegeszug der Elektromobilität. Indes deutet vieles darauf hin, dass die deutschen Autohersteller an diesem Siegeszug kaum noch teilnehmen werden. Tesla führt die Spitze der E-Mobilität an, gefolgt von zahlreichen innovativen chinesischen Automobilherstellern und mutmaßlich in Zukunft von weiteren US-Konzernen wie Apple oder Google. BMW, Daimler, Volkswagen und Co haben sich so lange auf die Vergangenheitsbewältigung kümmern müssen, dass sie über lange Jahre hinweg ihre Zukunft vernachlässigt haben.

Doch während in der Konzernwelt der Kampf um die elektromobile Zukunft in vollem Gange ist, gehören die meisten von uns noch zu den Betroffenen des Skandals, der weit vor 2015 seinen Lauf nahm: Wir besitzen noch einen Benziner oder einen Diesel und viele von uns werden auch noch in den nächsten Jahren einen Wagen mit Verbrennungsmotor fahren.

Daher ist das vorliegende Buch nicht nur eine Geschichte über den größten Industrieskandal Deutschlands, sondern bleibt auch solange aktuell, wie Diesel und Benziner auf unseren Straßen fahren.

Thomas Gronenthal et al.

An diesem Werk haben zahlreiche namhafte Mitglieder der UNO-Denkfabrik Diplomatic Council mitgewirkt, vornehmlich durch fachliche, technische, visionäre, wissenschaftliche, gesellschaftliche und politische Beiträge. Das vorliegende Buch stellt in diesem Sinne ein Gemeinschaftswerk „et alii“ bzw. „et aliae“ dar. Diesen Gemeinsinn will die Autorengemeinschaft mit dem bibliografischen Kürzel „et al.“, also „und andere“, ausdrücken.

Dicke Luft durch Diesel

„Der Diesel“ steht seit dem Jahr 2015 geradezu als Symbol für Betrug, Umweltverpestung und eine untergehende Ära. Sein Erfinder Rudolf Diesel trägt daran keine Mitschuld. Ganz im Gegenteil war der Dieselmotor seinerzeit besonders innovativ und galt über viele Jahre hinweg als Inbegriff des sauberen und umweltschonenden Fahrens.

Luftverschmutzung seit den 1950ern

Seit dem späten 19. Jahrhundert werden Verbrennungsmotoren in Automobilen eingesetzt. Doch das Problem der dadurch verursachten Luftverschmutzung rückte erstmals in den 1950er Jahren ins öffentliche Bewusstsein, zumindest in den USA, genauer gesagt in Kalifornien.[1] Dort wurden 1959 die ersten Standards für die Luftqualität festgelegt, auf deren Grundalge Emissionsgrenzwerte für Kraftfahrzeuge entwickelt wurden, die ab 1966 eingehalten werden sollten. 1968 trat in Kalifornien das erste Gesetz zur Begrenzung von Abgasemissionen in Kraft. Deutschland folgte 1971 mit der Festsetzung von Abgasgrenzwerten für Ottomotoren. 1973 kam der sogenannte Dreiwegekatalysator auf den Markt, der aber erst ab 1981 in Pkw eingebaut wurde.[2] Damals galten Dieselmotoren als besonders umweltfreundlich, weil im Abgas weniger Kohlenstoffdioxid, weniger Kohlenwasserstoffe, weniger Kohlenstoffmonoxid und weniger Stickoxide enthalten sind. Allerdings arbeiten Diesel nicht mit dem Prinzip des Dreiwegekatalysators zusammen und haben daher seit Beginn der 1990er Jahre einen sogenannten ungeregelten Oxidationskatalysator. Dieser wandelt Stickstoffmonoxid zu Stickstoffdioxid, reduziert die HC- und CO-Emissionen und senkt den Partikelausstoß.[3] Anfang des 21. Jahrhunderts geriet der Diesel wegen des Rußausstoßes in die Kritik, wogegen flächendeckend Rußpartikelfilter für die Dieselmotoren eingeführt wurden.

Doch es wurde über die Jahre hinweg zusehends schwieriger, die immer schärferen Umweltauflagen zu erfüllen. Zunächst wurde bei Dieseln versucht mit innermotorischen Maßnahmen wie einer niedrigeren Verbrennungstemperatur den Stickoxidausstoß zu senken und zugleich den dadurch verursachten erhöhten Rußpartikelausstoß durch einen besseren Rußpartikelfilter zu kompensieren. Als auch das nicht mehr genügte, kamen nachmotorische Verfahren wie Speicherkatalysator und die selektive katalytische Reduktion zum Einsatz.

Man kann es auch deutlicher formulieren: Die Hersteller versuchten über Jahre hinweg verzweifelt, die Abgasnormen zu erfüllen und taten sich damit immer und immer schwerer. Die Katastrophe – die Aufdeckung der Diskrepanz zwischen den gesetzlichen Erfordernissen und dem tatsächlich Ausstoß der Fahrzeuge –, wie sie sich ab 2015 entwickelte, war also schon lange Jahre vorprogrammiert.[4] Das galt umso mehr, als insbesondere Pkw-Diesel bis 2015 auf die sogenannten Rollenprüfstandtestzyklen hin optimiert wurden.[5] Anders ausgedrückt: Die Hersteller haben ihre Motoren auf optimale Prüfungsergebnisse nach vorgefertigten Rechenmodellen ausgerichtet, während der tatsächliche Schadstoffausstoß weitaus höher lag. Prinzip: Im Test sauber abgeschnitten, beim normalen Fahrbetrieb unbekümmert dreckig. Die „Optimierung der Optimierung“ gelang den VW-Ingenieuren mit einer Software, die erkannte, ob sich der Motor im Testbetrieb befand und dementsprechend das Abgasreinigungssystem exakt auf die jeweiligen Anforderungen des Testzyklus einstellte. Technisch war diese automatische Zykluserkennung kongenial, jedoch rechtlich verboten, was den Auslöser des VW-Skandals darstellte – und das Ende der Ära von Verbrennungsmotoren einläutete. Seitdem wurde versucht, das Emissionsverhalten nicht mehr im Hinblick auf die Prüfzyklen zu optimieren, sondern im realen Fahrbetrieb zu verbessern. Als auch das an sein Ende stieß und gleichzeitig die gesetzlich vorgeschriebenen Testverfahren immer strenger wurden, blieb nur noch die Umstellung auf elektrisch betriebene Automobile, wie sie sich seit 2020 vehement vollzieht.

Diesel: Motor mit Selbstzündung

Der Dieselmotor ist ein Verbrennungsmotor mit Kompressionszündung. Der Name geht zurück auf den Erfinder Rudolf Diesel, dem es in den Jahren ab 1893 erstmals gelang, das Prinzip der Selbstzündung bei einem Motor anzuwenden.[6] Das bedeutet, dass sich der Kraftstoff bei der Einspritzung aufgrund der heißen Luft im Brennraum des Motors von selbst entzündet, also keine Zündkerze notwendig ist im Gegensatz zum Benzinmotor, der auch als Ottomotor bezeichnet wird. Diesel sind sogenannte Vielstoffmotoren, das heißt, sie können im Prinzip mit allen Kraftstoffen betrieben werden, die die bei der Betriebstemperatur des Motors von der Kraftstoffpumpe gefördert werden können, sich gut im Brennraum zerstäuben lassen und sich zünden lassen. Nach dem Ersten Weltkrieg kamen tatsächlich überwiegend minderwertige Öle als Kraftstoffe zum Einsatz. Bis in die 1930er Jahre waren Petroleum, Schmieröl, Gasöl und Pflanzenöle in Reinform oder Mischungen daraus üblich.[7] Erst mit dem Voranschreiten der Motorentwicklung stiegen auch die Ansprüche an den Kraftstoff. So wurde erstmals nach dem Zweiten Weltkrieg in der DIN-Norm 5160 Landkraftfahrzeuge überhaupt ein Dieselkraftstoff definiert. Erst seit 1993 ist der

Dieselkraftstoff im Standard EN 590 genormt; er wird dort schlicht Diesel genannt.[8] Im Brennraum des Motors findet zwischen dem Kraftstoff und der angesaugten Luft eine chemische Reaktion statt, welche die im Kraftstoff gebundene Energie in Motorleistung umgewandelt wird. Dabei zerfallen die Kraftstoffmoleküle, so dass Abgase entstehen. Bei einem Idealmotor, wie es ihn in Wirklichkeit allerdings nicht gibt, werden alle brennbaren Bestandteile des Kraftstoffs durch eine optimale Sauerstoffzufuhr vollständig verbrannt. In diesem Fall besteht das Abgas aus Kohlenstoffdioxid, Wasser, Stickstoff und überschüssigem Sauerstoff. Mit anderen Worten: Selbst bei einem idealen Dieselmotor kommt eine ganze Menge Abgas zustande, nämlich aus den schädlichen Bestandteilen CO2 (Kohlenstoffdioxid, auch als Kohlendioxid bezeichnet) und NO2 (Stickstoff) sowie den unschädlichen H2O (Wasser) und O2 (Sauerstoff). In der Realität wird zudem keine vollständige Verbrennung der Kraftstoffmenge erreicht, so dass zusätzlich ein Dieselruß übrig bleibt.[9] Darüber hinaus entstehen in einem realen Dieselmotor aus dem Stickstoff Stickoxide (NOx).

Insgesamt kommen aus einem Dieselauspuff: Stickstoff (N2), Sauerstoff (O2), Kohlenstoffdioxid (CO2), Wasser (H2O), Kohlenstoffmonoxid (CO), Stickoxide (NOx), Kohlenwasserstoffe (HC), Aldehyde und Rußpartikel (Sulfate und Feststoffe). Die Verteilung hängt vom Lastzustand und von der Luftfeuchtigkeit ab. Auf jeden Fall kommt ein „erheblicher Dreck“ aus den Dieselfahrzeugen heraus, der zweifelsohne gesundheitsschädlich ist – wie und in welchem Maße ist allerdings strittig. Dennoch darf die grundsätzliche Beeinträchtigung der Gesundheit bei allen Diskussionen um das Für und Wider von Fahrverboten nicht übersehen werden. So wurden Ende der 1990er Jahren allein Deutschland jährlich rund 72.000 Tonnen Dieselruß in die Luft geblasen, davon 64.000 Tonnen aus dem Verkehr und 42.000 Tonnen von Nutzfahrzeugen.[10]

Technik gegen „Todesdiesel"

Auf die Frage, wie gesundheitsschädlich diese Umweltbelastung für den Menschen ist, gab es unterschiedliche Antworten. Ernst zu nehmende aktuelle Studien gingen von jährlich rund 1.000 Todesfällen aus, die auf Dieselemissionen zurückzuführen sind. Dem gegenüber standen Studien aus den USA aus den 1980ern, die zeigten, dass das Risiko, durch die Abgase von Dieselmotoren tödlich zu erkranken, im Grunde vernachlässigbar war. Für Stadtbewohner, die also dem Dieselqualm besonders stark ausgesetzt sind, war es demnach etwa so groß wie die Gefahr, vom Blitz getroffen zu werden und daran zu sterben. Untersuchungen an Straßenarbeitern haben allerdings nachgewiesen, dass diese einem deutlich höheren Todesrisiko durch Diesel ausgesetzt sind. Fazit: Es besteht kein ernsthafter Zweifel, dass Dieselabgase gesundheitsschädlich sind, auch wenn es nicht sehr wahrscheinlich ist, unmittelbar daran zu sterben. Doch Krankheiten wie Asthma, Bronchitis und Lungenkrebs sind auch auf Dieselabgase zurückzuführen.[11]

Zur Abhilfe wurden seit 1990 bei Diesel-Pkw sogenannte ungeregelte Oxydationskatalysatoren eingebaut. Damit ließ sich der Ausstoß der Kohlenwasserstoffe um bis zu 85 Prozent, der Kohlenstoffmonoxide um bis zu 90 Prozent, der Stickoxide um bis zu 10 Prozent und der von Rußpartikeln um bis zu 35 Prozent reduzieren.[12]

Zur Festlegung von Höchstgrenzen beim Dieselabgas wurde in Europa der Ausstoß an Stickoxiden herangezogen. Die Abgasnormen (der Nomenklatur Euro 4, Euro 5, Euro 6 und Euro 7 folgend) legten folgende Höchstwerte fest: 250 Milligramm NOx pro Kilometer für Euro 4, 180 Milligramm NOx pro Kilometer für Euro 5 und 80 Milligramm NOx pro Kilometer für Euro 6. Vereinfacht ausgedrückt war die Euro-6-Norm also dreimal sauberer als Euro 4 und mehr als doppelt so sauber wie Euro 5. Es stellt also einen gravierenden Unterschied dar, ob ein Wagen nach Euro 6, 5 oder 4 fährt – jedenfalls, wenn die Werte eingehalten würden. In Wahrheit stoßen Diesel-Pkw im tatsächlichen Fahrbetrieb in Deutschland in Durchschnitt 674 (Euro 4), 906 (Euro 5) und 507 (Euro 6) Milligramm NOx pro Kilometer aus. Man muss sich die Zahlen vergegenwärtigen: Ein Euro-6-Fahrzeug stößt in der Realität im Mittel doppelt so viele Stickoxide aus als nach der Euro-4-Norm überhaupt zugelassen sind. Das ist mehr als das Sechsfache, wenn man die Euro-6-Norm anlegt, an die sich der Wagen angeblich halten sollen. Seitdem sind Verschärfungen der Euro-6-Norm 6d und 6d-Temp bis hin zu 6d-ISC-FCM (seit 2021) hinzugekommen, die vor allem darauf abzielen, die *realen* Abgaswerte zu messen[13] – statt der utopischen Schummelwerte der Hersteller.

Mit 600 rasen, wo 100 erlaubt sind

Nehmen wir einmal einen anschaulichen Vergleich: Das Straßenschild zeigt 100 Kilometer pro Stunde Höchstgeschwindigkeit und Sie rasen mit über 600 Kilometern pro Stunde. Hand aufs Herz: 120 wenn nur 100 erlaubt sind fahren viele, 160 einige wenige. Aber 600 fährt niemand, wenn nur 100 erlaubt sind. Eine solche Überschreitung der gesetzlich festgelegten Grenzwerte erlauben sich lediglich die Autohersteller. Nur auf der „Teststrecke“, also während der Prüfung, drosseln sie brav auf 100 Kilometer pro Stunde, danach wird wieder auf 600 erhöht. Das ist schon gelinde gesagt dreist. Man mag darüber diskutieren, wie viele Menschen mehr bei 600 statt 100 sterben, aber wenn sie Ihren Wagen bei erlaubten 100 Kilometern pro Stunde mit 600 Kilometern pro Stunde über die Landstraße rasen lassen, kann man nicht gerade von verantwortungsbewusstem Handeln sprechen, selbst dann nicht, wenn dabei niemand zu Tode kommt. Sie handeln unverantwortlich – und genau das haben die Autohersteller getan.

Diesel sind tödlich

Es ist noch niemand gestorben, weil er neben einem Diesel gestanden hat und die Verteufelung des Diesel ist völlig übertrieben. Mit diesem saloppen „Argument" wurde der Abgasskandal wahlweise als amerikanischer Angriff auf die deutsche Autoindustrie, als Angriff der Deutschen Umwelthilfe oder als Angriff der EU, die die Grenzwerte festgelegt hat, abklassifiziert.

Doch das war falsch: Es kann überhaupt kein Zweifel daran bestehen, dass Dieselemissionen erhebliche gesundheitliche Schädigungen nach sich ziehen – auch beim Dieselfahrer selbst, sobald er seinen Wagen verlässt und etwa durch die überbelasteten Innenstädte flaniert. Wissenschaftliche Hochrechnungen gelangen zu dem Schluss, dass jährlich europaweit etwa 5.000 Menschen vorzeitig sterben, weil Dieselfahrzeuge im Straßenverkehr die auf Prüfständen gemessenen Grenzwerte für Stickoxide erheblich überschreiten, oftmals um den Faktor vier bis sieben. Allein die rund 2,6 Millionen in Deutschland verkauften Fahrzeuge der VW-Marken Audi, Seat, Skoda und Volkswagen mit illegalen Abschalteinrichtungen sollen diesen Schätzungen zufolge zwischen 2008 und 2015 in Europa etwa 1.200 vorzeitige Todesfälle verursacht haben. Rund 13.000 Lebensjahre hat der Diesel nach diesen Berechnungen vernichtet, was rechnerisch einem volkswirtschaftlichen Schaden von 1,9 Milliarden Euro gleichkommt.[14]

Doch sind diese Zahlen überhaupt belegt und halten sie einer Nachprüfung stand? Seit Anfang 2019 tobte genau hierüber eine Debatte der Lungenärzte in Deutschland.

CO2 vs. NO2 vs. Feinstaub

Was ist schlimmer für die Menschheit:[15]

- CO2, also Kohlenstoffdioxid, auch Kohlendioxid oder Kohlensäure genannt, ein unbrennbares, saures und farbloses Treibhausgas, das bei zunehmender Konzentration in der Atmosphäre zu einer Erwärmung des Erdklimas führt,
- NO2, also Stickstoffdioxid, ein rotbraunes, giftiges, stechend chlorähnlich riechendes Reizgas, das im menschlichen Körper chemische Reaktionen hervorruft, etwa in den Augen und den Atemwegen, oder
- Feinstaub, der sich auf unsere Lungen legt, weil die Partikel so klein sind, dass sie von den Schleimhäuten im Nasen- und Rachenraum nicht vollständig zurückgehalten werden können.

Im Laufe der Diskussionen verlagerten sich die Betrachtungsweisen auf die verschiedenen Schädigungspotenziale. Zunächst wurde vor allem der frühe Tod durch Stickoxide prophezeit und dem Diesel zugeschrieben. Später, als sich herausstellte, dass Fahrverbote nur geringe Wirkung zeigten, wurde die Gefahr durch Feinstaub in den Vordergrund geschoben. Doch Feinstaub entsteht keineswegs nur durch den Autoverkehr. Sowohl bei Stickoxiden als auch beim Feinstaub ging es vor allem um die Reinhaltung der Luft in den Innenstädten. Im Zuge der sich verstärkenden weltweiten Klimadiskussionen rückte die Reduzierung der CO2-Emissionen in den Mittelpunkt. Es ging nicht mehr nur darum, die Städte rein zu halten, sondern den ganzen Planeten oder jedenfalls die Menschheit zu retten.[16]

6.000 NO2-Tote im Jahr

Nach Untersuchung des Umweltbundesamtes lassen sich jährlich rund 6.000 vorzeitige Todesfälle der hohen NO2-Konzentration zuordnen, etwa durch Diabetes, Bluthochdruck oder chronische Lungenerkrankungen. Allerdings sind die Zahlen mit Vorsicht zu betrachten und vor allem: Es sind natürlich nicht nur die Autos, die NO2 ausstoßen, wenngleich viele davon offenbar viel mehr als gesetzlich erlaubt ist in die Luft ablassen.[17]

Den Ausgang nahm der heftige Ärztestreit angesichts einer Studie des Helmholtz-Instituts, in dem die Forscher vor erheblichen Gesundheitsgefahren durch Stickstoffdioxid auch schon in niedrigen Konzentrationen wie dem derzeit gültigen Grenzwert für NO2 von 40 Mikrogramm NO2 pro Kubikmeter Luft im Jahresmittel warnten. Die Studie im Auftrag des Umweltbundesamtes hatte ausgerechnet, dass es ungefähr 6.000 Todesfälle in Deutschland sind oder ungefähr 50.000 Lebensjahre, die in der Gesamtbevölkerung verloren gehen durch zu hohe Stickoxide. Das waren erschreckende Zahlen und immerhin gilt das Helmholtz-Institut als wissenschaftlich einwandfrei.[18]

Aber: Die Ergebnisse basierten nicht auf Messungen, sondern es handelte sich um konstruierte mathematische Modelle, die möglicherweise mit der Realität wenig zu tun haben. Das Umweltbundesamt räumte in der Tat ein, dass ein direkter Nachweis über die Gesundheitsgefahr durch Stickstoffdioxid nicht zu erbringen ist, verwies aber auf dessen Indikator-Funktion: „Es gibt tatsächlich keinen NO2-Toten oder NO2-Erkrankten, weil diese singuläre Verursachung durch diesen einen Schadstoff nicht beobachtbar ist“. Aber immerhin: „Wenn mehr NO2 vorhanden ist, treten die Erkrankungen auf. Aber wir können nicht eine Erkrankung herunterbrechen auf die eine Ursache NO2.“ Das hörte sich jedenfalls ganz anders an als 6.000 Tote durch NO2 jährlich.[19]

Fragwürdige Studien

Der ehemalige Präsident der Deutschen Gesellschaft für Pneumologie (DGP), Dieter Köhler, veröffentlichte Anfang 2019 ein Positionspapier, in dem er einen Großteil der vorhandenen Studien zu den Gesundheitsgefahren durch Luftschadstoffe für fragwürdig erklärte. Mehr als 100 Lungenfachärzte schlossen sich an und forderten, die Grenzwerte zu überprüfen. Das Positionspapier sollte die Debatte versachlichen und wird daher nachfolgend im Wortlaut abgedruckt:[20]

Stellungnahme zur Gesundheitsgefährdung durch umweltbedingte Luftverschmutzung, insbesondere Feinstaub und Stickstoffverbindungen (NOx).

Nach Daten der WHO und der EU reduziert sich die Lebenserwartung in Deutschland durch die Luftverschmutzung um etwa zehn Monate. Nimmt man die aktuelle Studie im Auftrag des Umweltbundesamtes zum NOx dazu, so erhöht sich die Zahl nochmals. Daraus sollen, auch von Wissenschaftlern und dem Umweltbundesamt, durch die Bevölkerungszahl und Lebensalter hochgerechnet, beim NOx 6.000-13.000 und beim Feinstaub 60.000-80.000 zusätzliche Sterbefälle im Jahr entstehen.

Nun stirbt etwa die gleiche Anzahl an Menschen in Deutschland im Jahr an Zigarettenrauch-bedingtem Lungenkrebs und

COPD. Lungenärzte sehen in ihren Praxen und Kliniken diese Todesfälle an COPD und Lungenkrebs täglich; jedoch Tote durch Feinstaub und NOx, auch bei sorgfältiger Anamnese, nie. Bei der hohen Mortalität müsste das Phänomen zumindest als assoziativer Faktor bei den Lungenerkrankungen irgendwo auffallen.

Es ist sehr wahrscheinlich, dass die wissenschaftlichen Daten, die zu diesen scheinbar hohen Todeszahlen führen, einen systematischen Fehler enthalten. Eine genauere Analyse der Daten zeigt, dass diese extrem einseitig interpretiert wurden, immer mit der Zielvorstellung, dass Feinstaub und NOx schädlich sein müssen. Andere Interpretationen der Daten sind aber möglich, wenn nicht viel wahrscheinlicher.

1. Korrelation und Kausalität: Viele Studien zur Gefährdung von Luftverschmutzung begründen sich auf epidemiologische Daten mit ähnlichem Muster (meist Kohorten Studien). Es werden Regionen verglichen mit unterschiedlicher Staub- bzw. NOx Belastung. Man findet mehr oder weniger regelhaft eine sehr geringe Risikoerhöhung in staubbelasteten Gebieten, meistens nur um einige Prozent. Aus dieser Korrelation wird fälschlicherweise eine Kausalität suggeriert, obwohl es viel offensichtlichere Erklärungen für die Unterschiede gibt. Korrelationen dienen nur der Hypothesenbildung, sie sind nie konfirmatorisch.

2. Störfaktoren (Confounder): Die Krankheitshäufigkeit und die Lebenserwartung werden durch zahlreiche Faktoren bestimmt, wie Rauchen, Alkoholkonsum, körperliche Bewegung, medizinische Betreuung, Einnahmezuverlässigkeit von Medikamenten usw. Alle diese Faktoren wirken meist hundertfach stärker als der Risikoerhöhung durch die Luftverschmutzung in den Kohortenstudien zuzuordnen ist. Zudem ist die Störgrößenverteilung zwischen den Gruppen oft sehr unterschiedlich. Ein soge-

nanntes Adjustieren der Einflüsse in den Studien durch Fragebögen ist deswegen wissenschaftsmethodologisch nicht zulässig. Zudem können Lebensstil und Gesundheitsbewusstsein nicht erfasst werden, obwohl sie erheblich die Mortalität bestimmen. Es ist offensichtlich und auch durch Studien belegt, dass die Lebensart zwischen den unterschiedlich belasteten Regionen deutlich abweicht.

3. Schwellenwert und Toxizitätsmuster: Viele der epidemiologischen Studien zur Luftverschmutzung zeigen keinen Schwellenwert. Das wird in den Studien dahingehend interpretiert, dass es sich um eine besonders große Gefährdung handelt. Nun hat jedes Gift, auch das Stärkste, eine Schwellendosis. Es ist daher viel plausibler, dass alle diese Studien eine konstante Störgröße (Bias) messen, denn eine solche Störgröße hat meist keinen Schwellenwert. Allein die unterschiedliche Lebensart der Menschen, die in staubbelasteten im Vergleich zu weniger staubbelasteten Gebieten wohnen, würde einen solchen fehlenden Schwellenwert zwanglos erklären, denn die Änderungen der Lebensweise verlaufen kontinuierlich.

Die epidemiologischen Studien zeigen auch, dass Feinstaub und NOx zu mehr als zwei Dutzend voneinander sehr verschiedenen bunten Krankheitsbildern führen soll, die praktisch alle Fachgebiete der Medizin betreffen. Wenn nun aber die Luftverschmutzung so gefährlich wäre, so müsste sie ein typisches Vergiftungsmuster verursachen, wie es für jedes Gift mehr oder weniger typisch ist. Das völlige Fehlen dieses Musters spricht gegen eine Gefährdung und für Störfaktoren. Zudem gibt es überhaupt keine plausiblen pathophysiologischen Hypothesen, wie die Luftverschmutzung diese vielen unterschiedlichsten Erkrankungen verursachen soll.

Falsifikation: Das stärkste Argument gegen die extrem einseitige Auswertung der Studien ist jedoch eine Besonderheit, die nur beim Feinstaub und NOx vorliegt. Normalerweise müsste man zur Absicherung eines Grenzwertbereiches eine Expositionsstudie am Menschen durchführen mit höheren und niedrigeren Dosen. Das ist ethisch jedoch nicht vertretbar. Beim Feinstaub und NOx ist die Situation anders, denn die Raucher inhalieren freiwillig außerordentlich hohe Dosen, so dass diese quasi freiwillig an einer riesigen Expositionsstudie teilnehmen.

Die Konzentration an Feinstaub im Hauptstrom des Zigarettenrauches erreicht tatsächlich 100-500 g/m3 und ist damit bis zur 1 Million Mal größer als der Grenzwert. Beim NOx werden bis zu 1g/m3 erreicht, wobei der NOx-Anteil überwiegt. Aus Depositionsstudien kann man die inhalierte Dosis der Raucher berechnen und mit der Dosis der Gesunden vergleichen, die permanent Feinstaub oder NOx im Grenzwertbereich einatmen würden. Dabei erreichen Raucher (eine Packung/Tag angenommen) in weniger als zwei Monaten die Feinstaubdosis, die sonst ein 80-jähriger Nichtraucher im Leben einatmen würde. Beim NOx sind die Unterschiede ähnlich, wenn auch etwas geringer. Hinzu kommt noch, dass der Rauch einer Zigarette um mehrere Größenordnungen toxischer ist als die Luftverschmutzung.

Rauchen verkürzt die Lebenserwartung etwa um zehn Jahre, wenn über 40-50 Jahre eine Packung/Tag geraucht wird. Würde die Luftverschmutzung ein solches Risiko darstellen und entsprechend hohe Todeszahlen generieren, so müssten die meisten Raucher nach wenigen Monaten alle versterben, was offensichtlich nicht der Fall ist.

Die hier vorgestellten Kritikpunkte mögen überraschend sein angesichts der großen Informationsflut über die Gefährlichkeit von Feinstaub und NOx, in den Publikationsorganen, den Medien und in staatlichen Verlautbarungen. Alle diese Informationen stammen im Wesentlichen aus der gleichen Quelle und beziehen sich damit auf die gleichen Inhalte, die oben kritisiert werden.

Natürlich ist es auch das Ziel der Autoren, die Maßnahmen zur Schadstoffvermeidung zu fördern. Jedoch sehen sie derzeit keine wissenschaftliche Begründung für die aktuellen Grenzwerte für Feinstaub und NOx. Sie fordern daher eine Neubewertung der wissenschaftlichen Studien durch unabhängige Forscher.

Die oben angeführten Kritikpunkte sind so gravierend, dass im Sinne der Güterabwägung sogar die Rechtsvorschrift für die aktuellen Grenzwerte ausgesetzt werden sollte.

Dieser Beitrag soll der Versachlichung der Diskussion dienen. Er entschuldigt natürlich nicht die unverantwortlichen Manipulationen von Teilen der Autoindustrie bzgl. des Schadstoffausstoßes.

Gerne sind wir bereit, jede der einzelnen Aussagen näher mit Literatur zu belegen.

Korrespondenzadresse: Prof. Dr. med. Dieter Köhler (Dipl. Ing)...

Fazit des Schreibens, das nicht etwa von der Automobilindustrie stammte, sondern von Lungenärzten: Es ist nicht plausibel, dass geringe Konzentrationen von NO2 und Feinstaub die Gesundheitsschäden und die Todesfälle verursachen sollen, wie sie publiziert werden.

Allerdings hatte die Deutsche Gesellschaft für Pneumologie und Beatmungsmedizin (DGP) kurz zuvor ein anderes Positionspapier herausgebracht; in diesem fasste sie „den aktuellen Wissensstand zu den Gesundheitseffekten von Luftschadstoffen zusammen und leitete daraus Empfehlungen für einen umweltbezogenen Gesundheitsschutz ab“. Das offizielle Papier der DGP war deutlich kritischer. Dort hieß es unter anderem:[21]

Gesundheitsschädliche Effekte von Luftschadstoffen sind sowohl in der Allgemeinbevölkerung als auch bei Patienten mit verschiedenen Grunderkrankungen gut untersucht und belegt. Hierzu gehören Auswirkungen auf Lungenfunktion und Lungengesundheit, auf die Mortalität, das Herz-Kreislauf-System, auf metabolische Prozesse und die fetale Entwicklung. Gesundheitliche Folgen können sowohl akut nach kurzfristigen Erhöhungen der Luftschadstoffkonzentration auftreten, wie sie z. B. von Tag zu Tag zu beobachten sind, als auch infolge einer langfristig erhöhten Luftschadstoffbelastung.

Immerhin mussten die Wissenschaftler einräumen, dass Rauchen viel schädlicher ist:

Obwohl die Risikoerhöhungen im Vergleich zu anderen Risikofaktoren, wie z. B. aktives Rauchen oder schlechte Ernährung, relativ gering sind, ergibt sich ihre Bedeutung aus der Tatsache, dass praktisch die gesamte Bevölkerung davon betroffen ist. Das führt zu einer hohen Anzahl an attributablen Fällen und birgt ein hohes Präventionspotential. Laut Weltgesundheitsorganisation (WHO) ist Luftverschmutzung der wichtigste umweltbedingte Risikofaktor weltweit. In Deutschland werden der ambienten Luftverschmutzung durch Feinstaub ca. 600.000 verlorene Lebensjahre pro Jahr zugeschrieben; weitere Belastungen gehen von anderen Komponenten der Luftverschmutzung wie NO2 und Ozon aus.

Wie die DGP dennoch auf die 600.000 verlorenen Lebensjahre kam, wird wohl auf immer ihr Geheimnis bleiben. Gleiches gilt für die sechs Billionen Euro jährlich, die die DGP als „potenziellen ökonomischen Gesundheitsnutzen pro Jahr" bei einer Absenkung der Schadstoffwerte angab. Wörtlich hieß es:[22]

Trotz Absenkung der Schadstoffwerte in den letzten Dekaden in Deutschland ist die gesundheitliche Bedeutung der Luftverschmutzung anhaltend hoch. Dies resultiert unter anderem aus der Tatsache, dass bisher keine Wirkungsschwelle identifiziert werden konnte, unterhalb derer die Gesundheitseffekte vernachlässigt werden könnten. Das heißt, dass auch unterhalb der derzeit in Deutschland gültigen europäischen Grenzwerte erhebliche Gesundheitseffekte auftreten können. Als besonders vulnerable Gruppen sind Kinder, ältere Menschen – hauptsächlich vor dem Hintergrund des demografischen Wandels – sowie multimorbide Patienten zu betrachten, deren Risiko für schwerwiegende Folgen wie die akute Verschlechterung vorbestehender Grunderkrankungen, Krankenhauseinweisungen, kardiovaskuläre Ereignisse, Progression der Erkrankung bis hin zum Tod stark ansteigt. Die erheblichen gesundheitlichen Folgen führen in der Gesellschaft zu relevanten Kosten, die sowohl die Sozialsysteme, z. B. durch mehr Arztbesuche, Medikation oder Fehltage, als auch die Individuen belasten. Eine Reduktion der Luftschadstoffbelastung ist auf der anderen Seite mit einem erheblichen Gesundheitsgewinn verbunden. So wurde für 25 europäische Städte ab 70.000 Einwohnern bei Einhaltung der von der WHO derzeit noch empfohlenen Richtwerte eine Lebenszeitverlängerung um ca. sechs Monate berechnet und der potentielle ökonomische Gesundheitsnutzen in Europa auf 31 Billionen Euro pro Jahr geschätzt.

Bei genauerem Hinsehen ließ sich feststellen, dass die DGP in ihrem Positionspapier vor allem die abenteuerlich anmutenden

Zahlen schlichtweg aus anderen Quellen übernommen hatte, wie es schien, weitgehend ungeprüft. Frappierend waren die Schlussfolgerungen, die die DGP daraus zog:[23]

1 Eine weitere deutliche Reduktion der Luftschadstoffbelastung ist geboten und eine Absenkung der gesetzlichen Grenzwerte erforderlich. Diese notwendige Reduktion der Luftschadstoffbelastung ist nur durch gemeinsames, interaktives und zielorientiertes Handeln auf politischer, technologischer und individueller Ebene erreichbar.

2 Hierzu muss in Deutschland eine „Kultur zur Schadstoffvermeidung" auf allen Ebenen entwickelt, gezielt gefördert und etabliert werden.

3 Multimodale Maßnahmen zur Schadstoffvermeidung umfassen

• infrastrukturelle Maßnahmen zur Förderung einer schadstoffarmen Mobilität,

ein Umsteigen auf emissionsarme Technologien in Verkehr, Industrie,

Energieproduktion und Landwirtschaft,

• gezielte Minderungsmaßnahmen bei spezifischen lokalen Emittenten

(Häfen, Flughäfen), verhaltenspräventive Maßnahmen zur Änderung des individuellen Mobilitäts- und Konsumverhaltens sowie

• Vermeidungsstrategien zur Reduktion der eigenen Schadstoffexposition.

Hierfür muss die Politik mit entsprechenden Regularien den Anreiz schaffen. Die Exekutive und Judikative müssen die Verantwortung für deren Einhaltung konsequent übernehmen.

4 Forschungsaktivitäten zur Schließung von Wissenslücken müssen gezielt gefördert werden, z. B. im Bereich der Wirkung weiterer Schadstoffe wie von ultrafeinen Partikeln (UFP, Ultrafeinstaub), Langzeitfolgen einer Exposition im Kindesalter und mögliche protektive Wirkungen durch Ernährung oder, sekundärprophylaktisch bei bereits Erkrankten, durch Medikation.

Viele Maßnahmen zur Luftreinhaltung führen zu erheblichen Co-Benefits durch die gleichzeitige Reduktion von Klimagasen, Lärm, Landverbrauch, innerstädtischer Aufheizung.

Im Resümee der DGP-Dokumentation fiel auf, dass die Ärzte erstens und erstaunlicherweise direkte politische Handlungsempfehlungen gaben, und zweitens, weniger erstaunlich, mehr Forschungsgelder forderten. Beides zusammengenommen machte das Positionspapier des Verbandes nicht glaubwürdiger und dürfte die Hauptursache für das Gegenpapier der über 100 Lungenärzte gewesen sein, die sich damit nicht abfinden wollten.

Zusammengefasst konnte man feststellen: Die Mediziner waren sich nicht einig über die Auswirkungen von NO2 und anderen Umweltbelastungen, zumal Dieter Köhler im Frühjahr 2019 einräumen muss, dass ihm bei seinem Pro-Diesel-Papier signifikante Rechenfehler unterlaufen waren. Zwar blieb unbestritten, dass Belastungen nicht gut für die Menschen sind, die Frage war jedoch, in welchem Ausmaß und welcher Kausalität. Als diese vehemente Diskussion Anfang 2019 unter Mediziner aufkam, hatten die Gerichte allerdings längst über Fahrverbote entschieden. Die EU hatte die Grenzwerte Jahre zuvor festgelegt, der deutsche Gesetzgeber hat sie übernommen und sie stellten die Richtwerte für die Rechtsprechung nicht nur in Deutschland dar. Der Einwurf der Ärzte kam also um Jahre zu spät.

Diese medizinische Betrachtung ist im vorliegenden Buch bewusst vorangestellt, denn alle Dieselkritiker waren und sind losgelöst von politischen, ideologischen und wirtschaftlichen Interessen in einem geeint: Sie vertreten dem Vernehmen nach die Gesundheit der Bevölkerung.

Die Diskussionen, ob die Grenzwerte sinnvoll festgelegt sind, und übrigens auch darüber, ob bei der Messung der tatsächlichen Umweltbelastung in den Städten alles mit rechten Dingen zugegangen ist, entschuldigt allerdings keineswegs das systematische Fehlverhalten der Autohersteller – von der Inkaufnahme der drastisch überhöhten Werte über die millionenfache Schummelei bis hin zur Weigerung, die betrogenen Kunden angemessen zu entschädigen.

Acht Millionen Feinstaub-Tote pro Jahr

2021, also zwei Jahre nach der Diskussion der Lungenärzte 2019, veröffentlichte ein Team von Wissenschaftlern der University of Birmingham in der renommierten Fachzeitschrift *Environmental Research* eine umfassende Studie über die Auswirkungen der Luftverschmutzung auf Grundlage von Daten aus dem Jahr 2018.[24] Die Ergebnisse waren erschreckend. Laut Studie geht einer von fünf Todesfällen weltweit auf die Luftverschmutzung durch Kohle, Benzin oder Diesel zurück. Pro Jahr sterben demnach mehr als acht Millionen Menschen an Krankheiten, die auf die besonders kleinen Feinstaubpartikel mit einem Durchmesser von weniger als 2,5 Mikrometern zurückgeführt werden, die beim Verbrennen fossiler Energieträger entstehen. Die höchsten Todesraten durch Luftverschmutzung gab es den Angaben zufolge in Indien und China. Aber auch im Osten Nordamerikas und in Europa war der Anteil höher als im globalen Durchschnitt. Für Deutschland schätzten die Forscher, dass jährlich beinahe 200.000 Menschen vorzeitig aufgrund von Feinstaub sterben – rund 22 Prozent aller Todesfälle. Besonders belastet sahen die Wissenschaftler die Luft im Ruhrgebiet, in Berlin, Frankfurt und Hamburg.

Die in der Studie von 2021 genannten Zahlen lagen deutlich höher als vorherige Schätzungen zur Sterblichkeit durch Luftverschmutzung. So gab zum Beispiel die Studie „Global Burden of Disease" die Anzahl der weltweiten Todesfälle mit 4,2 Millionen an. Für Europa war ein Bericht der EU-Umweltagentur EEA zum Ergebnis gekommen, dass jährlich etwa 400.000 EU-Bürger vorzeitig aufgrund von Luftverschmutzung sterben, das wäre nur rund jeder zwölfte Todesfall.

Doch über die verschiedenen Zahlen hinweg herrscht in der Wissenschaft Einigkeit darüber, dass Feinstaub – insbesondere die feineren Partikel – selbst in geringer Konzentration Lebenszeit kostet. Belastete Luft schädigt vor allem die Atemwege und das Herz-Kreislauf-System. Sie kann zu Schlaganfällen, Herzinfarkten, Lungenkrebs und weiteren Krankheiten beitragen.[25]

Chronologie eines Desasters

Verbrennungsmotoren kommen seit Jahren den gesetzlich vorgeschriebenen Abgasnormen nicht nach. Die Hersteller wissen das und behalten dieses Wissen über Jahre hinweg für sich. Gleichzeitig manipulieren sie die Motorsteuerungssoftware derart, dass sich die Autos beim Testen auf dem Prüfstand sauberer verhalten als im realen Fahrbetrieb. Wie ein Hippie auf Drogen, der lebt, als ob es kein Morgen gäbe, bringt die deutsche Autoindustrie immer neue Modelle heraus und lobt sich selbst in den Himmel für ihren vermeintlich „sauberen Diesel".

Es kommt, wie es kommen musste – irgendwann fällt der Betrug auf. Daraufhin sind alle völlig überrascht, niemand wusste etwas, auf jeden Fall ist keiner schuld. Zudem prasselt es „Argumente", die eher an den Hippie auf Entzug als an die Spitze der deutschen Wirtschaftselite erinnern: Die Abgasnormen sind sowieso unrealistisch streng, jede Beeinträchtigung der Autoindustrie gefährdet Arbeitsplätze und es ist ohnehin die eherne Aufgabe der deutschen Politik, die deutsche Industrie zu schützen. Um beim Vergleich mit dem Hippie zu bleiben: So ungesund ist das Koksten gar nicht, und der Dealer hat eine Frau und zwei Kinder zu ernähren.

Kriminalität existiert seit Menschengedenken und Gesetze werden übertreten, seit es sie gibt. Aber noch nie zuvor hatte sich eine ganze Branche, geradezu die Speerspitze der deutschen Industrie, zu einem derartigen gemeinsamen kriminellen Vorgehen hinreißen lassen. Eine Clique angesehener Topmanager verhielt sich wie eine Gruppe gesetzloser Hippies – und VW war der Oberhippie, der Anführer des automobilen Clans.

Schicksalstag für VW

Der 15. November 2006 gilt als der Tag, an dem sich das Schicksal des VW-Konzerns entschied. Der junge Motorenentwickler Peter L. hatte einen heiklen Termin: Er wollte nach oben berichten, dass er in der Steuerungssoftware des neuen Dieselmotors EA 190 ein paar Zeilen Programmcode entdeckt hatte, die ihm verdächtig erschienen. Er wollte die Computerbefehle, die die Abgasreinigung abschalteten, aus dem Programm nehmen. So gab er es später bei der Staatsanwaltschaft zu Protokoll. Gemeinsam mit seinem Abteilungsleiter Karl P. hatte er daher um ein Gespräch mit dessen Chef Martin G. gebeten, dem enge Kontakte bis hin zum Vorstand nachgesagt wurden. Sowohl Peter L. als auch Karl P. schienen das Ziel gehabt zu haben, ein klares Verbot für den Einsatz der Schummelsoftware zu erhalten. Doch genau das passierte nicht. Laut Anklageschrift, die die Staatsanwaltschaft kurz vor Ostern 2019 dem Landgericht Braunschweig vorlegte, begann das Dieseldesaster genau am 15. November 2006 und schmorte bis zum 22. September 2015 im Verborgenen, also beinahe neun Jahre lang, bis VW den Betrug offen zugeben musste.[26]

Das lag möglicherweise auch daran, dass man 2006 nicht noch einen weiteren Skandal glaubte verkraften zu können. Der VW-Konzern kämpfte zu dieser Zeit nämlich noch mit den Folgen einer anderen Krise: Im Juli 2005 war die sogenannte Betriebsratsaffäre aufgeflogen. Offenbar waren Arbeitnehmervertreter über Jahre hinweg mit überhöhten Gehältern, Fernreisen, Bordellbesuchen und weiteren Leistungen bestochen wurden, um die Kollegen bei Laune zu halten. Der langjährige Betriebsratsvorsitzende Klaus Volkert und Personalvorstand Peter Hartz, Namensgeber der Hartz-IV-Leistungen, wurden deshalb zu Hafttrafen verurteilt.[27]

Ein erneuter Skandal, bei dem es immerhin um den Betrug an Zulassungsbehörden und Kunden ging, kam der Führungsriege des Konzerns damals also besonders ungelegten. Und so machten letztlich alle mit, das Dieseldesaster nahm seinen Lauf. Die Staatsanwaltschaft Braunschweig bezifferte die Schadenssumme in ihrer Anklageschrift auf beinahe 78 Milliarden Euro – eine gewaltige Summe, die durch eine Fehlentscheidung am 15. November 2006 verursacht wurde und sich zu dem bis dato größten Betrugsfall der Bundesrepublik Deutschland auswuchs.[28]

Die Entscheidung zum Einbau der Schummelsoftware war wohl bereits während der Amtszeit des damaligen VW-Chefs Bernd Pischetsrieder zwischen 2005 und 2006 gefallen, und zwar entweder in der Motorenentwicklung in der VW-Zentrale in Wolfsburg oder bei der VW-Tochter Audi in Ingolstadt.

Die Aufdeckung

Seit 13. Januar 2013 verbot eine EU-Verordnung die Verwendung von Abschalteinrichtungen genau in der Form, wie sie am 18. September 2015 bei VW aufgedeckt wurden.[29]

Schon im Mai 2014 stellte das International Council on Clean Transportation (ICCT) in Zusammenarbeit mit der West Virginia University (WVU) erstmals enorme Differenzen beim Stickoxidausstoß von Dieselfahrzeugen der VW-Gruppe fest. Zwar erfüllten die Wagen unter Testbedingungen auf einem Prüfstand des California Air Resources Board die Vorgaben der US-amerikanischen Environmental Protection Agency (EPA). Aber unter realen Bedingungen ermittelten die Experten von der WVU mit einem transportablen Messsystem (PEMS) beim VW Jetta VI Stickoxidwerte 15- bis 35-fach und beim VW Passat fünf bis 20-fach über dem gesetzlichen US-Grenzwert. Man muss sich die Zahlen klarmachen: Wir reden nicht vom doppelten Wert, kaum vom zehnfachen, sondern vom 20-fachen und sogar mehr. Am 18. September 2015 wurde öffentlich, dass die US-amerikanische Behörden ein Ermittlungsverfahren gegen Volkswagen wegen der gesetzeswidrigen Verwendung von Abschalteinrichtungen einleitete. Die US-Umweltschutzbehörde EPA sendete eine Notice of Violation („Mitteilung eines Rechtsverstoßes“) gegen die Volkswagen Group of America und erläuterte darin en detail die juristischen Vorwürfe hinsichtlich des Verstoßes gegen den US-amerikanischen Clean Air Act. Es standen Strafen von bis zu 18 Milliarden Dollar im Raum und das US-Justizministerium und der New Yorker Generalstaatanwalt Eric Schneiderman leitete Ermittlungen gegen VW ein. Am 14. Oktober 2015 schloss sich die Federal Trade Commission (FTC) den Ermittlungen der PEA und des US-Justizministeriums an, und zwar wegen irreführender Werbekampagnen („Clean Diesel“).[30]

Laut VW war die Schummelsoftware in rund elf Millionen Fahrzeugen mit den Motorenreihen VW EA189 im Einsatz, in den USA darüber hinaus bei der Nachfolgereihe VW EA288. Im November 2015 gab die EPA bekannt, dass auch Fahrzeuge von Audi und Porsche betroffen waren.[31]

Im Oktober 2014 wurde klar, dass die Branche ebenso wie die zuständigen Behörden bereits gut ein Jahr zuvor im Grunde Bescheid wussten. Mutmaßlich gab es sogar schon einen Hinweis von einem Automobilzulieferer Mitte 2012 an den damaligen EU-Kommissar Antonio Tijana, die Autohersteller würden die Abgaswerte in Zulassungstests elektronisch manipulieren. Jedenfalls forderte Tijani die Verkehrsminister der EU-Staaten damals schon schriftlich dazu auf, die Überwachung der Autoindustrie zu verbessern, allerdings ohne den entscheidenden Hinweis auf die Manipulation der Abgaswerte.[32]

Hingegen redete sich Volkswagen auf einen Softwarefehler heraus und rief im Dezember 2014 die beinahe 500.000 betroffenen Wagen zurück, um eine neue Software aufzuspielen. Doch es war zu spät, um die Schummelei fortzusetzen. Die Behörden entdeckten, dass die neue Software praktisch keine Verbesserungen mit sich brachte und drohten den 2016er-Fahrzeugen die Zulassung zu entziehen. Erst angesichts dieser Eskalation gab Volkswagen am 3. September 2015 den Betrug zu.[33]

Spätere Messungen bei anderen Herstellern ergaben, dass auch bei BMW, Daimler, Porsche, Ford, Opel, FiatChrysler, Renault, Nissan und weiteren Anbietern ähnlich extreme Abweichungen zwischen Prüfstand- und Alltagsbetrieb zutage traten, ein klarer Indikator für die Verwendung illegaler Abschalteinrichtungen.

Der Betrug funktionierte wie folgt: Die in den Fahrzeugen installierte Software erkennt, sobald sich der Wagen in einer Prüfungssituation befindet. Der standardisierte Testbetrieb wird durch ein unnatürliches Fahrverhalten – hohe Raddrehzahlen ohne Bewegung des Fahrzeugs – erkannt und daraufhin die Abgasaufbereitung so umgestellt, dass wenig Stickoxide (NOx) entstehen. Sobald der Wagen jedoch wieder im Alltag über die Straße rollt, wird die Abgaskontrollanlage teilweise außer Betrieb gesetzt, so dass die NOx-Emissionen erheblich höher sind. Clever getrickst – bis es auffiel.

Entwickelt wurde die illegale Software übrigens dem Augenschein nach von Bosch, und zwar bereits im Jahr 2007. Allerdings schien Bosch wohl von Anfang an gegenüber VW klargestellt zu haben, dass der Einsatz der zu Testzwecken bereitgestellten Software gesetzeswidrig war.[34] Doch VW blieb keineswegs allein. Um nur ein weiteres Beispiel zu nennen: Im Mai 2017 wurde bekannt, dass beim Modell Fiat 500X die rechtlich festgeschriebene Dauer des Prüfzyklus von 20 Minuten schamlos ausgenutzt wurde. Nach genau 22 Minuten schaltete eine einprogrammierte Abschaltvorrichtung die Filtersysteme ab.[35]

Sehr umfangreiche Untersuchungen des Emissions-Kontrolle-Institut (EKI) der – allerdingst äußerst umstrittenen – Deutschen Umwelthilfe (DUH) kamen zu dem Ergebnis, dass keineswegs nur ältere Dieselfahrzeuge der Euro-5-Norm oder noch älter die Grenzwerte überschritten, sondern auch die überwiegende Mehrzahl der seit 2015 ausgelieferten Euro-6-Modelle weit jenseits der gesetzlichen Grenzwerte lag. Demnach hielten nicht einmal neun Prozent der seitdem zugelassenen Euro-6-Diesel im realen Fahrbetrieb den geltenden NOx-Grenzwert von 80 Milligramm pro Kilometer ein. Im Durchschnitt der vom EKI 1.200 getesteten Fahrzeuge wurde dieser Wert um das 5,5-fache überschritten.[36] Nochmals: Die Wagen stießen nicht doppelt oder dreimal soviel Dreck aus wie angegeben, sondern über fünfmal mehr. Schon eine Untersuchung der Landesanstalt für Umwelt, Messungen und Naturschutz Baden-Württemberg (LUBW) aus dem Jahr 2014 kam zu dem Ergebnis, dass keines der getesteten Fahrzeuge dreier Hersteller außerhalb des Teststands die Euro-6-Grenzwerte einhielt; getestet wurden die Modelle Volkswagen CC 2.0 TD, BWM 320d und Mazda 6.2.2 Skyactiv-D.[37] Im Juni 2018 wurde bekannt, dass das Kraftfahrtbundesamt (KBA) bei Daimler insgesamt fünf illegale Abschalteinrichtungen entdeckt hatte. Betroffen waren offenbar rund eine Million Dieselfahrzeuge, der Großteil davon Euro-6-Diesel. Der Konzern mit dem Stern legte daraufhin eine Liste betroffener Fahrzeuge vor, die für Erstaunen sorgte. Einerseits standen Modelle auf der Liste, die des Amt noch gar nicht angemahnt hatte, andererseits fehlten vom Amt bereits monierte Modelle. Doch Daimler kam es dabei augenscheinlich gar nicht auf solche Details an. Vielmehr wollte der Konzern einen „Deal" aushandeln und erklärte, man „wolle die Rückrufe beim Vita und den anderen gemeldeten Modelle nur akzeptieren ..., wenn im Gegenzug das KBA das Unternehmen nicht weiter mit Prüfungen behelligt". Es war offenbar der Versuch, eine Art „Amnestie" herauszuhandeln: Ein letztes Softwareupdate, dann werden alle Ermittlungen eingestellt. Doch der gesamte Skandal war zwischenzeitlich zu stark in der Öffentlichkeit präsent, als dass ein solcher Hinterzimmerdeal noch ernsthafte Chance hatte, durchzukommen.

Anfang 2021 wies das Kraftfahrtbundesamt nachträglich nahezu alle Widersprüche von Daimler gegen die Dieselrückrufe zurück. Das KBA verfestigte seine Einschätzung, dass Daimler in Hunderttausenden Dieselfahrzeugen eine unzulässige Abgastechnik verwendet hatte. Von den Rückrufen waren EU-weit etwa 1,4 Millionen Fahrzeuge betroffen, davon etwa 600.000 in Deutschland.[38]

Otto betrügt auch

Neben Diesel- waren offensichtlich auch Ottomotoren vor den Manipulationen nicht gefeit. VW selbst räumte Anfang November 2015 ein, dass allein in Deutschland 98.000 Fahrzeuge mit dem Ottomotor 1,4 TSI ACT mit Schummelsoftware ausgestattet worden waren. Es stellte sich heraus, dass insgesamt 24 VW-Modelle mit Ottomotoren betroffen waren, darunter die Modelle Seat Ibiza, VW Polo, VW Jetta und Seat Leon.[39]

Erst zwei Jahre nach der Aufdeckung durch die US-Behörden fand in Deutschland am 2. August 2017 der erste Dieselgipfel statt, bei dem die Bundesregierung gemeinsam mit den deutschen Automobilherstellern nach Lösungen suchte, um das Problem zu beheben, zu beerdigen, auszulöschen, wie immer man es nennen wollte. Gleichzeitig begann eine Diskussion über die Zukunft des Automobils in Deutschland, die die nächsten Jahre hinweg anhalten und die politische Diskussion in Deutschland maßgeblich bestimmen sollte. Mit der Diesel- konnten ebenso wie mit der Asyldebatte Wahlen gewonnen und verloren werden. Es waren und sind immer noch hochemotionale Themen, die in der Bevölkerung auf breiter Front Zustimmung und vor allem auch Ablehnung erfahren. Die Corona-Krise 2020/21 hat diese Emotionen zugedeckt, aber nicht ausgelöscht.

Manipulationen aller Orten

Der Skandal begann bei VW, aber er weitete sich rasch auf andere Hersteller aus. Zum 1. Januar 2015 erfüllten insgesamt 12,94 Millionen in Deutschland zugelassener Pkw die Abgasnorm Euro 5, darunter 5,79 Millionen Dieselfahrzeuge – zumindest auf dem Papier.[40] Die Zahlen machten die Dimension des Desasters deutlich.

Audi musste nach Anweisungen des Bundeskraftfahrtamtes beinahe 130.000 Fahrzeuge der Abgasnorm Euro 6 umrüsten. Betroffen waren die Audi-Modelle A4, A5, A6, A7, A8, Q5, SQ5 und Q7 – also ein erheblicher Teil der gesamten Modellpalette. Beim BMW 750d xDrive stellte die DUH im Frühjahr 2017 das Achtfache der zulässigen Menge an ausgestoßenen Stickoxiden fest; kurz darauf kam es zum amtlichen Rückruf für eine Reihe von BMW-Modellen, um die „vorhandenen unzulässigen Abschalteinrichtungen“ in der Motorsteuerung durch eine Softwareaktualisierung zu entfernen.[41] Aus einem Durchsuchungsbericht des Amtsgerichts Stuttgart vom Juli 2017 ging hervor, dass zwischen 2008 und 2016 mehr als eine Million Mercedes-Fahrzeuge mit einer gesetzeswidrigen Abschalteinrichtung ausgeliefert wurden. Am 27. Juli 2017 erhielt der Porsche Cayenne Diesel ein Zulassungsverbot;[42] für 22.000 Fahrzeuge wurde ein Pflichtrückruf angeordnet. Augenscheinlich gab es kaum einen Hersteller, der nicht über Jahre hinweg systematisch die Umweltwerte seiner Autos aufgebessert und damit letztlich Kunden, Aktionäre, Ämter und Öffentlichkeit belogen und betrogen hatte.

Nichts getan, nichts geahnt, nichts gewusst

Nichts getan, nichts geahnt, nichts gewusst und für nichts verantwortlich – so lässt sich die Reaktion der oberen Etagen in den Autokonzernen zusammenfassen. Zugegeben wurde höchstens, was sich nicht mehr leugnen ließ, weil es andere längst aufgedeckt hatten. Zu letzteren Kategorie gehörte das Geständnis des damaligen Vorstandsvorsitzenden der Volkswagen AG, Martin Winterkorn, vom 20. September 2015, in dem er das Vergehen öffentlich zugab. Am 22. September 2015 entschuldigte er sich: „Es tut mir unendlich leid, dass wir dieses Vertrauen enttäuscht haben. Ich entschuldige mich in aller Form bei unseren Kunden, bei den Behörden und der gesamten Öffentlichkeit für das Fehlverhalten".[43] Geständnis und Entschuldigung kamen zu einem Zeitpunkt, als der Konzern längst überführt war.

Dennoch betonte Winterkorn nur einen Tag später, also am 23. September 2015, dass er sich „keines Fehlverhaltens bewusst" sei. Um einen personellen Neuanfang zu ermöglichen, bat er immerhin den Aufsichtsrat, seinen Vorstandsvertrag aufzuheben. Am 25. September übernahm der bisherige Vorstandsvorsitzende der Porsche AG, Matthias Müller, den Vorsitz im Konzernvorstand.[44] Es gab wohl kaum ein besseres Beispiel dafür, wie man einem alten deutschen Sprichwort zufolge den Bock zum Gärtner macht: Kurze Zeit später stellte sich heraus, dass Porsche ebenfalls in die Manipulationen verwickelt war.

Zu diesem Zeitpunkt war längst ein Milliardenschaden zu beklagen. VW stoppte den Verkauf der betroffenen Dieselfahrzeuge in den USA und in Kanada und bildete für das dritte Quartal 2015 Rückstellungen in Höhe von 6,5 Milliarden Euro, was mehr als der Hälfte des Jahresgewinns 2014 entsprach.[45] Erstmals seit über 15 Jahren musste VW einen Verlust vor Zinsen und Steuern von rund 3,5 Millionen Euro hinnehmen. Am 28. Oktober 2015 gab VW-Finanzvorstand Frank Witter bekannt, dass die Minderung des Konzerngewinns auch zu niedrigeren Steuerzahlungen führen werden.[46] Gut für VW, schlecht für den deutschen Steuerzahler, und verheerend für die Steuermoral. Wer will schon steuerehrlich in einem Staat bleiben, in dem Lug und Betrug durch Steuerminderungen belohnt werden. Einzig Strafzahlungen als Folge eines Strafverfahrens konnte VW nicht von der Steuer absetzen.

Das alles wäre vermeidbar gewesen, hätten die Alarmglocken früher geschellt. Aus einem Prüfbericht der internen Revision von VW ging hervor, dass ein VW-Techniker bereits 2011 den damaligen Leiter der Aggregate-Entwicklung der Marke Volkswagen, Heinz-Jakob Neußen, vor illegalen Praktiken mit Abgaswerten warnte. Die Warnung verhallte ungehört.[47] Laut internen Ermittlungen wurde dem VW-Aufsichtsrat am 26. September 2016 ein erster Zwischenbericht vorgelegt. Gemäß diesem Bericht fiel die Entscheidung zur Manipulation der Software in Dieselfahrzeugen bereits in den Jahren 2005 und 2006 bei der Motorenentwicklung in der VW-Zentrale in Wolfsburg. Teilnehmer einer Sitzung am 20. November 2006 gaben an, dass der damalige Leiter der Motorentwicklung, Rudolf Krebs, den Einbau der Schummelsoftware gebilligt habe; Krebs stritt dies ab. Mehrere Personen sollen zudem zu Protokoll gegeben haben, dass der Ex-Entwicklungschef Ulrich Hackenberg eingeweiht gewesen sei. Ab 2008 waren in den USA Motoren mit der Betrugssoftware verkauft worden.[48]

Schummelei auf Vorstandsebene seit 2014

Spätestens 2014 schien die Schummelei die Vorstandsebene erreicht zu haben. So räumte die VW-Konzernführung im März 2016 ein, dass der damalige Vorstandsvorsitzende Martin Winterkorn im Mai 2014 und erneut im November 2014 darüber informiert worden sei, dass einige VW-Modelle unter Straßenbedingungen das 35-fache des erlaubten Stickoxidwertes ausstoßen.[49] Im Juli 2015 schien die Problematik erneut auf einem konzerninternen Treffen besprochen worden zu sein, an dem auch der damalige VW-Markenchef Herbert Diess, der 2018 zum Vorstandsvorsitzenden der Volkswagen AG aufrückte, teilnahm. Im Juni 2016 erhob die Staatsanwaltschaft Braunschweig Anklage gegen Winterkorn und Diess.[50] Es erschien ebenso selbstverständlich wie es unverständlich war, dass sowohl Winterkorn als auch Diess auf der VW-Hauptversammlung im Juni 2016 zusammen mit dem gesamten ehemaligen Konzernvorstand entlastet wurden. Die „Entlastung“ eines Vorstands bedeutet, dass er alles richtig gemacht hat und daher keine Haftung für Vorkommnisse aus seiner Vorstandstätigkeit mehr besteht. Angesichts der damals schon bekannten Faktenlage war das ungefähr so, als ob man den Mafiabossen bescheinigt, ehrbare Kaufleute zu sein. Der Vorfall war umso unfassbarer, als er überhaupt nur möglich war, weil sich die niedersächsische Landesregierung bei der Abstimmung zur Entlastung der augenscheinlich von Ahnungslosigkeit geplagten Vorstandsriege der Stimme enthielt. Man konnte das nur dahingehend deuten, dass die Autobosse entweder hochkriminell waren oder keinen Schimmer hatten, was in ihren Konzernen direkt unter ihren Augen geschah.

Im April 2016 förderten konzerninterne Untersuchungen der Anwaltskanzlei Jones Day zutage, dass alle an der Entwicklung der Motoren beteiligten Führungskräfte unterhalb der Vorstandsebene als „belastet“ zu gelten haben.[51] Die New Yorker Staatsanwaltschaft gab in einer Anklageschrift vom Juli 2016 an, dass sowohl Martin Winterkorn als auch Matthias Müller bereits 2006 von der Verwendung einer Abschaltvorrichtung bei der VW-Tochter Audi gewusst hatten.[52] Im September 2016 tauchte die E-Mail eines Audi-Mitarbeiters aus dem Jahr 2007 aus, in der dieser schrieb, „ganz ohne Bescheißen“ werde man die Emissionsvorgaben in den USA nicht erfüllen können.[53] In einem internen VW-Papier wurde deutlich, dass die konzerninternen Anwälte schon frühzeitig darauf hinwiesen, dass diese Abschaltvorrichtungen an mehreren Automatikgetrieben unter dem Begriff „Warmlaufprogramm“ nicht rechtmäßig waren. Der Betrug zog ich also über Jahre hinweg über zahlreiche Ebenen im Konzern hin; es handelte sich nicht etwa um das Werk einiger weniger Ingenieure, sondern der Konzern betrog fortwährend und systematisch.

Alle wussten davon – und taten überrascht

Doch die zuständigen Aufsichtsbehörden hätten besser nicht so überrascht getan, als die Manipulationen schließlich ans Tageslicht gelangten. Schon im Mai 2008 warnte das Umweltbundesamt vor Manipulationen durch Software und regte ein neues Konzept für ein Überwachungssystem an, um den Manipulationen entgegenzuwirken. Diese Hinweise des Umweltbundesamtes wurden indes später aus einem Bericht des Bundesumweltministeriums (BMU) gelöscht, da diese Erkenntnisse laut zuständigem BMU-Mitarbeiter „Tretminen“ seien. Zudem war bereits im Mai 2010 in einer Studie über die Einschätzung des ADAC zu lesen, dass bei allen Dieselherstellern nur mittels Abschaltvorrichtungen bei Prüfungen die Grenzwerte eingehalten werden, die jedoch im Realbetrieb auf der Straße deutlich überschritten wurden. Die Studie war laut ADAC der Bundesregierung und den zuständigen Ministerien bekannt.[54]

TÜV gibt sich unschuldig

Der für die Überprüfungen der Fahrzeuge in Deutschland zuständig TÜV redete sich heraus, die Bundesregierung habe den TÜV-Prüfern auf Drängen der Automobilindustrie untersagt, die Motorensoftware der Fahrzeuge zu untersuchen. Der Vorsitzende des Verbandes der TÜV, Guide Rettig, gab zu Protokoll: „Wir haben leider gesetzlich keinerlei Möglichkeiten, Einblicke in die Motorsteuerung und die dort verbaute Software der Fahrzeuge zu nehmen. ... Aus diesem Grund hatten unsere Sachverständigen keine Chance, die Manipulationen bei Stickoxiden von Dieselfahrzeugen zu erkennen“.[55] So einfach konnte man es sich natürlich machen, aber es stärkte nicht gerade das Vertrauen in die Kompetenz und Verantwortung des TÜV. Ganz am Rande stellte sich umso drängender die Frage, welche Institution eigentlich die Software in der künftigen Generation selbstfahrender Autos überprüfen soll. Dem TÜV muss man angesichts der Unfähigkeit beim Dieseldesaster wohl die Fähigkeit dazu vehement absprechen – obgleich der TÜV genau diese Prüfungen zu einem wichtigen Geschäftsfeld für die 2020er Jahre und darüber hinaus erklärt hat.

Doch nicht nur die Bundesregierung hat lieber weggesehen, auch die Europäische Union befleißigte sich der Tatenlosigkeit. Immerhin wurde die Europäische Kommission bereits 2010 durch ihren eigenen wissenschaftlichen Dienst über Unregelmäßigkeiten bei Emissionstests und den Verdacht eines eingebauten „defeat device" informiert. Seit 2011 wusste die EU-Kommission zudem von einem Zulieferer, dass Autohersteller in der Europäischen Union mit manipulierten Motorsteuerungen bei Abgasmessungen betrügen. 2013 warnte eine Studie der Umweltabteilung der EU-Kommission vor „zunehmenden Beweisen illegaler Praktiken, die die Luftreinhaltungssysteme umgehen". Der damalige Direktor der Umweltabteilung, Karl Falkenberg, appellierte im November 2014 an den Direktor der Marktabteilung, Daniel Calleja Crespo, die Unregelmäßigkeiten bei den Emissionstests in Augenschein zu nehmen. Das alles hinderte die zuständige EU-Kommissarin Elzbieta Bienkowska allerdings nicht, später vor dem EU-Parlament zu versichern, die Kommission habe nichts von dem Betrug gewusst.[56] Diese Dreistigkeit aus der Politik stand der kriminellen Energie in der Automobilbranche kaum nach. Immerhin beschloss der zuständige Fachausschuss der Europäischen Kommission im Mai 2015, dass die Zulassungsprüfungen insbesondere in Bezug auf Stickoxidemissionen künftig nicht nur unter Laborbedingungen, sondern auch im realen Fahrbetrieb auf der Straße erfolgen sollten.[57]

Politik für Diesel und deutsche Arbeitsplätze

Die Zurückhaltung der Politik vor allem in Deutschland beim Dieseldesaster war nicht zuletzt dadurch bedingt, dass Politiker den Verfall der deutschen Automobilindustrie und damit den Wegfall Hunderttausender von Arbeitsplätzen befürchteten. Bezeichnend für diese Haltung war die Aussage des damaligen

Bundeswirtschaftsminister Siegmar Gabriel, der nach Bekanntwerden des Skandals im September 2015 von einem „schlimmen Vorfall“ sprach, aber beinahe im selben Atemzug betonte, der Begriff „Made in Germany“ sei weltweit ein Qualitätsbegriff. Am 8. Oktober 2015 warnte er vor dem Abbau von 70.000 Arbeitsplätzen, die an der modernen Dieseltechnologie hängen.[58]

In diesem Sinne war es nur konsequent, wenn die Bundesregierung nach Bekanntwerden des VW-Skandals Druck auf die EU-Kommission und das EU-Parlament ausübte, um die gesetzlich vorgeschriebenen Grenzwerte soweit zu schwächen, dass auch Autos eine Zulassung erhalten, welche die zum Zeitpunkt der Entscheidung gültigen Grenzwerte für Schadstoffausstoß um das Doppelte übertrafen.[59] In den USA wurde die deutsche Botschaft nicht müde zu betonen, dass eine Beschädigung des VW-Konzerns „nicht im Interesse der deutsch-amerikanischen Beziehungen“ sei.[60] Schaden von VW und den anderen deutschen Autoherstellern abzuwenden war der Bundesregierung also wichtiger als Aufklärung. Der Schutz der Betrüger schien zu einer nationalen Angelegenheit geworden zu sein.

Der Staat sorgt sich – um sich selbst

Immerhin erhob Bayern im August 2016 als erstes Bundesland Klage gegen Volkswagen – allerdings nicht aus Sorge um die betrogenen Kunden, sondern um die Aktionäre. Der Pensionsfonds der Landesbediensteten hielt nämlich seit September 2015 rund 58.000 Vorzugsaktien von VW. Durch den Kursverlust sei ein Schaden von bis zu 700.000 Euro entstanden monierte der damalige bayerische Finanzminister Markus Söder, der 2018 zum Landesvater der Bayern aufstieg.[61] Mit der gleichen Begründung – der Pensionsfonds für Beamte sei bedroht – erhob im September 2016 das Bundesland Hessen Klage gegen

VW, nur die Schadenssumme war dieses Mal mit bis zu 3,9 Millionen Euro deutlich höher. Baden-Württemberg rechnete sich einen Schaden von bis zu 400.000 Euro aus und reichte ebenfalls Klage ein.[62] Gut, dass die Länder sich wenigstens um ihr Geld und das ihrer Beamten sorgten, die waren schließlich wichtiger als der Durchschnittsdieselfahrer, der auf das Komplott von Politik und Wirtschaft hereingefallen war, möchte man ironisch sagen. Wer sich über Politikverdrossenheit, den Ruf nach einer neuen Politik und den damaligen politischen Rechtsruck der Republik beklagte, hätte im Dieseldesaster wesentliche Fundstücke finden können.[63]

Es waren auch nicht etwa die damaligen Regierungsparteien CDU/CSU oder SPD, die Ende April 2016 die Einsetzung eines Untersuchungsausschusses im Deutschen Bundestag zur parlamentarischen Aufarbeitung des Abgasskandals beantragten, sondern die Bundestagsfraktionen der Linken und Bündnis 90 / Die Grünen. Am 7. Juli 2016 konstituierte sich dieser fünfte Untersuchungsausschuss der 18. Legislaturperiode.[64] Der Ausschuss ließ Experten Gutachten vortragen und befasste sich mit der juristischen Einordnung des Skandals. Der ehemalige VW-Chef Martin Winterkorn ließ sich im Januar 2017 vom Ausschuss befragen, der ehemalige VW-Aufsichtsratsvorsitzende Ferdinand Piëch lehnte es ab, vor dem Ausschuss überhaupt zu erscheinen.

VW weltweit im Visier

Die Dieselmanipulationen machten VW nicht nur in Deutschland und den USA zu schaffen, sondern in vielen, sehr vielen Ländern. In Großbritannien bat der Vorsitzende der Volkswagen Group United Kingdom, Paul Willis, am 12. Oktober 2015 vor dem britischen House of Commons „ehrlich und uneingeschränkt“ um Verzeihung für die Manipulationen. Am 27. März 2018 begann eine Anhörung vor dem Obersten Gerichtshof Englands zur Klärung von Schadensersatzansprüchen von VW-Kunden.[65]

In Italien leitete das Verkehrsministerium Ermittlungen gegen VW ein und forderte am 25. September 2015 die Überprüfung von rund 1.000 Fahrzeugen.[66] In der Schweiz drohte das Bundesamt für Straßen am 25. September 2015 damit, betroffenen Fahrzeugen der Marken Audi, Seat, Skoda und VW die Zulassung zu entziehen. In Kanada forderte die Wettbewerbsbehörde des Landes am 19. Dezember 2016 von VW und Audi, zur Beilegung eines Rechtsstreits umgerechnet bis zu 1,5 Milliarden Euro an kanadische Autokäufer zu zahlen. Man merke auf: In Kanada ging es im Unterschied zu Deutschland um die Entschädigung der Kunden, nicht um Bußgelder für das Land. Die indische Regierung ordnete Untersuchungen an. Südkorea zog 2016 für 80 Modelle des VW-Konzerns die Zulassung zurück und ordnete eine Strafe von 14,3 Millionen Euro an. Der norwegische Staatsfonds Statens verklagte VW wegen Verlusten aus Aktiengeschäften auf Hunderte Millionen Euro.[67]

Die Länderliste ließe sich fortsetzen, VW sorgte dafür, dass die Marke „Made in Germany“ weltweit Schaden nahm. Das größte Desaster entstand für VW indes in den USA. Der Konzern ging zunächst von 7 bis 8 Milliarden Dollar Folgekosten aus. Doch am 4. Januar 2016 reichte das Justizministerium der Vereinigten Staaten eine Zivilklage gegen die Volkswagen AG, Audi AG, Volkswagen Group of America Inc., Volkswagen Group of America Chattanooga Operations LLC, Porsche AG und Porsche Cars North America Inc. auf Zahlung von 46 Milliarden Dollar Schadenersatz ein. Am 21. April 2016 wurde bekannt, dass sich VW mit den Aufsichtsbehörden und privaten Klägern auf eine ganze Reihe von Zahlungen und Maßnahmen im Wert von insgesamt etwa 15 Milliarden Dollar geeinigt hatte. Am 10. Januar 2017 wurde diese Einigung endgültig; das war insofern eine gute Nachricht für VW, als damit die juristischen und die finanziellen Risiken für den Konzern einen Deckel bekommen hatten.[68]

Die Mutter des Betrugs

Im Rahmen der konzerninternen Ermittlungen durch die US-amerikanische Anwaltskanzlei Jones Day wurde ab Juli 2016 immer deutlicher, dass die VW-Tochter Audi die „Mutter des Betrugs“ war. Audi hatte die Manipulationssoftware augenscheinlich schon seit 2004 in Betrieb.[69] Audis Werbeslogan „Vorsprung durch Technik“ bekam auf einmal einen ganz neuen Beigeschmack.

So stand der Fall Audi beispielhaft für die Hybris der deutschen Autohersteller. Mit, wie es die Staatanwaltschaft formulierte, großer „krimineller Energie“ gelang es dem Ingolstädter Automobilbauer, über Jahre hinweg Behörden und Verbraucher zu täuschen.

Im Frühjahr 2019 standen im Münchener Strafjustizzentrum vier Männer vor Gericht: der langjährige Audi-Chef Rupert Stadler, der frühere Motorenchef Wolfgang Hatz sowie zwei Ingenieure, die die Vorgaben aus der Chefetage perfekt umgesetzt hatten. Über Jahre hinweg hatte das Team immer größere Dieselautos mit enormen Motorleistungen auf den Markt gebracht, um sie mit illegalen Tricks als angeblich umweltfreundlich zu präsentieren. Versteht sich, dass die vier nicht allein waren; es kam zu Anklagen gegen weitere Beschuldigte. Mittlerweile war nämlich klar, dass ganze Abteilungen von Technikern und Computerspezialisten damit befasst waren, die für den Betrug erforderliche Schummelsoftware zu entwickeln und immer besser zu optimieren.[70]

Wesentliche Details kamen erst ans Licht, nachdem der italienische Ingenieur Giovanni Pamio als ein Hauptzeuge der Anklage aussagte. Seitdem galt er als einer der meistgehassten Männer bei dem Autohersteller. Der frühere Audi-Chef Rupert Stadler, der sich bis zum bitteren Ende an seinen Posten geklammert hatte, wurde im Juni 2018 in seiner Ingolstädter Villa verhaftet und in Untersuchungshaft gesteckt.[71]

Über Jahre hinweg baute Audi augenscheinlich Dieselfahrzeuge, die allen Gesetzen der Physik zu trotzen schienen: immer größer, immer schwerer, immer leistungsfähiger und immer umweltschonender. Exemplarisch war der Nobel-SUV Q7. Das über zwei Tonnen schwere Gefährt brachte mit Allradantrieb bis zu 435 PS auf die Straße. Dennoch fuhr der Bolide ausgesprochen umweltfreundlich, wenn man den Aussagen von Audi und den Abgastests Glauben schenkte. In Wirklichkeit jedoch war der Wagen vollgestopft mit modernster Technik, die nicht die Abgase reinigte, sondern Behörden wie Verbraucher ganz im Gegenteil über die wahren Emissionen täuschte. Drehzahl, Geschwindigkeit, Beschleunigung, Motor- und Außentemperatur – jedes Detail wurde von Sensoren erfasst und ausgewertet, damit der Motor erkennen konnte, wann er sich in einem Prüfzyklus befand und sich in dieser Zeit – und nur in dieser Zeit – sauber verhielt. Kaum dem Prüfstand entlassen und auf der Straße unterwegs, wurde der angeblich so umweltschonende Wagen geradezu zur Dreckschleuder, als ob es keine Grenzwerte, keinen Umweltschutz und keine Verantwortung gäbe.[72]

Wie frühzeitig firmenintern deutlich wurde, dass der Autobauer sehenden Auges auf eine Katastrophe zufuhr, ließ sich der E-Mail eines Technikers aus dem Jahre 2005 (!) entnehmen.

Darin drückte der Audi-Mitarbeiter unmissverständlich die Warnung aus, dass es absehbar sei, dass der Autohersteller die immer schärferen Anforderungen in der EU und den USA nicht mehr erfüllen kann. Zu diesem Zeitpunkt war längst offensichtlich, dass auf der politischen Agenda der meisten Regierungen die Reduzierung der Autoabgase stand, um die Zerstörung des Klimas aufzuhalten und die Erde zu retten.[73]

Dass der politisch motivierte Druck bei Audi ankam, ließ sich daran erkennen, dass der Autohersteller auf eine neue Technik „Clean Diesel“ umstieg. Hierbei wurden die Stickoxidemissionen verringert, indem Harnstoff in den Abgasstrom eingespritzt wurde. Das Verfahren kam bereits bei Lkws zum Einsatz. Stolz verkündete Audi „den saubersten Diesel der Welt gebaut“ zu haben. Die Werbefilme aus der damaligen Zeit dienten später der Münchener Staatsanwaltschaft als Beweismittel. Die Autos fuhren keineswegs so sauber, wie es der Hersteller Glauben machen wollte, sie waren nur so perfekt manipuliert, dass sie alle Abgastests mühelos bestanden.[74]

„Emission Possible“ – Königsdisziplin des Betrugs

Wie skrupellos Audi vorging, verdeutlichte das Projekt „Emission Possible“ aus dem Jahr 2011. Unter dem in Anlehnung an den Film „Mission Impossible“ gewählten Namen versuchte sich Audi in der Königsdisziplin des Betrugs: Es galt, eine weltweit universelle Motorsteuersoftware zu entwickeln, die möglichst alle Abgasprüfsysteme rund um den Globus austricksen kann. Mit hoher krimineller Energie und einem enormen Programmieraufwand wurde die Superbetrugssoftware erstellt – eine Mafia-ähnliche Interpretation des Firmenslogans „Vorsprung durch Technik“. Zu einem späteren Zeitpunkt schien das Management allerdings doch angesichts der Dimension dieses Betrugsprojekts kalte Füße zu bekommen – das Projekt wurde eingestellt, die Software nicht vollendet.[75]

Offenbar dämmerte den Audi-Verantwortlichen, dass ihr böses Spiel nicht ewig weitergehen konnte spätestens, als der ebenfalls zum VW-Konzern gehörende Sportwagenhersteller Porsche seine Modelle auf Elektrifizierung ausrichtete. Da wurde für Audi klar, dass die Dieselgeschichte keine unendliche Fortführung haben würde. Doch erst spät, 2014, stellte Audi endlich eine erste Kombination aus Elektro- und Verbrennungsmotor vor. Jahre später erst begann die Produktion reiner E-Autos.

Entwicklungsvorstand Stefan Knirsch bestritt jedwede Kenntnis von einem Betrug. Nachdem der damalige Bundesverkehrsminister Alexander Dobrindt im Juni 2017 von einer „unzulässigen Abschaltvorrichtung" in Euro-5-Modellen von Audi sprach, warf ihm Audi-Chef Rupert Stadler Aktionismus im Vorfeld der anstehenden Bundestagswahl im September 2017 vor. Nicht einmal ein Jahr später, im Juni 2018, wurde Rupert Stadler in Haft genommen. Die Staatsanwaltschaft warf ihm „Betrug sowie mittelbare Falschbeurkundung" durch Inverkehrbringen von Dieselfahrzeugen mit manipulierter Abgasreinigung vor. Da er augenscheinlich versucht hatte, Beweismittel zu vernichten und Zeugen zu beeinflussen, ordnete der Staatsanwalt Untersuchungshaft für Stadler an. Im Herbst 2020 begann das Strafverfahren gegen ihn.[76]

Audi: Manipulation total

Audi wollte augenscheinlich nicht nur die Zulassungsbehörden über den tatsächlichen Schadstoffausstoß ihrer Fahrzeuge belügen, sondern auch Umweltbehörden und den ADAC. Aus internen E-Mails und Präsentationen des Jahres 2009 ging hervor, dass der Hersteller seine Techniker Strategien erarbeiten ließ, die Abgastests des ADAC und des Umweltbundesamtes zu erkennen. Die Dokumente von damals lasen sich wie die Verabredung und systematische Durchführung einer Verschwörung. Die verschiedenen Möglichkeiten zur Täuschung wurden in einer tabellarischen Übersicht gegenübergestellt. Das Unrechtsbewusstsein war offensichtlich dar, denn die „Aufdeckungswahrscheinlichkeit" wurde abgewogen. Einer der Softwareentwickler versah eine am 8. Dezember 2009 an einen größeren Verteiler versandte E-Mail mit der eindringlichen Warnung: „Die mitgeschickte Präsentation bitte gleich wieder löschen... Das Ding darf nicht in falsche Hände geraten!". Im Frühjahr 2019 ließ Audi lapidar mitteilen, den Vorgang nicht kommentieren zu wollen. Der ADAC konnte bei seinen Messungen keine Unregelmäßigkeiten entdecken. Ob die weitergehende Manipulationssoftware jemals zum Einsatz kam, war später nicht mehr zu klären.[77]

Audi: verwöhnt und träge

Der Nachfolger von Rupert Stadler als Audi-Chef, der Holländer Bram Schot, erklärte bereits zu seinem Amtsantritt Anfang 2019, was er von Audi hielt: Der lange währende Erfolge habe „viele verwöhnt und ein bisschen träge gemacht", sagte er über die rund 90.000 Mitarbeiter.[78] Sein Credo: Entweder steigt die Produktivität oder es werden weniger Beschäftigte benötigt. Als Folge des Dieseldesasters forderte er zudem mehr Ehrlichkeit in der konzerninternen Kommunikation und ein geringeres Hierarchiedenken. Es verlangte „hundert Prozent Transparenz" und verstand darunter: „Da reicht es mir nicht, das wahr ist, was mir die Leute sagen. Ich will, dass mir die Leute alles sagen, was wahr ist." Das hätte einen Neuanfang für Audi darstellen können – sofern es Bram Schot gelungen wäre, seinen Ansatz durchzusetzen. Am 1. April 2020 wurde er von Markus Duesmann als Vorstandsvorsitzender der Audi AG abgelöst, der den Dieselskandal völlig hinter sich lassen wollte und alle Mühe aufbrachte, um Audi als Elektromarke neu zu etablieren.

Doch Anfang 2021, als sich Duesmann längst in der Euphorie der Elektromobilität wähnte, holte ihn die Vergangenheit seines Vorvorgängers ein. Das Kraftfahrtbundesamt hatte eine unzulässige Abschalteinrichtung in den 3,0 TDI-Motoren von Audi entdeckt. Der in Ungarn produzierte Motor kam in Dieselfahrzeugen der Marken Audi, VW und Porsche zum Einsatz – unter anderem im Porsche Cayenne und Macan sowie im VW Touareg und Amarok. Konsequenterweise ordnete das Kraftfahrtbundesamt 2021 den Rückruf von rund 200.000 Fahrzeugen von Audi, Volkswagen und Porsche an, um ein Softwareupdate aufzuspielen. Jahre, nach denen die Autoindustrie das Dieseldesaster längst vergessen machen wollte und vollmundig über die Segnungen der E-Mobilität schwadronierte, waren die Dieselkäufer also noch immer betroffen – von den Unsicherheiten des Updates, möglicherweise dennoch drohenden Fahrverboten und nicht zuletzt dem immensen Wertverlust der Fahrzeuge.[79]

Krise, welche Krise?

Als das Dieseldesaster bei VW seinen Anfang nahm, sprach der damalige Vorstandschef Martin Winterkorn zunächst von „Unregelmäßigkeiten.“ Erst am 6. Oktober 2015, als ohnehin nichts mehr zu retten ist, verwendete der Konzern in der eigenen Kommunikation erstmals den Begriff „Abgasskandal“ – aber nur für kurze Zeit. Seit Ende Oktober 2015 war bei VW nur noch von der „Dieselthematik“ oder der „Abgasthematik“ die Rede. Im Mai 2017 sprach der Aufsichtsratsvorsitzende

Hans Dieter Pötsch von einer „Dieselkrise“, die das Unternehmen zu bewältigen habe.[80] Das ließ VW beinahe in die Rolle eines Opfers schlüpfen, das gegen eine schlimme Krise, vergleichbar einer unabwendbaren Naturkatastrophe, tapfer ankämpfte. So schnell wurden durch eine etwas andere Wortwahl aus Tätern auf einen Schlag Opfer.

Winterkorn, der schwere Betrüger

Im Frühjahr 2019 erhob die Staatsanwaltschaft Braunschweig Anklage wegen schweren Betrugs gegen den ehemaligen, von 2007 bis zum 23. September 2015 amtierenden, VW-Chef Martin Winterkorn. Der Vorwurf: Er soll von den illegalen Abschalteinrichtungen in den Dieselfahrzeugen gewusst und diese „rechtswidrigen Manipulation“ verschwiegen statt offengelegt haben. In diesem Zusammenhang standen Untreue, Steuerhinterziehung, Falschbeurkundung und Verstöße gegen geltendes Wettbewerbsrecht im Raum. 694 Seiten lang war allein die Anklageschrift gegen Winterkorn sowie vier weitere Ex-Manager. Die dazugehörigen Unterlagen füllten weitere 300 Aktenordner mit rund 75.000 Seiten Papier.[81]

Die Braunschweiger Staatsanwaltschaft ging davon aus, dass Martin Winterkorn spätestens am 25. Mai 2014 durch einen Vermerk in seiner sogenannten Wochenendpost auf das Problem aufmerksam gemacht wurde. Winterkorn will das Papier nicht gelesen haben, nur das weniger eindeutige Anschreiben. Er beteuerte, erst am 18. September 2018 von den Abgasmanipulationen und den drohenden Milliardenstrafen in den USA erfahren zu haben. Am Tage seines Rücktritts, am 23. September 2015, hatte das Präsidium des Aufsichtsrats von VW noch ehrerbietig verbreiten lassen, dass nach ihrer Feststellung „Herr Professor Dr. Winterkorn keine Kenntnis hatte von der

Manipulation von Abgaswerten", um dann loszujubeln: „Seine Bereitschaft, die Verantwortung zu übernehmen und damit ein deutliches Signal in das Unternehmen hinein und nach außen zu senden, wird von dem Präsidium mit größter Hochachtung zur Kenntnis genommen."[82]

Die Ermittlungen der Staatsanwaltschaft ergaben das genaue Gegenteil und legten den Verdacht nahe, dass Martin Winterkorn persönlich angeordnet hatte, den Vizechef der kalifornischen Umweltbehörde CARB, Alberto Ayala, über das wahre Ausmaß des Betrugs im Unklaren zu lassen. Ayala hielt den sauberen Dieselantrieb aus Deutschland zunächst wohl für besonders umweltfreundlich. Doch schon 2008 erhielt er Hinweise auf nicht erklärbare Abweichungen zwischen Tests und Realbetrieb. 2013 reiste er nach Wolfsburg, um sich persönlich ein Bild zu machen. Selbst zu diesem Zeitpunkt schien Alberto Ayala aber noch nicht an einen Betrug geglaubt zu haben, eher an einen technischen Defekt. Er kontaktierte den später verhafteten VW-Manager Oliver Schmidt, um der Sache auf den Grund zu gehen. Zu dieser Zeit hätte VW das Desaster wohl noch verhindern können, entweder durch Nachrüstung oder durch Rückkauf der betroffenen Fahrzeuge. Ayala kam dem Konzern sogar noch entgegen und strebte eine kooperative Lösung an. Doch VW ging einen anderen Weg, den des Verdunkelns und Vertuschens. Im August 2015 flog der Schwindel auf, die US-Behörde CARB entlarvte den Betrug.[83]

Der Prozess und alles, was Martin Winterkorn dabei aussagte, hatte unmittelbare Auswirkungen auf die vielen, vielen Schadensersatzprozesse von Autokäufern und den Musterprozess Tausender VW-Aktionäre, die beim Oberlandesgericht Braunschweig auf rund neun Milliarden Euro Schadenersatz klagten. Für das Image von VW war der Winterkorn-Prozess ebenfalls desaströs. Die Nachricht aus Deutschland schlug im

Frühjahr 2019 auf der Automesse in Schanghai, wo sich VW just zu dieser Zeit selbstbewusst als Elektrovorreiter feiern lassen wollte, wie eine Bombe aus der Vergangenheit ein. Zu dieser Zeit traute sich Martin Winterkorn schon längst nicht mehr, Deutschland zu verlassen, weil die USA einen internationalen Haftbefehl gegen ihn erwirkt hatten und seine Auslieferung verlangten.[84] Es drohte ein jahrelanger Weg durch die Instanzen, vermutlich bis zum Bundesgerichtshof.

Anfang 2021 stellte das Landgericht Braunschweig das Verfahren gegen Martin Winterkorn wegen des Verdachts der Marktmanipulation ein – allerdings nur, um beim Vorwurf auf gewerbs- und bandenmäßigen Betrug ein höheres Strafmaß zu erreichen. Hintergrund war laut Landgericht, dass die zu erwartende Strafe, die Winterkorn bei einer Verurteilung wegen Marktmanipulation bekommen könnte, geringer ausfiele als die zu erwartende Strafe wegen Betrugs. Im Falle einer Verurteilung wegen beider Vergehen wäre eine Gesamtstrafe zu bilden, so das Gericht: „Dabei würde die Verurteilung wegen der Marktmanipulation nicht zu einer wesentlichen Erhöhung der Gesamtstrafe führen." Im Falle einer Verurteilung wegen gewerbs- und bandenmäßigen Betrugs droht eine Freiheitsstrafe von bis zu zehn Jahren.[85]

Doch Winterkorn war schon 2019 kein Einzelfall mehr. Audi-Chef Rupert Stadler saß bereits in Untersuchungshaft, ebenso Audis früherer Motorenchef Wolfgang Hatz und der leitende Porsche-Motorenentwickler Jörg Kerner. Der frühere VW-Manager Oliver Schmidt wurde 2018 zu sieben Jahren Haft in den USA verurteilt. Gegen den Nachnachfolger von Martin Winterkorn, Herbert Diess, der im April 2018 an die VW-Spitze rückte, wurde wegen Marktmanipulationen ermittelt – er soll die Aktionäre viel zu spät informiert haben –, ebenso wie gegen seinen Aufsichtsratschef Hans Dieter Pötsch.[86]

Somit löst das Dieseldesaster auch eine beispiellose Untersuchungs-, Anklage- und Verurteilungswelle gegen Konzernbosse der deutschen Industrie aus. Vorstand um Vorstand knöpfen sich die Ermittler vor, keiner war mehr sicher. Die Autochefs wurden gleichermaßen von der US-Justiz und von deutschen Staatsanwälten gejagt, nachdem sich die „Mär von den ahnungslosen Vorstandsetagen" immer weniger aufrecht erhalten ließ. Auf Anraten ihrer Anwälte hielten die Betroffenen kaum Kontakt untereinander, denn die Staatsanwälte könnten daraus den Verdacht der Verdunklungsgefahr ableiten und Untersuchungshaft beantragen. Allein der Münchner Staatsanwalt Dominik Kieninger hatte mehr als 150 Aktenordner mit belastendem Material über das Geschäftsgebaren von Audi gesammelt. Bei den Ermittlungen hatte er herausgefunden, dass sich der ehemalige Audi-Chef Rupert Stadler mit anderen Managern schon über die Verteidigungsstrategie abstimmte, während er nach außen hin noch in selbstherrlicher Schönwettermanie die Dieselkrise für beendet erklärte. Doch die Ermittler hatten sein Telefon angezapft und mitgehört, wie Stadler darüber schwadronierte, dass man bestimmte Personen womöglich aus dem Weg räumen müsse, weil sie bei deren Ermittlungen der Staatsanwaltschaft für den Konzern gefährlich werden könnten. Prompt wurde Rupert Stadler daraufhin in Untersuchungshaft gesteckt.[87]

Markus Duesmann, der 2020 als neuer Vorstandsvorsitzender bei Audi antrat, sagte 2021 dazu: „Ich hätte mir ein Arbeiten in der früheren Kultur nicht vorstellen können. Das hört sich für mich mit Sicht des Außenstehenden an wie im vorigen Jahrhundert oder noch früher." Zum jahrelangen Dieselbetrug sagte Duesmann 2021: „Nach unseren Erkenntnissen werden neben den bereits angeklagten Personen derzeit noch etwa 30 Audi-Mitarbeiter als Beschuldigte von der Staatsanwaltschaft München II geführt." Auf die Frage, ob er Mitleid mit seinem Vorgänger Rupert Stadler habe, der vor Gericht steht, erklärte Duesmann: „Da glaube ich fest an das deutsche Rechtssystem. Gibt es Schuld, wird die geahndet werden. Ich kenne ihn nur aus der Ferne, habe ihn nie gesprochen. Ich beneide ihn nicht um das, was er erlebt, das ist sicher sehr bitter."[88]

Die unethische Firmenkultur bei VW

Es war vermutlich kein Zufall, dass sich der Dieselbetrug im VW-Konzern besonders stark hervortat, sondern eine Folge der mangelnden Ethik. Schließlich wurde der Konzern über Jahrzehnte hinweg von einem undurchsichtigen Familienclan geführt, in einem Milieu, wie man es am Hofe einer Monarchie oder bei der Mafia erwarten würde.

Das seltsame Gebaren trat für die Öffentlichkeit erstmals sichtbar zu Tage, als der schon 78-jährige Ferdinand Piëch, Jahrzehnte lang Herr über die Volkswagen AG, am 8. April 2015 mit dem Satz „Ich bin auf Distanz zu Winterkorn" den damals 71-jährigen VW-Vorstandschef offensichtlich entmachten wollte.[89] Der 2019 verstorbene Firmenpatriach Piëch ging in seiner Selbstherrlichkeit damals augenscheinlich davon aus, dass das als Machtwort bereits genügte, um den Mann an der Spitze abzulösen. Doch zu diesem Zeitpunkt war der Rückhalt für Ferdinand Piëch im Konzern längst geschmolzen. Am 25. April 2015 legte er mit sofortiger Wirkung alle Ämter nieder, nachdem ihn die anderen fünf Mitglieder des Aufsichtsratspräsidiums den Rücktritt nahegelegt hatten, um einer peinlichen Abwahl zuvorzukommen. Konsequenterweise trat auch seine Frau Ursula von allen Ämtern zurück. Die Familie beschloss daraufhin die Lücken im Aufsichtsrat mit Louise Kiesling und Julia Kuhn-Piëch, zwei Nichten Ferdinand Piëchs, zu füllen.

Doch davon wollte der alte Herr nichts wissen: Am 29. April 2015 sendete er an seinen Cousin Wolfgang Porsche (75) ein Schreiben, das mit den Worten „Sehr geehrter Wolfgang" begann und vorschlug, statt der beiden unerfahrenen Nichten die beiden Manager Wolfgang Reitzle (zuvor bei Linde und BMW) und Brigitte Ederer (zuvor lange Zeit Vorstandsmitglied bei Siemens) in den Aufsichtsrat von VW zu holen. Daraus wurde nichts, doch die seltsame Anrede „Sehr geehrter Wolfgang" verriet viel über die Häme und den Hass, mit dem der Porsche-Piëch-Clan sowohl sich gegenseitig als auch den von ihm beherrschten Konzern überzog.[90]

Der legendäre Firmengründer Ferdinand Porsche baute das Unternehmen von Anfang an als einen Familienbetrieb auf. Über Jahrzehnte hinweg wurde der stark wachsende Konzern über Familien- und Gesellschafterausschüsse regiert.[91] Enkel, Urenkel, Neffen und Nichten, Cousins und Cousinen des Gründers hatten das Sagen. Die Familie machte alle wichtigen Entscheidungen unter sich aus, selten in familiärer Zuneigung, meistens in lang gehegtem Hass. Dies bereitete den Nährboden vor für eine undurchsichtige Firmenkultur, wie sie eines Dax-30-Unternehmens, also einem der größten Industriekonzerne Deutschlands, schon lange unwürdig war. Das drückte sich beispielhaft aus in einem zweiten Brief des Altpatriarchen Ferdinand Piëch wiederum an den „sehr geehrten Wolfgang" am selben Tage, in dem er unmissverständlich klarstellte, dass nach seiner Auffassung für alle Aufsichtsratspersonalien ein Beschluss des „Gesellschafterausschusses gemäß der Familienvereinbarung" notwendig sei.[92] Mit anderen Worten: In dem börsennotierten Konzern, an dem das Bundesland Niedersachsen mit immerhin 20 Prozent beteiligt ist, entschieden nicht etwa Vorstand und Aufsichtsrat, wie es das Aktienrecht in Deutschland vorsieht, sondern die Familie. Wohlgemerkt, wir schrieben zu diesem Zeitpunkt das Jahr 2015, nicht 1915 oder 1815. Wir befanden uns auch nicht einem Königreich oder auf Sizilien bei der Mafia, sondern im Führungskreis des nach Umsatz größten deutschen Unternehmens.

Seit 2015 traten die offensichtlichen Führungsdefizite bei VW zutage, weil erstmals Millionen von Menschen betroffen waren, Kunden, die die Wagen des Konzerns im guten Glauben darauf gekauft hatten, das sie eine gesetzeskonforme Ware von einem gesetzestreuen Konzern erhalten. Doch schon rund zehn Jahre zuvor fiel das seltsame Gebaren im VW-Konzern im Rahmen einer Großaffäre auf, allerdings mit deutlich weniger Betroffenen. Der damalige Personalvorstand Peter Hartz genehmigte oder organisierte sogar Lustreisen für den VW-Betriebsrat nach Brasilien, damit sich die Herren mit exotischen Schönheiten austoben konnten. Die brasilianischen Prostituierten hatte sich der damalige VW-Betriebsratsvorsitzende Klaus Volker aus der Firmenkasse bezahlen lassen. Es ging um Betrug, Untreue und Scheinbeschäftigung. Am Ende wurden Peter Hartz und weitere VW-Manager angeklagt und zu Bewährungsstrafen verurteilt; Klaus Volkert musste ins Gefängnis.[93]

Die Prostituiertenaffäre war eine andere Geschichte ohne unmittelbaren Bezug zum Abgasskandal, der ab 2015 seinen Lauf nahm. Aber diese „andere Geschichte" zeigte beispielhaft, welch ethisch verlotterter und verkommener Führungsstil im größten deutschen Industrieunternehmen herrschte. Schon damals ging es nicht um das Fehlverhalten einiger untergeordneter Bediensteter, sondern um die Vorstandsebene. Peter Hartz war Vorstandsmitglied, als er die Lustreisen nach Brasilien in Szene setzen ließ, um sich die Arbeitnehmervertreter im Aufsichtsrat gefügig zu machen. Wie glaubwürdig war es dann, wenn ab 2015 aus dem Vorstand zu hören war, dass man leider nichts gewusst oder auch nur geahnt habe.

Der Frage nachzugehen, ob dieses Phänomen auf VW beschränkt oder nur Ausdruck einer Konzernkultur bei vielen deutschen Großunternehmen war, hieße ein anderes Buch zu schreiben, das in etwa den Titel „Das Führungsdesaster und die Unternehmenskultur der Zukunft“ tragen könnte.

VW so unethisch wie Facebook

84 Prozent der in Deutschland lebenden Bevölkerung war unzufrieden mit dem Verhalten von VW nach Aufdeckung des Dieselskandals. Es war ihnen unklar, für welchen Zweck die Konzernführung gegenüber der Gesellschaft eintrat. Damit war das Image von VW noch schlechter als das des US-amerikanischen Datenkraken Facebook, das 80 Prozent der Deutschen als negativ einstuften.[94]

Beispielhaft für das unethische Verhalten von Volkswagen angesichts des Dieselskandals standen die Bonuszahlungen der US-amerikanischen VW-Tochter. So zahlte die Volkswagen Group of Amerika zwischen Januar 2015 und Juli 2017 offenbar noch sogenannte Bleibe-Boni in Höhe von rund 4,5 Milliarden Dollar an insgesamt 148 Mitarbeiter. Der Bleibe-Bonus wurde fällig, wenn der betroffene Mitarbeiter nach Ablauf eines vereinbarten Zeitraums noch im Unternehmen beschäftigt war. Zu den Begünstigten gehörten zahlreiche Manager, die tief in die Abläufe des Dieselskandals verwickelt waren, darunter der ehemalige VW-Amerika-Chefjustiziar David Geanacopoulos. Auch wichtige Zeugen erhielten Geld vom Konzern, also Personen, die als Zeugen im Zusammenhang mit dem Abgasskandal in den USA vernommen wurden. Mag schon sein, dass das rechtens war, aber es sah schon arg nach einem „Schweigegeld“ aus, also danach, dass Loyalität erkauft wurde, und zwar nicht im Sinne der Wahrheit, sondern im Sinne des Unternehmens. Solche

„Maßnahmen" kannte der „Normalbürger" zuvor nur aus Mafiafilmen, nicht von einem der größten deutschen Dax-Konzerne.

VW unter US-Aufsicht

In dieses Bild passte es, dass sich VW im Rahmen eines Vergleichs mit den US-Behörden im Frühjahr 2017 als Unternehmen der Verschwörung zum Betrug und der Behinderung der Justiz für schuldig erklärte. Die Mafia ließ grüßen. Doch damit nicht genug. VW verpflichtete sich zu Zahlungen in Höhe von 2,8 Milliarden Dollar und unterwarf sich einer dreijährigen externen Aufsicht. Anders ausgedrückt: Die US-Behörden misstrauten VW, sich an die Auflagen zu halten und schickten daher einen Beobachter, der drei Jahre lang ein Auge darauf hat, ob VW nicht wieder schummelte oder anders gegen geltendes Recht verstieß.[95] Es war wie im Krimi.

Im Juni 2016 wurde der Deutsche James Robert Lian als erster VW-Mitarbeiter strafrechtlich angeklagt und im August 2017 zu drei Jahren und vier Monaten Haft verurteilt. Er hatte als Motorenentwickler 2006 in Wolfsburg und ab 2008 in Kalifornien mitgearbeitet. Das Gericht sah es als erwiesen an, dass er gegenüber den US-Aufsichtsbehörden den Einsatz von Betrugssoftware in 600.000 VW-Fahrzeuge verheimlich hatte. Im Januar 2017 wurde mit Oliver Schmidt ein weiterer VW-Mitarbeiter in Florida festgenommen; am 6. Dezember 2017 wurde er zu einer siebenjährigen Gefängnisstrafe wegen Verschwörung zum Betrug und Verstoßes gegen Umweltgesetze verurteilt; 2020 wurde er nach Deutschland überstellt, um seine Haft hierzulande weiter fortzusetzen.[96] Gegen fünf weitere VW-Mitarbeiter wurde bereits im Juni 2017 ein internationaler Haftbefehl erlassen.

Steuern wichtiger als Strafen

Milliardenstrafen, Haftbefehle, Gefängnis in den USA. Und in Deutschland? Hierzulande leitete die Staatsanwaltschaft Braunschweig am 24. November 2015 ein Ermittlungsverfahren gegen fünf VW-Mitarbeiter wegen Steuerhinterziehung ein.[97] Da die CO2- und Verbrauchswerte von Autos manipuliert worden sind, waren an die Fahrzeughalter falsche Kraftfahrzeugsteuerbescheide ergangen. Dass die Autokäufer betrogen wurden, die Behörden belogen, die Gesetze gebrochen und viele Menschen unter der erhöhten Umweltbelastung gelitten haben – kein Thema hierzulande, sondern der Fiskus machte sich Sorgen, dass er möglicherweise zu wenige Steuern eingenommen hat. Zwar hatte die Staatsanwaltschaft Braunschweig am 28. September 2015 verkündet, sie habe von Amts wegen und aufgrund mehrerer Strafanzeigen von Bürgern ein Ermittlungsverfahren gegen den ehemaligen VW-Vorstandschef Martin Winterkorn wegen Betrugsvorwürfen nach Paragraph 263 Strafgesetzbuch eingeleitet. Aber nur wenige Tage danach, am 1. Oktober 2015, korrigierte sich dieselbe Staatsanwaltschaft dahingehend, dass nicht einmal ein Anfangsverdacht gegen Winterkorn bestehe. Immerhin führten die Braunschweiger Staatsanwälte am 8. Oktober 2015 gemeinsam mit dem Landeskriminalamt Niedersachsen bei VW Hausdurchsuchungen durch. Erklärtes Ziel war „die Sicherstellung von Unterlagen und Datenträgern, die mit Blick auf die in Betracht kommende Straftatbestände Auskunft über die genaue Vorgehensweise der an der Manipulation der Abgaswerte von Dieselfahrzeugen beteiligten Firmenmitarbeiter und deren Identität geben können“. Im Juni 2016 begannen Ermittlungen aufgrund einer Strafanzeige der Bundesanstalt für Finanzdienstleistungsaufsicht wegen des Verdachts der Marktmanipulation. Der Vorwurf: VW hat die Öffentlichkeit nicht rechtzeitig mit aktienkursrelevanten Informationen versorgt. Am 27. Januar 2017 wurde bekannt, dass zwischenzeitlich 28 Hausdurchsuchungen durchgeführt und gegen 37 Personen ermittelt wurde, darunter nun auch der ehemalige Vorstandschef Martin Winterkorn. Auf der Liste der Vorwürfe stand mittlerweile neben dem Steuerbetrug auch die strafbare Werbung.[98]

In zahlreichen weiteren Ländern geriet VW unter Verdacht. Am 2. Oktober 2015 wurde bekannt, dass die französische Justiz gegen den Konzern wegen des Verdachts auf Betrug Ermittlungen eingeleitet hat. In Frankreich waren rund 950.000 Dieselfahrzeuge betroffen. Nach zehn Monaten kam eine unabhängige Kommission zu dem Schluss, dass bei 86 Modellen verschiedener Hersteller manipuliert worden war, darunter auch die Modelle Talisman und Espace von Renault. Auch die Groupe PSA mit den Marken Citroën, Peugeot und Vauxhall soll betroffen gewesen sein, bestritt dies jedoch vehement. In Italien sollten die VW-Marken Lamborghini und Audi sowie VW selbst betroffen sein; die Staatsanwaltschaft führte am 15. Oktober 2015 Hausdurchsuchungen wegen des Verdachts auf Handelsbetrug durch. In Spanien begannen Ermittlungen wegen Betrug durch irreführende Werbung am 28. Oktober 2015. In Belgien ermittelte die Staatsanwaltschaft Brüssel seit dem 4. November 2015 gegen VW wegen Urkundenfälschung.[99]

Im Oktober 2015 richtete Volkswagen eine Informationsplattform für die Marken VW, Audi, Skoda und Seat ein, über die jedermann anhand der Fahrzeug-Identifikationsnummer jederzeit prüfen konnte, ob ein Wagen von der Manipulation betroffen war.[100]

Am 22. Oktober 2015 erklärte VW, dass bei Millionen von Fahrzeugen mit einem bloßen Softwareupdate das Problem nicht zu beheben sei. Die Motortechnik müsse angepasst werden.[101] Das Thema Hardwarenachrüstung nahm seinen Lauf. Augenscheinlich diskutierte VW schon zu diesem Zeitpunkt, den betrogenen Kunden mit Rabatt einen neuen Wagen anzubieten statt das alte Fahrzeug einer aufwändigen Nachbesserung zu unterziehen. Offenbar witterte VW bereits 2015 das große Geschäft, das sich aus dem Dieselskandal schlagen ließ.

„Das, was wir gemacht haben war Betrug, ja."

„Das, was wir gemacht haben war Betrug, ja." – Das antwortete der VW-Vorstandsvorsitzende Herbert Diess am 18. Juni 2019 in der Talkshow von Markus Lanz auf die Frage: „Wie nennen Sie das, was da passiert ist?".[102] Es war einer der seltenen Momente der Offenheit, wohl hervorgerufen durch das Drängen des Moderators. Unmittelbar danach spielte VW die Aussage ihres Vorstandsvorsitzenden herunter. Diess' Worte seien nicht im „rechtstechnischen Sinne" zu verstehen, sie änderten nichts an der rechtlichen Position. Der Autobauer vertrat weiterhin die Position, nur in den USA einen verbotenen „Defeat Device" in seine Dieselautos eingebaut zu haben. In Deutschland und in der EU habe man dagegen legal gehandelt. Die Kunden hätten weder Verluste noch Schäden erlitten, die Autos seien sicher und fahrbereit. Es war ein kaum erklärbarer Spagat zwischen „Betrug" und „legal".

Ein Richter des Landgerichts Oldenburg, vor dem einige VW-Kunden wegen Dieselgate gegen VW Klage eingereicht haben, nahm Diess beim Wort. Er forderte um Auskunft „wer genau im Unternehmen aus Sicht von Herrn Diess den Betrug beging" und ob derartige öffentliche Aussagen, die als Geständnis gewertet werden können, dazu führen könnten, dass klagenden VW-Kunden zu ihrem Recht auf finanzielle Entschädigung verholfen wird. Es schien möglich, das Herbert Diess' Betrugs-

Aussage bei Lanz noch weitreichende Folgen für den Konzern haben könnte.[103]

Boni ohne Reue und Milliardenkosten

Drei Jahre lang hatte VW Boni für die Konzernspitze auf Eis gelegt wegen des Abgasskandals. 2019 war Schluss damit: Frühere und aktuelle Vorstandsmitglieder erhielten über vier Millionen Euro an Bonuszahlungen für ihre gute Arbeit. Allein der ehemalige Vorstandsvorsitzende Matthias Müller kassierte gut 1,3 Millionen Euro extra, der amtierende Konzernchef Herbert Diess rund 540.000 Euro.[104] Selten hat eine ganze Vorstandsriege dokumentiert, wie gleichgültig sie ethischen Überlegungen gegenübersteht, wenn es um das eigene Portmonee geht.

In keinem deutschen Unternehmen klafften die Verdienste von Vorständen und normalen Mitarbeitern 2018 so weit auseinander wie bei VW. Damit lag der Konzern bei der Vorstandsvergütung an einsamer Spitze ganz vorne: Im Durchschnittlich aller Dax-30-Unternehmen verdiente ein Vorstand nämlich „nur“ 52-mal so viel wie ein durchschnittlicher Angestellter. An zweiter Stelle hinter VW lag Fresenius mit einer Vergütungskluft des 79-fachen. Man muss wohl von einem traurigen Rekord sprechen, den ausgerechnet der Skandal-geschüttelte Volkswagenkonzern 2018 aufstellte.[105]

Der Abgasskandal kam Volkswagen teuer zu stehen. Allein für 2019 wurden Kosten von 5,5 Milliarden Euro veranschlagt. Die darauffolgenden Jahre wurden viele weitere Milliarden fällig. Seit 2015 hat der Konzern wegen des Dieselskandals mehr als 27 Milliarden Euro gezahlt, unter anderem für technische Umrüstungen, Entschädigungen von Kunden und Aktionären sowie Bußgelder. Die hohen Summen waren angesichts der

Dimension des Betrugs sicherlich gerechtfertigt, aber sie fehlten dem deutschen Autokonzern, als es um Investitionen in die Zukunft ging. Man kann es auch anders ausdrücken: Mit den Dieselmanipulationen hatte VW einen Gutteil seiner Zukunft verspielt. Allerdings war der Konzern augenscheinlich nicht gewillt, sich so schnell geschlagen zu geben; VW investierte weiterhin Milliarden in neue Mobilitätskonzepte. Allein für den Umstieg auf die Elektromobilität hat VW ein Investitionsvolumen von rund 35 Milliarden reserviert – für den Großangriff auf Tesla und die Abwehr der erstarkenden E-Konkurrenz aus China.[106] Doch VW war und ist kein Einzelfall in der deutschen Automobillandschaft.

Weckruf für alle, Rückruf für viele

Schon 2016 förderte eine durch den damaligen Bundesverkehrsminister Alexander Dobrindt angeordnete Untersuchung zutage: Die Dieselaffäre reichte weit über VW hinaus in die gesamte deutsche Automobilbranche. Das Kraftfahrtbundesamt hatte 53 beliebte Dieselmodelle verschiedener Hersteller getestet und festgestellt, dass 26 davon deutlich mehr Stickoxid ausstießen als erlaubt war. Der Prüfung unterzogen wurden Fahrzeuge, die gemäß Euro-5- und Euro-6-Norm eine Zulassung erhalten hatten, also damals relativ neue Wagen. Auf amtliche Nachfrage konnten die Hersteller durchweg keine plausible Erklärung für diese Diskrepanzen hervorbringen. Die Autobauer gaben sich überrascht. Lediglich ein einziger deutscher Hersteller war nicht betroffen: BMW gehörte in der damaligen Testreihe nicht zu den Stickoxidsündern.[107]

Erst als die Behörden nicht locker ließen, gaben die betroffenen Hersteller zu, dass sie „Motorschutzeinrichtungen" in ihre Fahrzeuge integriert hätten. Es war eine listige Argumentation, mit der sie die Schummelei rechtfertigten: Die Autobauer stellten die Abgasreinigung so ein, dass die erst bei bestimmten Außentemperaturen, häufig oberhalb von zehn Grad Celsius, arbeiteten. Diese sogenannten Thermofenster waren unter den EU-Regularien unter bestimmten Bedingungen tatsächlich zulässig. Die Abschaltung bei tieferen Temperaturen diene dem Schutz der Motoren, argumentierte die Branche. Die US-Behörden ließen im Unterschied zur EU diese Ausrede gar nicht erst gelten, sie stuften Abschaltautomatiken gleich welcher Art per se als illegal ein. Das war nachvollziehbar, zumal eine Außentemperatur von zehn Grad Celsius keine Extrembedingungen darstellt, unter denen der Motorschutz ausnahmsweise Vorrang hat. Immerhin ordnete der deutsche Verkehrsminister aufgrund der Nachuntersuchungen an, dass die Hersteller künftig angeben müssen, ob sie „Motorschutzeinrichtungen" verbauen und diese auch konkret in Bezug auf ihre Funktionalität offenlegen müssen, bevor ein Wagen zugelassen werden kann. Ende 2020 erklärte der Europäische Gerichtshof (EuGH) alle diese Ausreden der „Motorschutzeinrichtungen" für illegal. Diese seien nur rechtens, um den Motor vor einer unmittelbaren Beschädigung oder das Auto vor einem konkreten Unfall zu schützen. Nicht aber, um etwa die Lebensdauer des Antriebs zu erhöhen – doch genau dieses Argument hatten die Hersteller unisono angeführt.[108]

Zudem ließen sich die Marken Audi, Opel, Mercedes, Porsche und VW auf Druck des Kraftfahrtbundesamtes auf einen „freiwilligen" Rückruf von rund 630.000 Fahrzeuge ein. Zu diesem Zeitpunkt war längst klar, dass beinahe alle betroffen waren: Alfa, Chevrolet, Jaguar, Jeep, Land Rover, Mercedes, Nissan, Opel, Renault, Suzuki und viele mehr.

Dieselkrise mit Ansage

Die Dieselkrise kam auf die Autokonzerne mit langer Vorlaufzeit zu. Aber erst im Frühjahr 2019 kam es zu formellen Beschwerdemitteilungen der Europäischen Wettbewerbsbehörden an Audi, BMW, Daimler und Volkswagen. Die zuständige EU-Kommissarin für Wettbewerb, Margrethe Vestager, hatte sich schon zuvor mit Rekordstrafen gegen Weltkonzerne wie Apple und Google einen Ruf als unnachgiebige Verfolgerin von Wettbewerbsverstößen erworben. Seit Frühjahr 2019 bekam die deutsche Autoindustrie die harte Knute der Dänin zu spüren. Im Kern standen dabei im „Statement of Objections“ der EU nicht die Manipulationen an den Dieselmotoren per se im Mittelpunkt der EU-Beschwerde, sondern illegale Absprachen.[109] Der Sache nach lief es auf das Gleiche hinaus: hohe Bußgelder von bis zu zehn Prozent des Jahresumsatzes der beschuldigten Konzerne. Würde das Strafmaß voll ausgeschöpft, ergab sich für Audi, BMW Daimler und Volkswagen zusammengenommen ein Strafmaß von beinahe 50 Milliarden Euro; die vier Konzerne brachten es gemeinsam auf fast 500 Milliarden Euro Jahresumsatz. Die für das Bußgeld maßgebliche Umsatzrichtgrößen betrugen 230 Milliarden Euro bei Volkswagen, 167 Milliarden Euro bei Daimler und 99 Milliarden Euro bei BMW. Das Strafmaß konnte also bis zu 23 Milliarden Euro (VW), 16,7 Milliarden Euro (Daimler) und 9,9 Milliarden Euro (BMW) betragen.[110] Es waren selbst für die gewinnverwöhnten Automobilhersteller große Summen, die sie zudem eigentlich bräuchten, um die durch den Dieselskandal bedingten Rückgänge und vor allem für die Investitionen in die nahende Zukunft der selbstfahrenden E-Autos zu investieren.

Das deutsche Autokartell

Der Vorwurf der EU, zusammengetragen in den Ermittlungsakten unter anderem der Staatsanwaltschaften Braunschweig und München: Die vier deutschen Autohersteller haben über Jahre hinweg geradezu verschwörerisch zusammengearbeitet beim Thema Abgase. In den Akten war ein Geheimtreffen am 4. April 2007 in München dokumentiert, bei dem die Dieselexperten von BMW, Daimler-Chrysler und Volkswagen unisono zu dem Schluss kamen, dass die deutschen Dieselmotoren viel zu viel Stickoxid ausstießen.[111] Die Ingenieure präsentierten auch eine Lösung für das Problem: die Einspritzung eines Harnstoffgemisch, Adblue genannt, nach dem Verbrennungsprozess. Durch den Harnstoff wurden die Abgase gebunden und der Ausstoß reduziert. Experten sprechen von „Selective Catalytic Reduction" (SCR), um Stickoxide (NOx) mit Hilfe von Adblue in Wasserdampf und Stickstoff umzuwandeln.[112]

Allerdings erwies sich diese Methode als äußerst problematisch: Für eine effektive Reinigung der Abgase war soviel Adblue notwendig, dass dadurch der Motor durch Ablagerungen derart versottet, dass die Fahrzeuge schlichtweg stehen blieben. Schon damals begann offenbar die große und gemeinsame Schummelei der deutschen Autobauer: Der Einsatz von Adblue wurde stark begrenzt, um die Motoren zu schonen. Die Folge: Die Autos blieben nicht stehen, aber sonderten viel mehr Abgase ab als erlaubt. An dieser Stelle war die deutsche Ingenieurskunst tatsächlich gescheitert. Umso kritischer war es offenbar, eine plausible Erklärung gegenüber dem Kraftfahrtbundesamt zu finden, warum man trotz der geringen Adblue-Mengen vermeintlich saubere Motoren herstellen konnte. Dazu gab es eine aufschlussreiche E-Mail im Anschluss an das Krisentreffen 2017. Die E-Mail begann mit den Worten „Hallo die Herren, anbei der von BMW, DC (Daimler-Chrysler) und Audi gemeinsam erarbeitete Vorschlag zur Plausibilisierung der Deckelung der Adblue-Dosierung. Mitgewirkt haben Kollegen der Aggregate-Entwicklung sowie der Zulassung. Die Treiberrolle haben die Kollegen von BMW." Die Einzelheiten der Präsentation auf dem Münchener Geheimtreffen sollten „keineswegs der Behörde gezeigt werden!" hieß es ausdrücklich in der entlarvenden E-Mail. Sie endete mit der Bitte um „Feedback (nächste Telco), um bis Mitte Mai ein erstes Präsentationskonzept für die Behörden vorzubereiten".[113] Anders ausgedrückt: Den beteiligten Autoherstellern war schon 2007 klar, dass es keine technische Lösung gab, um die gesetzlichen Vorschriften einzuhalten, und so ersonnen sie eine Argumentations- und Präsentationsstrategie den zuständigen Behörden gegenüber, um ihr illegales Vorgehen zu vertuschen. Das wurde nochmals ein Jahr später deutlich, als ein Audi-Manager am 22. Januar 2008 unter der Betreffzeile „Adblue-Verbrauch" an mehrere Kollegen schrieb: „Meine Einschätzung: Ganz ohne Bescheißen werden wir es nicht schaffen". Rund zehn Jahre später, am 22. Juli 2017, brachte das Magazin *Der Spiegel* das Lügengebilde der deutschen Autohersteller unter der Titelstory „Das Kartell" an die Öffentlichkeit und nannte dabei explizit Audi, BMW, Mercedes, Porsche und VW. Wesentlicher Vorwurf: Die Hersteller hatten sich gemeinsam darauf verständigt, viel zu kleine Adblue-Tanks in ihre Fahrzeuge einzubauen, um Gewicht und Kosten zu sparen. Die Autobauer waren sich ihrer unsäglichen Absprache wohl bewusst, wie eine E-Mail eines Entwicklungschefs vom 1. April 2010 zur Limitierung der Adblue-Zufuhr verdeutlichte: „Selbstbeschränkung wird befürwortet (Keine Protokollierung und Dokumentierung der Details)." Parallel dazu entwickelten zumindest Volkswagen und Audi ihre Schummelsoftware, damit sich die Autos beim behördlichen Test sauber verhielten und „nur" auf der Straße zu Dreckschleudern mutierten. Die von den Ermittlungsbehörden nachträglich aufgedeckten Berichtswege ließen den Schluss zu, dass die Vorstandsvorsitzenden von Volkswagen und Audi, Martin Winterkorn und Rupert Stadler, von den Dieselmanipulationen wussten; beide bestritten dies allerdings.

BMW wiederum bestritt eine „Treiberrolle“ beim Vertuschen und ließ mitteilen, dass man auch nichts von Vereinbarungen zur Deckelung der Adblue-Dosierung gewusst habe. „Allerdings ist eine Begrenzung der maximalen Dosiermenge aus technischer Sicht unter anderem erforderlich, um Ablagerungen am Dosiermodul zu verhindern“, räumte BMW ein und erklärte, dass der technisch bedingten Limitierung zum Trotz zu jedem Zeitpunkt alle gesetzlichen Vorgaben erfüllt wurden. „Bei uns wird nicht manipuliert“, ließ der damalige Daimler-Chef Dieter Zetsche die Öffentlichkeit wissen, als im September 2015 die Abgasaffäre bekannt wurde.[114]

Zusammenhalt bis zur Vertuschung

Doch die EU-Behörden haben eine Vermutung, die noch viel weiter reichte: Sie gingen augenscheinlich davon aus, dass die deutschen Autohersteller nicht nur bei der Dieselabgasreinigung gemeinsame Sache gemacht hatten, sondern auch bei der Vertuschung der ganzen Affäre. In diesem Fall kam zum Vorwurf des Betrugs auch der Verdacht auf Bildung eines Kartells hinzu.[115]

Darauf deutete auch ein Schreiben eines hochrangigen Audi-Entwicklers vom 3. November 2008 hin, der sich bei seiner Bewertung ausdrücklich auch auf die Einschätzung von Mitarbeiten des Daimler-Konzerns berief, die bei einem Krisentreffen anwesend waren. Der Audi-Manager dankte ihnen „für ihre

Unterstützung" und schrieb: „Bei der OEM Taskforce Adblue-Ablagerungen wurde nochmals bestätigt, diese Thematik in keiner Form gegenüber den US-Behörden EPA und Carb zu erwähnen".[116] Die deutschen Behörden konnten sich also damit trösten, dass ihre Amtskollegen in den USA ebenso bewusst über's Ohr gehauen wurden wie sie selbst – sofern das einen Trost darstellte.

„Clean Diesel" statt Dreckdiesel

Vor allem Audi und Volkswagen zelebrierten den Betrug in den USA geradezu mit einer „Clean-Diesel"-Kampagne. Als ob nichts wäre, feierten sie den vermeintlich sauberen Diesel Made in Germany und schaffen es mit viel Werbeaufwand, das eher schlechte Image des Diesel in den USA in eine positive Wahrnehmung zu verwandeln. Dabei war den Herstellern die Diskrepanz zwischen Werbung und Realität augenscheinlich über Jahre hinweg nur allzu deutlich bewusst. Schon am 26. Januar 2009 schrieben sich Audi-Manager untereinander: „Dann müssen wir notfalls das Ölwechselintervall anfassen, analog Toyota." Damit war gemeint, dass die Nachfüllung des Adblue-Tanks beim routinemäßigen Werkstatttermin zum Ölwechseln vorgenommen werden könnte, um den gesetzlichen Vorschriften zumindest näher zu kommen. Toyota ließ seine Kunden hierzu alle 5.000 Meilen Werkstatt anfahren. Das Audi-Problem war dabei nicht technisch, sondern finanzieller Art: Die Deutschen warben mit drei Jahre kostenlosem Service und dem entsprechend wären die häufigen Werkstattbesuche ihrer Kunden Audi teuer zu stehen gekommen.[117]

Erst 2014 schien Daimler aus der Kartellrunde der viel zu kleinen Adblue-Tanks ausgeschieden zu sein. Jedenfalls hieß es im Protokoll eines Audi-Mitarbeiters vom März 2014: „Daimler hat die Absprache der Entwicklungsvorstände, dass alle OEMs den SCR-Tank minimal belassen ... aufgekündigt." Seitdem verbaute Daimler größere Adblue-Tanks, später gesellte sich BMW dazu, um die Abgase besser zu reinigen. Beide Konzerne bekamen augenscheinlich „kalte Füße" angesichts der obskuren Zusammenarbeit. Schon im Februar 2014 zeigte Daimler beim Bundeskartellamt „mögliche Vergehen" im Konzern an, zwei Jahre später folgte Volkswagen. BMW, 2007 von Audi noch als „Treiber" der ganzen Affäre beschrieben, bestritt jedwede Absprachen und technische Manipulationen. Lange Jahre dauerten die Ermittlungen an, bevor es im Frühjahr 2019 zu formellen Beschwerdemitteilungen der Europäischen Wettbewerbsbehörden an Audi, BMW, Daimler und Volkswagen kam.

Daimler-Diesel und kein Ende

Es war ein beispielloser Vorgang: Im Frühjahr 2018 zitierte Ex-Bundesverkehrsminister Andreas Schauer den damaligen Daimler-Chef Dieter Zetsche binnen zwei Wochen gleich zweimal zu sich nach Berlin. Das Kraftfahrtbundesamt (KBA) war überzeugt, unzulässige Abschalteinrichtungen bei Modellen mit dem Stern entdeckt zu haben. Zetsche stritt alles ab, doch es half nichts: Wenig später erhielt Daimler einen Rückrufbescheid für 700.000 Dieselfahrzeuge, davon 280.000 in Deutschland. Daimler hielt den Bescheid für unbegründete, legte Widerspruch ein und spielte dennoch bei den zurückgeorderten Wagen ein neues Softwareupdate ein. Doch genau diese Softwareupdates brachten Daimler 2019 neue Schummelvorwürfe ein, die beinahe noch gravierender waren: Der Konzern soll mit dem Aufspielen des neuen Updates die mutmaßliche Betrugssoftware still und heimlich entfernt haben. Gleichzeitig tauchte eine weitere Manipulationssoftware beim SUV-Modell GLK 220

CDI mit der Abgasnorm 5 auf, die zwischen 2012 und 2015 produziert wurden.[118]

Das Daimler-Dieseldesaster schien kein Ende nehmen zu wollen. Der Hauptgeschäftsführer der Deutschen Schutzvereinigung für Wertpapierbesitz (DSW), der unter anderem die Daimler-Aktionäre schützen wollte, brachte es auf den Punkt: „Eine weitere Hängepartie schadet allen: der Automobilbranche, dem Verkehrsministerium und unserer Gesellschaft." Indes hatte diese Hängepartie noch lange kein Ende gefunden. Der seit Mai 2019 amtierende Daimler-Chef Ola Källenius hatte von seinem Vorgänger einen ganzen Sack voller Probleme geerbt, die Daimler über lange Jahre hinweg begleiten werden. Die dunkle Seite des Diesels gehörte ebenso dazu wie die jahrelangen Versäumnisse in Sachen Elektromobilität.

Nur wenige Monate nach Källenius' Amtsantritt forderte das Kraftfahrtbundesamt Daimler erneut auf, rund 60.000 Mercedes-Geländewagen in die Werkstätten zurückzurufen. Betroffen waren alle Modelle GLK 220 CDI, die zwischen 2012 und 2015 gebaut worden waren. Grund für die Rückrufaktion waren – wieder einmal – unerlaubte Abschalteinrichtungen, die die Abgaswerte auf dem Prüfstand geschont haben sollen. Daimler widersprach dem damit verbundenen Betrugsvorwurf, musste sich dem amtlichen Rückruf aber letztendlich beugen. Dieser Verdacht war Mitte 2019 längst nicht mehr neu, schon ein Jahr zuvor war der seit 2008 unter anderem im GLK 220 CDI verbaute Vierzylinder-Diesel OM651 mit der Abgasnorm Euro 5 in Verdacht geraten. Es war die Spitze eines Eisberges, denn derselbe Motor kam in vielen Daimlern zum Einsatz, von der A-Klasse bis zur S-Klasse. In allen Fällen lautete der Vorwurf, dass der gesetzliche Grenzwert für Stickoxide nur eingehalten wurde, wenn eine spezielle Temperaturregelung aktiviert war. Im Straßenbetrieb soll genau diese Funktion deaktiviert worden sein, während sie im Testbetrieb den Ausstoß regelte. Der OM651-Motor hatte auf jeden Fall das Potenzial, sich zum Daimler-Desaster zu entwickeln, insbesondere, weil der Automobilhersteller im Verdacht stand, versucht zu haben die illegale Abschalteinrichtung bei einem Softwareupdate unauffällig zu entfernen. Auch diesem Verdacht widersprach der Konzern: Die fraglichen Updates gehörten zu einem generellen Maßnahmenpaket für mehr als drei Millionen Mercedes-Fahrzeuge. Nur wer Böses dabei denkt, könnte vermuten, dass hier eigens ein Heuhaufen aufgetürmt wurde, um ganz bewusst eine Nadel darin zu verstecken.[119]

Desaster reloaded: Ein Hacker deckt auf

Im Herbst 2019 ereilte Daimler ein neuer Vorwurf: In rund 260.000 Sprintern sollen illegale Abschaltvorrichtungen verbaut worden sein. Die Wagen mit dem Dieselmotor Typ OM 651 gemäß Euro-5-Norm wurden bis 2016 hergestellt. Im Zuge der Aufklärung des Dieseldesasters hatte das Kraftfahrtbundesamt schon im Mai 2018 Einblick in den Motortyp genommen, zunächst jedoch keine Schritte eingeleitet. Daimler hatte argumentiert, dass die vom Amt beanstandete Funktionsweise zulässig sei.[120]

Im Herbst 2021 wies der Hacker Felix Domke gleich acht Abschalteinrichtungen nach, mit denen eine E-Klasse im dreckigen Modus fuhr. Das Kraftfahrtbundesamt hatte bereits 34 Mercedes-Modelle, darunter auch das von Felix Domke untersuchte, wegen unzulässiger Abschalteinrichtungen zurückgerufen. Zehntausende Besitzer haben Daimler auf Schadensersatz verklagt; hinzu kam eine Sammelklage des Verbraucherzentrale Bundesverbands. Bisher scheiterten die Kläger jedoch häufig daran, dass sie die Manipulationen nicht nachweisen konnten.

Die Anwaltskanzlei Milberg aus den USA vertritt Kläger aus verschiedenen Ländern, darunter Deutschland, und hatte Felix Domke beauftragt, die Autosoftware von Daimler zu untersuchen. Seine Erkenntnisse hat der Hacker in einem 30-seitigen Gutachten zusammengetragen. Und das war an Eindeutigkeit kaum zu überbieten.[121]

Für seine Untersuchung kaufte der Hacker im Auftrag der Anwälte eine gebrauchte E-Klasse von Daimler mit dem Baujahr 2015. Danach fuhr er den Wagen rund ein Jahr und identifizierte in dieser Zeit acht Abschalteinrichtungen rund um den SCR-Katalysator, der mithilfe von Adblue Stickoxide in Abgasen unschädlich macht. Der Katalysator funktioniert jedoch nur bei hohem Adblue-Verbrauch effizient. Ein Spezialmodus, der vom Hersteller Bosch wohl für Ausnahmesituationen vorgesehen war – beispielsweise, wenn das Auto eine extreme Leistung bringen soll – kam in den Daimler-Fahrzeugen augenscheinlich dauerhaft zum Einsatz. Beispielsweise wurde ab einer bestimmten Abgasmenge, die bei rund 100 Stundenkilometern entsteht, in den schmutzigen Modus umgeschaltet. Auffällig ist, dass die Abschalteinrichtungen schneller greifen, wenn das Auto ein bestimmtes Alter erreicht hat. Demnach wird nach rund 3.000 gefahrenen Kilometern, wenn das Auto ungefähr ein Prozent seiner Lebensdauer erreicht hat, schneller umgeschaltet. Physikalisch lässt sich das kaum rechtfertigen, allerdings werden Abgastests für die Genehmigungen nur mit neuen Autos durchgeführt.[122]

„Mir fiel es schwer, den Wagen überhaupt mal im sauberen Modus zu fahren“, erklärte Felix Domke zu seinem einjährigen Testbetrieb.[123] Domke ist kein Unbekannter. Als erster externer Experte konnte er Volkswagen nachweisen, wie es seine Abgassoftware manipuliert hatte. Mit dieser erschienen dreckige Diesel auf dem Prüfstand sauber. Anschließend überführte er auch Opel und Porsche. Als der Experten 2021 die Manipulationen bei Daimler nachwies, ließ der Konzern mit dem Stern dennoch wissen, dass es sich „im Zusammenspiel und Gesamtkontext“ nicht um „unzulässige Abschalteinrichtungen“ gehandelt habe. Bemerkenswert: Im Rahmen eines Softwareupdates hatte Daimler schon lange vorher alle acht von Domke 2021 gefundenen Abschalteinrichtungen abgestellt. Das ließ sich durchaus als ein Schuldeingeständnis interpretieren.[124]

Doch nicht nur Daimler, auch VW geriet 2021 erneut in Erklärungsnot. Eigentlich hatte Volkswagen den Skandal bereits ein Jahr zuvor als erledigt betrachtet. Das Musterverfahren hatte 2020 mit einem Vergleich geendet, von dem gut 245.000 Dieselbesitzer profitierten. Sie bekamen zwischen 1350 und 6257 Euro Schadensersatz und konnten ihren Wagen behalten.

Doch dieser „offizielle Vergleich“ mit den betrogenen Kunden umfasste lediglich Fahrzeuge, die mit einem Dieselmotor der Generation EA189 ausgerüstet waren. Offiziell wurde nur dieser Motor, trotz einiger verpflichtender Rückrufe etwa für den VW T6 mit neueren TDI-Motoren, als „Betrugsdiesel“ bekannt. Dabei ging es um Fahrzeuge der Marken VW, Audi, Seat und Skoda mit Dieselmotoren des Typs EA189, in denen eine illegale Abschalteinrichtung verwendet wurde.

Doch schon im Sommer 2019 kam der Verdacht auf, dass auch die neuere, in Millionen Fahrzeugen weltweit seit 2012 eingebaute Motoren-Generation EA288 über eine sogenannte „Zykluserkennung“ verfügt, um die Abgasreinigung des Fahrzeugs abzuschalten. Das würde bedeuten, dass VW eigentlich noch viel mehr Kunden entschädigen müsste. Volkswagen wies den erneuten Betrugs-Vorwurf damals sehr deutlich zurück. Im ZDF sagte VW-Chef Herbert Diess: „Prüfstandserkennung per se braucht man immer, weil man natürlich auf dem Prüfstand sicherstellen muss, dass ABS nicht regelt zum Beispiel, dass sich das Auto auf dem Prüfstand richtig verhält." Die entscheidende Frage sei, ob diese Prüfstandserkennung genutzt werde, um im Fahrbetrieb andere Emissionswerte zu erzielen. „Und das ist sicherlich nicht der Fall", versicherte der Manager. „Der Motor hat keine Abschalteinrichtung."

Diese Aussage erwies sich anhand von 2021 aufgetauchten Unterlagen zumindest als zweifelshaft. So wurde offensichtlich, dass Behörden in den USA und Kanada sehr wohl für Fahrzeuge mit EA288-Motoren Rückrufe angeordnet hatten. VW wehrte sich heftig: „Aufgrund der in den USA im Vergleich zu Europa gänzlich unterschiedlichen Abgasgesetzgebung sind die dort vertriebenen Motorkonzepte sowohl hardware-, als auch softwareseitig unterschiedlich. Kein EA288-Motor hat in Europa einen behördlichen Rückruf wegen einer unzulässigen Abschalteinrichtung erhalten. [Vom] KBA [wurde] kein Motor so umfangreich in eigenen, unabhängigen Untersuchungen überprüft wie der EA288. Das Ergebnis war immer gleich, es liegt keine unzulässige Abschalteinrichtung beim EA288 vor. Die entsprechenden Ergebnisse hat das KBA in seinen Untersuchungsberichten detailliert veröffentlicht." Ende 2021 wurde klar: Diese Aussagen von VW waren schlichtweg falsch.

Es gab in Europa sehr wohl Rückrufe von EA288-Fahrzeugen, zum Beispiel beim VW Bulli T6 mit 2,0-Liter TDI-Motor der Schadstoffnorm Euro 6. Betroffen waren weltweit 185.383 Fahrzeuge der Baujahre 2014 bis 2017 – also auch Modelle, die nach Bekanntwerden des Abgas-Skandals produziert wurden. Als Grund für den Rückruf nannte das Kraftfahrtbundesamt: Eine „Konformitätsabweichung führt zur Überschreitung des Euro-6-Grenzwertes für Stickoxide." Zudem wurde ein Rückrufschreiben für den Transporter VW Crafter aus dem Juli 2021 bekannt: Das Softwareupdate stelle sicher, dass „das Fahrzeug die Emissionsgrenzwerte sicher einhält“, allerdings könne sich abhängig vom individuellen Fahrprofil „der AdBlue-Verbrauch verändern“. Mit anderen Worten: Nach dem Rückruf wurde mehr AdBlue eingespritzt, was schlichtweg bedeutet, dass die ursprüngliche Einstellung nicht regelkonform gewesen sein kann.[125]

So gingen VW und auch Daimler in das Jahr 2022 mit neuen Anschuldigungen des Lug und Betrugs bei Dieselfahrzeugen. Beide Konzerne hatten gerade erst Fahrt aufgenommen in Richtung Elektromobilität, als sie von ihrer unrühmlichen Vergangenheit eingeholt wurden. Viel schwerer belastet hätte der Start in das E-Zeitalter kaum beginnen können.

Fahrverbote aller Orten

Millionen von Dieselfahrern sind von den Fahrverboten betroffen. Das kommt einer Enteignung gleich und gefährdet die Versorgung in Deutschland.

So ließ sich das Wettern von Politikern und Bürgern gegen die um sich greifenden Fahrverbote 2018/19 zusammenfassen. Die Coronajahre 2020/21 haben das Thema zwar in den Hintergrund gedrängt, auch, weil der Autoverkehr beinahe überall rapide abgenommen hatte, aber es wäre völlig irrational, es damit für erledigt zu halten. Verbrennungsmotoren als Umweltbelastung und daraus resultierende Fahrverbote werden die 2020er Jahre hinweg ein Dauerbrenner bleiben – bis immer weniger Benziner oder Diesel auf den Straßen kurven.

Dieselfreiheit gegen Gesundheit

Was bei der Enteignungs-Argumentation häufig außer acht gelassen wurde: Die Luftbelastung durch die Diesel und im Übrigen auch durch die Benziner ist unbestreitbar, ebenso wie die gesundheitlichen Folgen. Nur weil man nicht gleich zu Boden sinkt, wenn man eine vielbefahrene Kreuzung als Fußgänger überquert, bedeutet das nicht, dass die Emissionen der Wagen für unsere Gesundheit nicht auf Dauer schädlich sind. Bei allen Klagen der Autofahrer: Auch sie steigen gelegentlich aus den Wagen aus, auch sie haben Kinder und Enkelkinder, die mit ihnen unter dem Schadstoffausstoß leiden. Nur weil die Politiker über Jahre hinweg die Gesundheitsrisiken übersahen, und die Autohersteller sie klein redeten, um den Absatz nicht zu gefährden, bedeutet das nicht, dass die Risiken nicht nachweisbar sind. Bundespolitik, Länder, Kommunen, Hersteller – sie alle haben jahrelang einfach die Realität ignoriert. Um so heftiger werden sie bereits seit 2020 von der Realität eingeholt: Die Elektromobilität ist längst auf dem Vormarsch; das Dieseldesaster hat hieran einen maßgeblichen Anteil.

Die deutsche Gesellschaft für Pneumologie und Beatmungsmedizin (DGP) sah schon 2018 gute Gründe für den häufig kritisierten EU-Grenzwert von 40 Mikrogramm pro Kubikmeter Luft. DGP-Präsident Klaus Rabe erklärte daher klipp und klar: „Wenn Menschen mit Atemwegsproblemen und Lungenvorerkrankungen regelmäßig erhöhte Werte einatmen, besteht ein Gesundheitsrisiko. Das ist durch die Datenlage bewiesen." Laut DGP-Chef Rabe handelte es sich dabei nicht um eine kleine Gruppe, „sondern um eine riesige."[126]

Februar 2018: Startschuss für Fahrverbote

Die juristische Grundlage für Fahrverbote schaffte im Februar 2018 das Bundesverwaltungsgericht.[127] Als die erste deutsche Stadt sperrte in Folge dessen am 31. Mai 2018 Hamburg Dieselfahrzeuge bis zur Euro-5-Norm von bestimmten Straßen aus. In Stuttgart waren seit 1. Januar 2019 Euro-4-Diesel im gesamten Stadtgebiet unerwünscht. Verbote für Diesel-5 wurden vorbereitet. In Berlin entschied das Verwaltungsgericht, von Sommer 2019 an mindestens elf Straßenabschnitte für Diesel bis Euro-6-Norm zu sperren. In Frankfurt kam es im Laufe des Jahres 2019 zu Dieselverboten, nicht nur für 4er- und 5-er-Diesel, sondern auch für ältere Benziner. In Köln erhielten ebenfalls Euro-4- und 5-Diesel sowie Altbenziner während des Jahres 2019 Fahrverbote. Gleiches galt für die Ruhrstadt Essen, wobei hier zusätzlich die streckenweise Sperrung der Autobahn A4 im Stadtgebiet vorgesehen war. Damit war der Fernverkehr von den Fahrverboten berührt.[128]

Betroffen waren aber nicht nur die Metropolen. Wiesbaden, Mainz, Darmstadt, Gelsenkirchen... die Liste wurde immer länger werden.

Umstellung im Ruhrpott

Die Deutsche Umwelthilfe verklagte nicht etwa „nur" reihenweise einzelne Kommunen, sondern mit Nordrhein-Westfalen gleich ein ganzes Bundesland. Im Ruhrpott, dem am dichtesten besiedelten Gebiet Deutschlands, trafen die Auswirkungen besonders viele Menschen.

Von Fahrverboten für Euro-4-Diesel in Essen waren etwa 25.000 Wagen betroffen. Zählte man Euro-5-Fahrzeug hinzu, galt das Verbot für weitere rund 27.000 Fahrzeuge. Die Bezirksregierung in Düsseldorf reagierte auf die Klagen der DUH eher hilflos. Sie regte an, dass die Unternehmen ihren Beschäftigten Fahrscheine für den öffentlichen Nahverkehr zur Verfügung stellten. Außerdem forderte sie die Firmen auf, ihre Fuhrparks umzustellen. Es war wohl der einfachste Weg, den Schwarzen Peter in Richtung Wirtschaft und Bürger zu schieben. Immerhin wurden in den Kommunen zumindest teilweise die Busse umgerüstet, um zur Sauberkeit in den Städten beizutragen. Immerhin legten das Land Nordrhein-Westfalen und die Bezirksregierung Berufung ein und am 5. Dezember 2019 verkündete das Oberverwaltungsgericht Münster einen Vergleich zwischen Land, Bezirksregierung, Stadt, und der Deutschen Umwelthilfe. Dieser sieht Maßnahmen zur schnellstmöglichen Einhaltung der Grenzwerte ohne Fahrverbote vor. Auf dieser Basis wurde der Luftreinhalteplan Essen fortgeschrieben, der zum 1. April 2020 in Kraft trat. Mit anderen Worten: Erst nachdem die Fahrverbote zeitweise rechtskräftig waren, bewegten sich die Verantwortlichen.[129]

Doch zur Luftverschmutzung trugen gerade in NRW natürlich weit über den Fahrzeugverkehr auch Industrieabgase bei. Zum Zeitpunkt der Drucklegung dieses Buches gab es allerdings noch keine Klagen auf die Stilllegung von Industriebetrieben, um die Umwelt zu schonen.

Euro 4 und 5 müssen in Stuttgart draußen bleiben

Sofern die Stadt Stuttgart bis zum 1. Juli 2019 keine Dieselfahrverbote für Autos mit Euro-5-Norm erließe, drohten ihr Zwangsgelder. Mit dieser Entscheidung des Verwaltungsgerichts Stuttgart hatte sich die Deutsche Umwelthilfe, die auf eben diese Fahrverbote geklagt hatte, einmal mehr durchgesetzt. Die Verwaltungsrichter argumentierten, da zu erwarten sei, dass die Stickoxidgrenzwerte 2019 und 2020 mit den bisherigen Maßnahmen nicht einzuhalten seien, müssten eben weitere Vorkehrungen getroffen werden. Diesel der Kategorie Euro 4 oder schlechter waren schon seit 1. Januar 2019 aus Stuttgart ausgesperrt, im nächsten Schritt stand die Euro-5-Norm im Fokus.

Schließlich hatten weder die Diesel-4-Fahrverbote noch eine neue Busspur noch eine Reform des öffentlichen Nahverkehrs bis dato für eine sauberere Luft in Stuttgart gesorgt. Seit 1. Juli 2020 gilt daher ein Fahrverbot für Dieselfahrzeuge der Abgasnorm Euro 5.[130] Es bedarf wenig prognostischer Fähigkeiten, um für die 2020er eine Ausdehnung der Fahrverbote auf Euro-6-Fahrzeuge vorauszusagen.[131]

Fahrverbote auf der Autobahn

Die hohe Umweltbelastung in den Innenstädten war der Ausgangspunkt für Fahrverbote in Deutschland. Doch schon kurz danach wurden die ersten Stadtautobahnen für ältere Diesel gesperrt.

Beispielhaft hierfür stand die Berliner Stadtautobahn A10. In einem wegweisenden Urteil machten die Richter am Verwaltungsgericht (VG) mit Urteil vom 9. Oktober 2018 klar, dass die NO2-Grenzwerthochsetzung auf 50 Mikrogramm pro Quadratmeter durch die Bundesregierung im Bundes-Immissionsschutzgesetz gegen geltendes EU-Recht verstößt. Sie verurteilten das Land Berlin, 2019 einen Luftreinhalteplan aufzustellen, aus dem hervorgeht, wie die Einhaltung des NO2-Grenzwertes von 40 Mikrogramm pro Quadratmeter im gesamten Stadtgebiet schnellstmöglich erreicht werden kann. Dazu zählte die mögliche Ausweitung des Dieselfahrverbots auf die Stadtautobahn A100 ebenso wie die mögliche Einbeziehung von Diesel-Pkw, die der neuesten Euro-6-Norm genügen. Soweit kam es allerdings nicht; mit Stand 2021 herrscht lediglich auf einer Handvoll Straßen in Berlin ein Durchfahrverbot für Euro-5-Fahrzeuge.[132]

Neueste Diesel in ganz Europa unerwünscht

Um eine Dieselkatastrophe in Europa abzuwenden, hat die EU-Kommission versucht, die Grenzwerte der Euro-6-Norm bei der Einführung neuer Autoabgastests – zu realen Bedingungen im Straßenverkehr statt lediglich auf Prüfständen — zu lockern. Man wollte damit verhindern, dass selbst die neueste und modernste Dieselgeneration die Grenzwerte überschreiten könnte. Statt wie im ursprünglichen Euro-6-Regelwerk nur 80

Milligramm Stickstoffdioxid pro Kilometer zuzulassen, hatten die EU-Bürokraten durch Umrechnungsfaktoren festgelegt, dass die Diesel für eine Übergangszeit 168 Milligramm und danach 120 Milligramm emittieren dürfen. Zur Begründung für die deutlich erhöhten Grenzwerte nannte die Kommission Messungenauigkeiten bei Prüfungen im realen Straßenverkehr.

Ein kluger Schachzug zur Schonung der Autohersteller, die damit erreicht hatten, dass Fahrzeuge auf der Straße deutlich mehr NO2 ausstoßen dürfen als auf dem Prüfstand. Aber Autobauer und Kommission hatten die Rechnung ohne die Städte gemacht. Wenn die Autos nämlich mehr von dem Reizgas ausstoßen dürfen, wird es für die Städte deutlich schwieriger, die gesetzlichen Vorgaben zur Luftqualität einzuhalten. Prompt klagten die Städte Brüssel, Madrid und Brüssel vor dem Europäischen Gerichtshof (EuGH) in Luxemburg[133] – und bekamen recht. Die Kommission war bei der Lockerung der Grenzwerte in ihrem Regulierungsvorschlag von 2016 weit über ihre Befugnisse hinausgegangen, befanden die Richter. Zudem seien die Menschenrechte und weitere Gesetze der EU dadurch verletzt worden. Immerhin sollte es 14 Monate lang keine Änderungen geben, um Rechtssicherheit zu wahren und zu gewährleisten, dass es überhaupt gültige Grenzwerte gibt.[134]

Aber letztlich bedeutete der Luxemburger Richterspruch, dass europäische Großstädte seit 2021 auch die neuesten Diesel aussperren dürfen. Fahrzeuge, die also 2019 oder 2020 zugelassen werden, könnten seit 2021 Fahrverboten ausgesetzt sein. Der Rückgang des Straßenverkehrs und damit auch der Umweltbelastung durch die Coronakrise 2020/21 hat den drohenden Fahrverboten ein gutes Stück weit ihre Dringlichkeit genommen. Doch die Unsicherheit bei Herstellern und Verbrauchern bleibt für die Zeit nach Corona gleichermaßen hoch.

Diesel 6 unerwünscht

Ende 2018 schreckte die Berliner Senatorin für Umwelt, Verkehr und Klimaschutz, Regine Günther, die Republik auf mit der Erkenntnis „Selbst die Euro-6-Fahrzeuge sind nicht sauber“. Die Politikerin, die zuvor 16 Jahre das Klima- und Energiereferat des World Wildlife Found (WWF) Deutschland leitete, folgerte daraus nämlich öffentlichkeitswirksam: Mit Beginn der 2020er Jahre könnten in der Bundeshauptstadt Fahrverbote in den Abgassperrzonen bis einschließlich der Schadstoffklasse 6c drohen. Von dort bis zu allerneuesten Norm Euro-6d-Temp ist es nicht weit: Die modernsten Diesel könnten unerwünscht werden, wir hätten dann ein generelles Dieselverbot. Kaum jemand glaubt, dass dies auf einige Straßen in Berlin begrenzt sein wird, die Gefahr wird real, dass Diesel gleich welcher Bauart in immer mehr Städten und auf immer mehr Autobahnabschnitten in Deutschland und Europa in den 2020er Jahren verboten werden. Schon Ende 2018 war von rund 500 betroffenen Kommunen die Rede. Es wären wohl auch Nachrüstungen der Euro-6-Diesel notwendig – bis es möglicherweise zur verschärften Euro-7-Norm ab 2025 kommt.

Benzinerstopp ab 2030

Nach dem Dieseldesaster wechselten viele Autofahrer auf Benziner – um bald darauf vom Benzinerstopp eingeholt zu werden. Nordeuropa war einmal mehr Vorreiter beim Umweltschutz. Dänemark, Norwegen und Schweden haben den Verkauf von Diesel- und Benzinautos von 2030 an verboten. Das Ende der Verbrennungsmotoren liegt also weniger als eine Dekade in der Zukunft.

In Deutschland schreckte der SPD-Gesundheitsexperte Karl Lauterbach, der in der Corona-Krise 2020/21 als mahnende Stimme der Vernunft von sich reden machte, kurz vor Weihnachten 2018 die Republik auf mit der Forderung nach dem „Aus für Benziner". Autos mit Benzinmotor setzen „mehr gefährlichen Feinstaub frei als ein Diesel" und verursachen „mehr Klimawandel" informierte der SPD-Politiker über Twitter. Bereits im Frühjahr 2018 hatte er vor dem Kauf von Benzinfahrzeugen gewarnt, weil diese abgesehen von wenigen Modellen nicht über einen Feinstaubfilter verfügen. „Der wird in den nächsten Jahren, wenn es um weitere Fahrverbote in den Innenstädten geht, aber unter Garantie Vorschrift", traf Lauterbach eine Prognose, für deren Eintreten er sich selbst maßgeblich einsetzte.[135] Er wusste sich damit Seite an Seite mit der Deutschen Umwelthilfe, die das Aus für Benziner längst auf ihre Agenda gesetzt hatte. Die DUH setzte dabei genau wie SPD-Lauterbach auf die Feinstaubemissionen. Genau diese waren bei der Dieseldebatte übrigens kein Thema, weil der Feinstaubausstoß der modernen Diesel-Pkw minimal ist. Bei den Dieselfahrverboten müssen die Stickoxide als Argument herhalten, bei Benzinern der Feinstaub. Für die Autofahrer kommt es letztlich auf das gleiche hinaus: Sie erhalten Fahrverbot in immer mehr Innenstädten und sicherlich auch Autobahnabschnitten.

Es scheint klar, dass lange vor 2030 Fahrverbote für Benziner kommen werden, auch in Deutschland, sobald die Corona-Krise überwunden ist. Schließlich sank nach den Dieselfahrverboten die CO2-Belastung in den meisten Städten nicht, sondern stieg ganz im Gegenteil weiter an. Angesichts dieser Entwicklung werden weitere Fahrverbote für Verbrenner unerlässlich sein.

Erst Diesel, dann Benziner, Hybride und Elektro

Profiteure im wahrsten Sinne des Wortes sind die Automobilhersteller. Erst verkaufen sie neue Diesel, um die „alten Umweltverschmutzer“ abzulösen, dann Benziner, dann Hybride und dann – wenn sie mit der Entwicklung soweit sind – reine Elektroautos. Das alles geschieht auf dem Rücken der Kunden und mit hilfloser Billigung der Politik.

Dass es sich dabei um ein florierendes Geschäftsmodell handelt, wollte die Autobranche natürlich in der Öffentlichkeit nicht eingestehen. So erklärte der Präsident des Verbandes der Automobilindustrie Anfang 2019 angesichts der ausufernden Dieselfahrverbote allen Ernstes: „Ich verstehe die Sorge der Menschen: Eine Möglichkeit ist, das bestehende Fahrzeug gegen ein neues einzutauschen. Das ist kein Geschäftsmodell, sondern die Möglichkeit, in Gebieten mit Fahrverboten die Mobilität zu erhalten.“ Soviel Chuzpe muss man erst einmal haben, der Realität eine um 180 Grad gedrehte Interpretation zu geben.

Dramatische Auswirkungen

Die Fahrverbote waren nicht nur ärgerlich für alle Diesel- und künftig auch Benzinerfahrer, die mit ihrem Wagen nicht mehr in die Innenstädte durften und für sie gesperrte Autobahnstrecken umfahren mussten. Die Verbote bargen auch eine Gefahr für die Versorgungssicherheit in den betroffenen Städten. Schließlich waren es Lastwagen und Transporter, die Lebensmittel in die Supermärkte, Sprit zu den Tankstellen, Pakete zu den Firmen und Haushalten, Stahlträger zu den Baustellen und Handwerker zu ihren Kunden brachten. Ganze Logistikketten wurden lahmgelegt, oder jedenfalls verzögert und verteuert.[136]

Aber auch viele Bürobeschäftigte mussten sich fragen, wie sie zu ihrem Arbeitsplatz kommen. Das in der Corona-Krise populär gewordene Arbeiten im Home Office dürfte sich in vielen Fällen als Ausweg aus der Dieselfalle herausstellen. Gleiches gilt möglicherweise für Home Delivery: Wenn man mit dem eigenen Wagen nicht mehr in die Innenstadt fahren darf, bestellt man die Waren einfach online. Es obliegt dann den Zustellbetrieben, mit entsprechend modernen Lieferwagen den Weg zum Kunden zu finden. In den Lockdowns und Shutdowns der Jahre 2020/21 haben sich viele Verbraucher längst an Online-Shopping gewöhnt; sie werden es danach einfach fortsetzen. Das hilft möglicherweise der Umwelt, ist aber sicherlich keine guten Nachricht für die Innenstädte und im übrigens auch nicht für die Automobilhersteller.

Sind die Fahrverbote übertrieben?

Nachdem Fahrverbote aller Orten unvermeidlich schienen, stellte sich vor den Corona-Jahren 2020/21 die Frage, ob das eine vernünftige Gesundheitsvorsorge oder eine alarmistische Überreaktion darstellt. Die Meinung in der Bevölkerung war eindeutig. Beinahe drei Viertel (72 Prozent) hielten die Fahrverbote für übertrieben, ein Viertel (25 Prozent) fand sie richtig. Ebenfalls drei Viertel (75 Prozent) vertraten die Auffassung, dass die Politik die Hersteller zu Umrüstungen oder Entschädigungen für die Dieselbesitzer verpflichten sollte.[137]

Die Schuldfrage teilte sich übrigens auf: 45 Prozent der Bevölkerung hielten die Automobilhersteller für schuldig am Dieseldesaster, 40 Prozent machten die Hauptschuldigen in der Politik aus. Die Umweltschutzorganisationen, die das Thema vorangetrieben haben, zählten lediglich 10 Prozent zum Kreis der Mitschuldigen.[138]

München ohne Fahrverbote

Das Querlegen der bayerischen Landesregierung gegen Fahrverbote schien sich für die Dieselfahrer zu lohnen: Seit Anfang 2019 war klar, dass Fahrverbote in München auf absehbare Zeit kein Thema sein würden. Die bayerische Landesregierung stufte Fahrverbote als unverhältnismäßig ein und bemühte sich zugleich um autofreie Zonen in der City, um die Umweltbelastungen zu reduzieren.

Die Landesregierung war dabei geschickt vorgegangen: In einem Luftreinhalteplan ließ sie Fahrverbote durchaus prüfen, lehnte sie aber aus drei Gründen nach eingehender Prüfung ab. Erstens verwies sie auf die zurückgehende Stickoxidbelastung in der Innenstadt, zweitens stellte sie fest, dass Messungen in Wohngebieten keine Grenzwertüberschreitungen ergaben, und drittens lehnte sie Ausweichverkehr in Wohngebiete, wie sie in anderen Städten mit Fahrverboten zu verzeichnen waren, als unverhältnismäßig ab. Die Argumentation war durchaus stringent: Den Verkehr in Wohngebiete umzuleiten, um die EU-Grenzwerte an einigen verkehrsnahen Messstellen einzuhalten, schien in der Tat eine unangemessene „Lösung“.[139]

Für die DUH war diese Argumentation natürlich wie eine schallende Ohrfeige, die sie sich nicht ohne weiteres gefallen ließ. Das galt umso mehr, als diese Einschätzung natürlich weit über München hinaus die gängige These widerlegte, die Landesregierungen und Kommunen könnten sich nicht rechtlich gegen Fahrverbote wehren. Dadurch trat nochmals klarer zutage, dass Fahrverbote für Verbrenner nicht nur rechtlich, sondern auch politisch gewollt sind.

Wer misst, misst Mist

Alle Dieselfahrverbote basierten auf der Vorlage von Zahlen vor einem Gericht, aus denen hervorging, dass die zulässigen Grenzwerte überschritten wurden. Doch wer eine Messung vornimmt, kann sich auch vermessen. Vor allem kommt es darauf an, wo, wie, wann und womit gemessen wird. Bei genauerer Betrachtung erschienen viele der etwa von der Deutschen Umwelthilfe (DUH) vorgelegten Messungen äußerst zweifelhaft.

Beispiel Berlin: Am 9. Oktober 2018 schloss sich das Verwaltungsgericht (VG) Berlin dem Urteil des Bundesverwaltungsgerichts vom 27. Februar 2018 an. Es verurteilte das Land Berlin, 2019 in den Luftreinhalteplan für die Hauptstadt alle erforderlichen Maßnahmen aufzunehmen, um den Grenzwert für NO2 in Höhe von 40 Mikrogramm pro Kubikmeter im Stadtgebiet Berlin einzuhalten. Geschieht das nicht, drohte das Gericht mit der Anordnung von Fahrverboten auf einzelnen Strecken. Das Gericht stützte sich bei seinem Urteil auf Messungen aus dem Jahre 2017, die teilweise Belastungen von 41 bis hin zu 63 Mikrogramm NO2 pro Kubikmeter auswiesen. Das waren zwischen 22,5 und 57,5 Prozent mehr als der zulässige Grenzwert, hatten die Richter ausgerechnet.[140] Weniger genau schienen sie bei der Durchführung der Messungen hingeschaut zu haben.

So basierte die Erfassung der Berliner NO2-Werte auf den Messungen von 39 Messstationen. 16 davon waren automatische Stationen, die restlichen sogenannte Passivsammler. Die DUH, die in Berlin als Klägerin auftrat, berief sich zudem auf Messdaten der Technischen Universität (TU) Berlin. Diese Messdaten wurden mittels Passivsammlern an 110 Standort ermittelt. Auf die Idee, dass die Messungen mit Passivsammlern zu überhöhten Messergebnissen führen könnten, schien niemand gekommen zu sein, jedenfalls äußerte sich vor dem VG

Berlin keiner der Beteiligten dahingehend. Ganz im Gegenteil stützten sich die Richter auf ein Rechenmodell gemäß Paragraph 13, Absatz 2 der 39. BlmSchV, das davon ausgeht, dass die tatsächlichen Werte sogar noch über den Messdaten liegen. Daher schlugen die Richter noch 4 Mikrogramm pro Kubikmeter auf. Waren die Messungen schon zweifelhaft, so stellte der Aufschlag zweifelsfrei eine Verfälschung dar.[141]

Die Genauigkeit der Messungen wird nämlich in erster Linie dadurch bestimmt, welche Art von Messstationen verwendet und wo diese aufgestellt werden. Eigens hierzu haben das Europäische Parlament und der Europäische Rat am 21. Mai 2008 die Richtlinie 2008/50/EG für saubere Luft in Europa verabschiedet. In dieser sind haarklein die Kriterien festgelegt, die die zuständigen Behörden bei der Aufstellung von Messstationen zu berücksichtigen haben. Die EU hat sich dabei in erster Linie an die Empfehlungen der Weltgesundheitsorganisation (WHO) gehalten und darauf basierend den NO2-Grenzwert bei 40 Mikrogramm pro Kubikmeter im Jahresdurchschnitt festgesetzt. Die WHO stützte sich wiederum auf Studien, die zu dem Schluss kamen, dass ein Zusammenhang zwischen dem Maße, in dem ein Mensch NO2 ausgesetzt ist, und gesundheitlichen Problemen nicht auszuschließen ist. Allerdings räumte die WHO selbst ein, dass der Grenzwert von 40 Mikrogramm NO2 pro Kubikmeter als jährlicher Durchschnittswert kein überprüfbares Fundament aufweist. Es ist eher eine Art Vorsichtsmaßnahme. Die US-amerikanische Environmental Protection Agency (EPA) sah hingegen einen Kausalzusammenhang: Wenn ein Mensch langfristig einer hohen NO2-Konzentration ausgesetzt ist, führt dies wahrscheinlich zu gesundheitlichen Problemen. Allerdings ging die EPA von einem Jahresdurchschnitt von rund 100 Mikrogramm NO2 pro Kubikmeter aus, also dem Zweieinhalbfachen der EU. Keiner der Messwerte in Berlin erreichte auch nur annähernd den Grenzwert, den die US-Umweltbehörde als bedenklich einstufte.[142]

Doch die Bundesrepublik Deutschland folgte nicht dem lockeren US-Ansatz, sondern den wesentlichen strikteren EU-Vorgaben. So haben die Vorschriften der EU-Richtlinie in das Bundesemissionsschutzgesetz und insbesondere in der 39. BlmSchV (Bundesimmissionsschutzgesetzverordnung) Eingang in das deutsche Recht gefunden. Als aussagekräftig oder gar gerichtsverwertbar dürfen nur Messungen gelten, die dieser Norm entsprechen. Und daran gab es nicht nur in Berlin erhebliche Zweifel. So ist in Anlage 3 Abschnitt C zur 39. BlmSchV unter anderem festgelegt, dass die Messstationen einen Abstand von mindestens 25 Meter vom Rand verkehrsreicher Kreuzungen und höchstens 10 Meter vom Fahrbahnrand haben dürfen, wobei offen bleibt, was genau unter „verkehrsreich“ zu verstehen ist. Satellitenbilder beispielsweise von Google Earth zeigten indes, dass etwa in Berlin Distanzen zu vielbefahrenen Kreuzungen eher bei 17 oder 14 Metern lagen. Darüber hinaus ist in Anlage 3 Abschnitt C der 39. BlmSchV festgelegt, dass die Messsonden nicht in nächster Nähe von Quellen angebracht werden dürfen, um eine unmittelbare Einleitung von Emissionen zu verhindern. Es soll nicht gemessen werden, was am Auspuff herauskommt, sondern was in der Luft ist. In Berlin war es jedoch augenscheinlich so, dass eine ganze Reihe von Messstationen so dicht an der Straßenkante aufgestellt waren, dass die unmittelbare Einleitung von Emissionen geradezu gewollt erschien. Die Messwerte, auf die sich das Gericht stützte, schienen also äußerst fragwürdig. Auch in München, Mainz, Wiesbaden, Essen und augenscheinlich vielen anderen Städten waren die Luftmessstationen falsch platziert. Vor allem der laut EU-Vorgaben gebotene Mindestabsatz von 25 Metern bis zur nächsten verkehrsreichen Kreuzung wurde in vielen Fällen nicht eingehalten. Die Verteidigung der jeweils zuständigen Umweltämter klang geradezu abenteuerlich, wenn man bedenkt, dass deshalb Hunderttausende von Dieselfahrern nicht mehr in die Innenstädte durften: Nach Angaben der Ämter war die Platzierung entweder nicht anders möglich oder – man höre und staune – die Stationen seien schon aufgestellt worden, bevor die entsprechende EU-Richtlinie in Kraft trat. Mit anderen Worten: Bei den Grenzwerten galten die EU-Vorgaben, beim Aufstellen der Messstationen, die dazu dienen, festzustellen, ob Grenzwerte erreicht oder gar überschritten wurden, nahmen es die Behörden quer durch Deutschland nicht so genau mit den EU-Vorgaben. Untersuchungen durch den Deutschen Wetterdienst im Auftrag der Verkehrsminister von Bund und Ländern förderten erschreckende Ergebnisse zutage: Von den ersten acht untersuchten Messstellen in Nordrhein-Westfalen blieben nur vier unbeanstandet. Bei dreien empfahl der Deutsche Wetterdienst technische Veränderungen, bei der vierten ging selbst das nicht: sie stand viel zu dicht an einer vielbefahrenen Kreuzung. Zwar stellten die Umweltämter in einigen Fällen zusätzliche Messstationen auf, die den neuen EU-Kriterien genügten, behielten aber die alten Stationen weiterhin in Betrieb, um langfristige Trends zu dokumentieren. Allerdings wurden auch die Werte der falsch aufgestellten Stationen in den Gerichtsprozessen für Fahrverbote herangezogen. Doch die Überprüfung der Messpunkte stieß nicht überall auf Gegenliebe: Die Verkehrsminister in mehreren Bundesländern wehrten sich gegen „eine Instrumentalisierung der Debatte um Messstellen und sprachen sich deutlich dafür aus, den Fokus auf die wirksamen Maßnahmen zur Reduktion der Luftbelastung zu legen“, hieß es in einer Erklärung der Länder Baden-Württemberg, Berlin, Bremen und Hessen. Anders formuliert: Die Genauigkeit und damit die Rechtmäßigkeit der Messungen wurde bewusst offen gelassen, um möglichst viele Menschen in Busse und Bahnen zu treiben und das eigene Auto stehen zu lassen.

Zur Verwirrung trug zudem die Verwendung von Passivsammlern erheblich bei. Diese Messeinrichtungen dürfen seit dem 11. Juni 2013 gemäß Paragraph 16 Absatz 1 in Verbindung mit Anlage 6 Abschnitt d der 39. BlmSchV zwar zum Einsatz kommen. Jedoch weist diese Methode, obgleich zulässig, Abweichungen von bis zu 10 Prozent gegenüber den automatischen Messstationen auf. Wenn jedoch an einigen Automatikmessstationen ein Wert von 41 Mikrogramm pro Quadratmeter gemessen und diese Überschreitung um 1 Mikrogramm schon ein Fahrverbot zur Folge haben kann, so erscheint eine Messtoleranz von 10 Prozent – also in diesem Fall bis zu 4 Mikrogramm – ungebührlich hoch.

Messtechnische Geisterfahrt

Im Frühjahr 2019 stellte das Umweltbundesamt Österreich eine Studie vor, die vom EU-Parlament in Auftrag gegeben worden war. Diese Studie „Sampling points for Air Quality“ hat Luftmessstationen in Deutschland, Österreich, Italien, Polen und Frankreich verglichen. Das Ergebnis: Deutsche Messstellen überschritten besonders häufig den Grenzwert, trotz deutlich niedriger Hintergrundbelastung als in den anderen Ländern. Der Grund: In Deutschland wurde vergleichsweise kleinräumig in Straßenschluchten oder eng an Häuserzeilen und Kreuzungen gemessen. Als Ursache für die unterschiedlichen Messungen nannte die Studie knapp 20 ungenaue gesetzliche Vorgaben, die zu viel Spielraum für die zuständigen Behörden ließen. So blieb beispielsweise offen, ob eine Messstation genau vor dem Haus stehen muss, vor dem die Schadstoffkonzentration am höchsten ist, oder ob sie lediglich in einem Gebiet stehen muss, das die höchste Schadstoffkonzentration repräsentiert. Der Unterschied liegt bei einem Faktor von 2 bis 3, also doppelt oder gar dreimal so hoch.

Schon 1999 entschied das Oberverwaltungsgericht Koblenz, dass das gesamte Gebiet betrachtet werden müsse, nicht nur eine einzelne Messstelle. Zu einem ähnlichen Ergebnis gelangte der Verwaltungsgerichtshof Mannheim noch 2003. Doch 2004 kippte das Bundesverwaltungsgericht diese Rechtsauffassung: Eine gebietsbezogene Betrachtung käme nicht in Frage, sondern es sei an den Orten zu messen, an denen die Schadstoffkonzentration für die Bevölkerung am höchsten ist. Damit begann die Suche nach „Hotspots", nach Stellen mit der größtmöglichen Belastung, um genau dort Messstationen aufzustellen. Allerdings blieb die Fokussierung auf die schlimmstmögliche Stelle ein deutscher Sonderweg. Dieser deutsche Sonderweg wurde niemals korrigiert – und war der EU wohl im Wesentlichen egal.[143]

Luftmessung im Park

Der Hinweis, dass Deutschland das einzige Land in der EU ist, in dem es Fahrverbote für Dieselfahrzeuge gibt, obgleich dieselben Grenzwerte für alle EU-Staaten gelten, wurde häufig mit dem Verweis auf die unterschiedlichen Aufstellungsorte für Messanlagen begleitet. In Italien und vielen anderen Ländern würden die Messstationen in Parks oder an ähnlich verkehrsentlegenen Gebieten aufgestellt, in Deutschland direkt an der Kreuzung, so der Vorwurf. Tatsächlich war die 39. Bundes-Immisionsschutzverordnung bezüglich der Aufstellung der Messstationen eher vage. So sollte die Luft in einem Bogen von „mindestens 270 oder 180 Grad frei strömen" – eine merkwürdige Formulierung, mindestens 270 oder mindestens 180?[144] In der EU-Richtlinie von 2008 war noch eindeutig von „mindestens 270 Grad“ die Rede. Später haben die deutschen Behörden den Zusatz „oder 180“ hinzugefügt, der mit der EU-Richtlinie von 2015 ins europäische Recht übernommen wurde.

Zudem hieß es, dass die Messstationen an Straßen ohne Kreuzung „höchstens 10 Meter“ vom Fahrbahnrand entfernt sein dürfen. 10 Zentimeter sind also erlaubt, ebenso wie 1 Meter oder 10 Meter. Den Abstand von Gebäuden zur Messstation beschrieb die Verordnung mit „einige Meter“, wiederum sehr vage, sind das 2, 5 oder gar 10 Meter? Damit war die Verordnung im Grunde für Gerichtsprozesse ungeeignet, weil sie viel zu viel Spielraum für das richterliche Ermessen und den Streit der Experten erlaubt.[145] Das bayerische Landesamt für Umwelt kam schon 2015 in einer Studie zu dem wenig überraschenden Schluss, dass sich der Abstand einer Messstation von der Straße gravierend auf die Werte auswirkt.[146] Insbesondere die Kombination aus Nähe zum Fahrbahnrand und zu einer Häuserecke treibt die Messwerte offenbar in die Höhe, obgleich sich vermutlich in dieser Ecke so nahe am Fahrbahnrand kein Fußgänger aufhält.

Alles deutete also darauf hin, dass die konkrete Auslegung der Messungen über die europäischen Länder hinweg unterschiedlich streng gehandhabt wurde, ja sogar über die unterschiedlichen Bundesländer und Kommunen in Deutschland hinweg.

Halten wir fest: Die verwendeten Messgeräte waren ungenau und die Aufstellung der Geräte war an vielen Standorten fragwürdig. Als ob das nicht schon Grund genug für berechtigte Zweifel wären, schlugen die Richter am Verwaltungsgericht Berlin noch 10 Prozent auf alle Messwerte auf, um – ja, warum eigentlich? – um Dieselfahrverbote auf jeden Fall herbeizuführen? Auf ungenaue Werte zweifelhafter Herkunft wurden 10 Prozent aufgeschlagen, und der Aufschlag wurde – geradezu kurios – mit der „Verwaltungspraxis des Landes Berlin" begründet. Damit gingen die Richter ganz offensichtlich vom schlimmstmöglichen Fall aus. Es war nicht auszuschließen, dass dieser an einigen Stellen in der Innenstadt zu einigen Zeiten auftrat.

Aber missachtete das Gericht damit nicht den Grundsatz der Verhältnismäßigkeit. „Im Zweifel gegen den Diesel" schien die Maxime zu sein. Nur: Gerade im Umweltrecht ist immer eine besonders sorgfältige Abwägung zwischen Nutzen und Schaden geboten. Wollte man stets vom schlimmstmöglichen Fall oder dem größten anzunehmenden Unfall ausgehen, müsste im Grunde alles verboten werden. Menschen sterben im Straßenverkehr, dennoch verbieten wir ihn nicht.

Die Corona-Jahre 2020/21 bestätigten immerhin, was man losgelöst von einzelnen Messverfahren und Messwerten schon immer ahnte: Wo weniger Verkehr herrscht, ist die Luft sauberer. So meldeten beispielsweise Berliner Messstationen 2020 überwiegend eine gute bis sehr gute Luftqualität – selbst an Stellen, an denen zuvor wegen dicker Luft Tempo 30 angesagt war.[147] Doch es war und ist wohl nicht nur der Verkehr, der Einfluss nimmt.

Pollenflug nimmt Einfluss

Im Sommer 2018 fiel der Landesanstalt für Umwelt Baden-Württemberg (LUBW) auf, dass ein ungewöhnlich hohes Pollenaufkommen die Feinstaubmessungen in Stuttgart beeinflussen könnte. Die Behörde wurde tätig, nachdem zuvor zwei lokale Tageszeitungen über unplausible Messergebnisse aufgrund von Blütenpollen berichtet hatten. Eigentlich wurden Pollen vor der Messung ausgesondert, aber bei zu viel Pollenflug schien der dafür erforderliche Mechanismus zu versagen.

Bemerkenswert waren die „Unplausibilitäten“, die zur Aufdeckung des Fehlers führten, weil sie eher an „Mengenlehre für Anfänger“ statt an Professionalität erinnern. Und das ging so: In Stuttgart standen genau genommen zwei Feinstaubmessgeräte nebeneinander, eines für Partikel kleiner als 2,5 Mikrometer (PM 2,5) und eines für Partikel kleiner als 10 Mikrometer (PM 10). Bei der Analyse stellte sich nun heraus, dass die 2,5er-Werte höher als die 10er-Werte waren – und das geht nicht. Wer in der Schule bei Mengenlehre aufgepasst hat, weiß, dass die Menge aller Partikel mit weniger als 2,5 Mikrometer kleiner oder gleich der Menge aller Partikel mit unter 10 Mikrometer sein muss – weil 2,5 kleiner als 10 ist. Entweder waren die Messergebnisse also manipuliert oder es gab einen anderen bis dato unbekannten Grund, mutmaßlich den Pollenflug.

Im Ergebnis dürfte dies bedeuten, dass die für Fahrverbote bedeutsame Anzahl der Tage, an denen der EU-Grenzwert für Feinstaub von 50 Mikrogramm je Kubikmeter Luft überschritten wurde, niedriger war als den Gerichten vorgelegt. 35 Tage im Jahr durften nicht überschritten werden.

Für die Dieselfahrer in Stuttgart war es indes egal, ob die Umweltbehörde zwischenzeitlich bei der Mengenlehre an Wissen zugelegt hatte oder nicht. Die Fahrverbote ab 2019 waren längst beschlossen und in Kraft getreten. Es war im doppelten Sinne egal, denn die Fahrverbote wurden mit erhöhten Stickoxid-Werten begründet, nicht mit Feinstaub. Und die wurden mit anderen Messstationen ermittelt, von denen bis dato allerdings nicht bekannt ist, ob sie den Erfordernissen der Mengenlehre genügen oder an einem anderen Einmaleins der Mathematik scheitern.

Leichte Besserung

Anfang 2019 legte das Umweltbundesamt eine Studie vor, die eine leichte Verbesserung der Luftqualität in deutschen Großstädten und Ballungszentren testierte. Die Stickoxidbelastung in Städten, die 2017 den Grenzwert von 40 Mikrogramm NO2 pro Kubikmeter Luft überschritten hatten, war 2018 zurückgegangen. Allerdings war die Besserung nicht in dem Maße eingetreten, das man aufgrund der Maßnahmen erwartet hatte – und auch nicht in allen Städten. So wurde beispielsweise von der Messstation am Neckartor in Stuttgart 2018 ein Jahresmittelwert von 71 Mikrogramm gemeldet, gegenüber 73 Mikrogramm im Jahr zuvor.[148]

Die vom Umweltbundesamt offiziell ermittelten Werte für 2018 stellten also in vielen Fällen keineswegs eine Entwarnung dar, sondern ganz im Gegenteil eher eine aktualisierte Steilvorlage für weitere Fahrverbote. Immerhin lagen in fast allen 67 Städten, die 2017 den Jahresmittelwert überschritten hatten, auch 2018 an mindestens einer Messstation über dem von der EU vorgegebenen Grenzwert. Zudem wies der 2018er Report des Umweltbundesamtes nach, dass in einigen Städten wie Dortmund, Freiburg, Nürnberg oder Mannheim die NO-Belastung sogar noch gestiegen war, mit Koblenz und Leipzig kamen sogar noch zwei weitere grenzwertüberschreitende Städte hinzu. Das „Sofortprogramm Saubere Luft" des Bundes, die Umtauschprämien der Hersteller, die Bemühungen der Kommunen zur Verbesserung der Luft – nichts davon zeigte 2018 maßgebliche Auswirkungen. In Berlin, das der guten Luft wegen auf mehreren innenstädtischen Durchgangsstraßen Tempo

30 eingeführt hatte, blieb die Lage unverändert bei 49 Mikrogramm. Insgesamt hatten 2018 von den 67 Städten mit zu hohen Stickoxidwerten lediglich vier Kommunen den Grenzwert eingehalten oder sogar unterschritten.[149]

Dafür könnte es eine ganz einfache Erklärung geben: der heiße Sommer 2018. Der Deutsche Wetterdienst (DWD) stellte jedenfalls fest, dass die hohen Temperaturen und die Strahlung 2018 zu besonders hohen Ozonwerten geführt haben. Ozon wiederum geht eine chemische Reaktion mit den Stickoxiden ein, die von Dieselmotoren ausgestoßen werden. Dabei wird unter anderem vermehrt Stickstoffmonoxid (NO) in Stickstoffdioxid (NO2) umgewandelt.[150] Das Bundesumweltamt legte allerdings eine Analyse vor, die dieser These widersprach. Eine amtliche Studie kam zu dem Schluss, das trockene Wetter habe zur Minderung der Ozonkonzentration beigetragen, weil die Pflanzen weniger für die Ozonbildung benötigte Vorläuferstoffe gebildet haben.[151] Es waren auch solche widersprüchlichen Analysen und Berichte von Seiten mehr oder minder institutionellen und offiziellen Stellen, die den Unmut in weiten Teilen der Bevölkerung anschwellen ließen. Deutscher Wetterdienst, Bundesamt, Streit der Lungenärzte – aus allen Ecken gab es unterschiedliche Einschätzungen, aber die Dieselfahrer sollten trotz scheinbar ungeklärter Lage ihre Wagen in der Garage lassen oder jedenfalls nicht mehr in die Innenstädte fahren dürfen. Die Bundespolitik versprach, Fahrverbote unter allen Umständen vermeiden zu wollen, während gleichzeitig die Landesumweltämter die Messstationen augenscheinlich unter besonders strengen Gesichtspunkten aufstellten, sich wohl viel strenger an die EU-Vorschriften hielten als ihre Kollegen in allen anderen europäischen Ländern.

Wenn von 67 Städten mit zu hohen Stickoxidwerten 2018 lediglich vier der gesetzlichen Anforderung genügen, mussten also 63 mit Klagen auf Fahrverbote rechnen. Über 30 Städte hatten sich zu dieser Zeit schon Klagen von Seiten der Deutschen Umwelthilfe eingefangen, blieben also etwa 30 weitere Städte übrig. Dabei muss man wissen: Bis zum Frühjahr 2019 hatte die DUH jedes angestrengte Gerichtsverfahren gewonnen.[152] 2020/21 waren Fahrverbote angesichts der Corona-Krise indes kein Thema.

Anfang 2021 stellt das Umweltbundesamt fest: Mittlerweile gibt es in Deutschland keine Überschreitungen der europaweit geltenden Grenzwerte für Schwefeldioxid, Kohlenmonoxid, Benzol und Blei mehr. Die Entwicklung von PM10 und NO2 ist zwar rückläufig, jedoch werden noch immer geltende Grenzwerte und Empfehlungen der WHO überschritten.[153]

Straßen wässern gegen Feinstaub

Es gibt einen augenscheinlich sehr einfachen Weg, den Feinstaub auf Deutschlands Straßen zu reduzieren: Die Fahrbahnen wässern. In Stuttgart wurde dieses simple Verfahren 2018 in der Tat getestet. Doch über das Resultat bestand keine Einigkeit. Die Stadt Stuttgart ließ wissen: „Die Untersuchungen haben ergeben, dass es an der Messstation Am Neckartor einen Unterschied bei den Feinstaubwerten an Reinigungstagen und an Nichtreinigungstagen gibt. Ob dies vornehmlich der Reinigung oder der meteorologischen Situation geschuldet ist, lässt sich nicht zweifelsfrei klären. ... Eine eindeutige Identifikation der Ursachen für die positive Entwicklung der Feinstaubwerte bleibt deshalb offen.“[154]

Seit dem 31. Mai 2018 galten für zwei Straßen in Hamburg Altona Dieselfahrverbote. Sechs Monate später ergaben Messungen eine verheerende Bilanz: Die Belastung durch Stickstoffoxid war sogar noch gestiegen, an einigen Stellen gleich geblieben, aber keineswegs gesunken. Als Ursache wurden mangelnde Fahrzeugkontrollen ausgemacht, aber die Polizeipressestelle widersprach: „Wir kontrollieren in unregelmäßigen Abständen." Zur Abhilfe wurde ein Lkw-Transit-Verbot durch Hamburg in den Raum gestellt.

Dieselverbot ist nicht genug

Um eine Reduzierung des Feinstaubs in der Luft zu bewirken, reicht es nicht, allein die Dieselautos zu verbieten. Aus Sicht des Gesundheitsschutzes müsste der Staub nicht nur auf der Straße, sondern auch auf der Schiene, in der Industrie und bei Privathaushalten etwa durch Holzofenheizungen eingedämmt werden.[155] Ganz im Gegenteil tragen die Diesel besonders wenig Schuld am Feinstaub auf den Straßen, weil die Wagen seit Jahren dank Filtertechnik kaum noch Feinstaub ausstoßen. Feinstaub auf den Straßen entsteht vor allem beim Bremsen durch den Reifenabrieb. Anders formuliert: Je mehr Stau, desto mehr Feinstaub.

Es wäre also zielführender, eine möglichst staufreie Verkehrsführung zu organisieren, statt einseitig Diesel zu verbieten. E-Autos müssen bei Stop-and-Go-Verkehr auch ständig bremsen, erzeugen also keinen Deut weniger Feinstaub, auch wenn absolut keine Schadstoffe aus dem Auspuff kommen.[156]

Den Verkehr reduzieren und ihn flüssiger machen – das sind erfolgsversprechende Ansätze zur Feinstaubreduzierungen in den Innenstädten. Wenn zu hohe Messwerte ausgewiesen werden, sollten sich die Verkehrsplaner also erst einmal an die eigene Nase fassen, statt die Schuld dem Diesel zuzuschieben.

Stauhauptstadt Berlin

Berlin ist übrigens nicht nur politisch die Bundeshauptstadt, sondern auch die Stauhauptstadt Deutschlands. 2018 verbrachte der Berliner Autofahrer durchschnittlich 154 Stunden im zähfließenden Verkehr oder im Staus. Das entsprach knapp einer halben Stunde am Tag oder beinahe 20 Arbeitstagen pro Jahr.[157] Ein Jahr später, 2019, stieg die Gesamtdauer der gemeldeten **Staus** in Berlin sogar um rund 50 Prozent auf 22.299 Stunden. Damit rangierte **Berlin** gemessen an der Länge seines Autobahnnetzes erneut auf Platz Eins der bundesweiten ADAC-Staubilanz. Immerhin: 2020 kam es zu einer Halbierung der Staus beinahe in ganz Deutschland aufgrund der Pandemielage.[158]

Doch zuvor war angesichts des Staufrusts die Empörung zu verstehen, als die Berliner Verkehrssenatorin Regine Günther im Frühjahr 2019 forderte: „Wir möchten, dass die Menschen ihr Auto abschaffen“. Statt mit dem Auto sollten die Menschen mit öffentlichen Verkehrsmitteln, dem Fahrrad oder in Sharing-Fahrzeugen ihre Alltagswege zurücklegen. Mehr Autos vertrage Berlin nicht und auf dem durch Fahrzeuge blockierten Flächen könnten besser Wohnhäuser oder Naherholungsparks errichtet werden.[159] „Das alte Mobilitätskonzept der autogerechten Stadt stößt an seine Grenzen“, sprach die Berliner Verkehrssenatorin aus, was wohl der ideologischen Linie einer ganzen Politikerkaste entsprach. Dazu passte ihre Aussage „Der Verbrennungsmotor hat ausgedient und wird sehr schnell ersetzt werden.“ Vor allem S- und U-Bahnen sollten als Ersatz dienen, mit größeren Flotten, erweiterten Strecken und höherer Taktung. Allein dafür wollte Berlin in den nächsten Jahren rund 28 Milliarden Euro aufwenden. Das stellte eine klare verkehrspolitische Ansage dar – allerdings eine gegen das Auto.

Kostenfreier ÖPVN als Abhilfe

Die Fahrverbote in der City brachten seit Anfang 2019 immer mehr Städte in die Bredouille. Nicht nur die Verärgerung der Einwohner, die nicht mehr in ihre Stadt durften, war groß, auch der Einzelhandel und das urbane Leben liefen Gefahr, Schaden zu nehmen, wenn die Dieselkäufer außen vor blieben. Vor diesem Hintergrund gewann das Stichwort „fahrscheinloser ÖPNV“ an Bedeutung, also die kostenlose Nutzung des öffentlichen Personennahverkehrs. Wegweisend war Ulm: Dort beschlossen die Stadtväter, dass Busse und Bahnen neun Monate lange zumindest an Samstagen ohne Fahrschein genutzt werden durften; später wurde das Angebot bis Ende 2022 ausgeweitet.[160] Andere Kommunen dürften folgen – auch, um ihre Innenstädte nach den Corona-Jahren 2020/21 wieder zu beleben.

Ob der Ansatz genügt, um Deutschlands Automobilisten dauerhaft zu ÖPNV-Freunden umzuerziehen, ist allerdings zweifelhaft. Doch nach der Corona-Krise 2020/21 stellt sich ohnehin die Frage, welche Anziehungskraft die Innenstädte noch haben werden, selbst bei kostenlosem ÖPNV.

Bremer Senat zieht den Stecker

Anfang 2020 zog der Bremer Senat vorläufig den Stecker aus der öffentlichen E-Mobilitätsstrategie für den Stadtstaat. Die Begründung: In der Bremer Bürgerschaft waren Zweifel an der Zukunftstauglichkeit des E-Antriebs aufgekommen – und das gleich in mehrerer Hinsicht. Zum einen hatten die E-Busse eine so geringe Laufzeit, dass sie in der Praxis kaum einsetzbar und in der Klimabilanz keinen ernsthaften Fortschritt gegenüber den herkömmlichen Technologien darstellten. Zum anderen formulierte Bürgermeisterin Maike Schaefe: „Die Batterien benötigen Kobalt, der aus Minen im Kongo stammt. Dort herrscht ausbeuterische Kinderarbeit." Später kam es zur Umbesinnung: Ab 2022 sollen 20 E-Busse in Bremen für einen saubereren Verkehr sorgen.[161]

In Hamburg war es nicht viel anders aus: Dort waren per 2020 zwar schon 30 E-Busse im Einsatz und 30 weitere befanden sich in der Planung, aber die Verfügbarkeit war mit 70 Prozent ebenfalls vergleichsweise niedrig. In beiden Fällen herrschte Angst vor einer Fehlentscheidung: Möglicherweise gehört der E-Mobilität mit riesigen Batterien gar nicht die Zukunft, sondern der Brennstoffzelle.[162] Dennoch schien seit 2020/21 die E-Umstellung auf deutschen Straßen unumkehrbar. Hamburg verkündete, seine rund 1.000 Dieselbusse bis 2030 gegen E-Busse austauschen zu wollen.[163]

Das Zögern beim E-Antrieb im öffentlichen Personennahverkehr stellte nämlich um 2019/20 herum auch ein zunehmendes politisches Problem dar: Wie soll man die Bürger anhalten, sich ein Elektroauto zuzulegen, während die Kommunen gleichzeitig zu der Einsicht gelangen, dass diese für den öffentlichen Busverkehr schlichtweg nicht nutzbar ist. Wohl auch aus diesem Grund stellten seit 2020 immer mehr Kommunen auf E-ÖPNV um – und glichen die Nachteile der neuen Technologie eben mit geänderten Einsatzplänen für die E-Busse aus.

Warnung vor der U-Bahn

Wenn man die Messergebnisse ernst nimmt, dürften seit 2019 nicht nur die Dieselfahrverbote gelten, sondern auch zahlreiche U-Bahnen stillgelegt werden. In den unterirdischen Bahnhöfen atmen die Fahrgäste nämlich erhebliche Mengen an Feinstaub ein, stellte die Sachverständigenorganisation Dekra schon im

Mai 2018 fest. Wer im Schacht auf den nächsten Zug wartet, atmet viel mehr Feinstaub ein als an einer vielbefahrenen Kreuzung. Die kleinen Staubpartikel entstehen nämlich nicht nur in Motoren, sondern auch beim Bremsen durch Abrieb – und das bei allen Fahrzeugen, auch bei Schienenfahrzeugen. So ermittelten die Dekra-Experten in einer tiefgelegenen Etage des Stuttgarter U-Bahnhofs Charlottenplatz eine Konzentration von 100 Mikrogramm pro Kubikmeter. Am Bahnhof Neckartor wurden sogar 120 Mikrogramm gemessen. Immerhin: Während der Fahrt in der Bahn bleibt die Feinstaubbelastung gering. Augenscheinlich sollte man bloß das Ein- und Aussteigen vermeiden.[164]

Es ist wenig verwunderlich, dass viele Dieselfahrer angesichts solcher Erkenntnisse bestenfalls den Kopf schüttelten und schlimmstenfalls in Rage gerieten, wenn sie ihre Autos stehen lassen mussten und auf die öffentlichen Verkehrsmittel umsteigen sollen. Die Bundesrepublik Deutschland schien vielen zur Republik Absurdistan zu verkommen.

Umweltsünder Fahrrad

Prof. Dr. Thomas Koch, Leiter des Instituts für Kolbenmaschinen am Karlsruher Institut für Technologie (KIT), zog einen interessanten Vergleich, bei dem das Fahrrad in Sachen Feinstaub schlechter abschnitt als der Diesel: „Ein Fahrrad hat typischerweise einen Felgenverschleiß von 0,1 Millimeter auf 1000 Kilometer: Beim Bremsen entweichen Metalloxide in die Umgebung. Das sind auf einen Kilometer umgerechnet drei bis vier Milligramm. Der Partikelausstoß aus dem Auspuff eines Diesels liegt bei 0,2 bis 0,5 Milligramm. Auch wenn die öffentliche Wahrnehmung eine andere ist: Wir haben bei vielen Betriebszuständen eine niedrigere Partikelkonzentration im Abgas als in der Umgebungsluft einer Stadt."[165]

Ob der Feinstaub überhaupt so ein immenses Problem darstellt, wie es häufig dargestellt wird, schien ohnehin zweifelhaft. Eine Studie der Universität Mainz in Zusammenarbeit mit Umweltmedizinern aus den USA und Großbritannien aus dem Jahre 2015 kam zu dem Schluss, dass die Luftverschmutzung als Gesundheitsrisiko seit 1990 nicht etwa gestiegen, sondern ganz im Gegenteil im Ranking vom vierten auf den fünften Platz zurückgefallen ist.

Gesetzes-Trickserei

Am 13. März 2019 beschloss der Deutsche Bundestag eine Änderung des Immissionsschutzgesetzes, welche Fahrverbote in Deutschland erschweren sollte. Das neue Gesetz legte nämlich fest, dass Fahrverbote erst ab einer Belastung von 50 Mikrogramm Stickoxid pro Kubikmeter Luft als verhältnismäßig gelten sollen.[166] Die unverändert geltende Grenze von 40 Mikrogramm könnte auch durch andere Maßnahmen erreicht werden, so die Logik des Gesetzgebers. Kurz darauf veröffentlichte die DUH ein als geheim eingestuftes Dokument der EU-Kommission, das schon beim Gesetzesentwurf Bedenken angemeldet hat.[167]

Vor allem aber begrüßte die EU-Kommission die Formulierung „In der Regel" im Gesetz, die sich auf die Ausnahmen von Fahrverboten bezieht. Denn das hieß nach Lesart der EU nichts anderes, als dass Fahrverbote im Ausnahmefall eben doch erlaubt sind. Die Entscheidung darüber obliegt allein den Kommunen, die Bundespolitik bleibt weitgehend machtlos. Doch es kam noch schlimmer für die Autofahrer.

Schon kurz nach der Verabschiedung des Gesetzes wiesen eine Reihe von Juristen darauf hin, dass durch die Änderung die Kommunen in die Lage versetzt wurden, alle Dieselfahrzeuge einschließlich der Euro-6-Norm aus ihren Städten auszusperren. Die vom Gesetzgeber gewollte Rechtssicherheit wurde durch die Änderung vom März 2019 also nicht nur nicht erreicht, sondern ganz im Gegenteil die Rechtsunsicherheit für Diesel-6-Besitzer sogar noch erhöht. Einmal mehr trat der Unterschied zwischen „gut gemeint“ und „gut gemacht“ deutlich zutage.

Freude an Selbstzerstörung statt Fahren

„Freude am Fahren“ hieß über Jahrzehnte hinweg der Slogan von BMW. Doch die Treibjagd auf die eigene Spitzenindustrie seit dem Dieseldesaster ließ eher den Gedanken an Freude an Selbstzerstörung aufkommen. Selbstverständlich waren die Manipulationen der Hersteller zu rügen und natürlich wäre es unabdingbar, dass diese nicht nur die US-Käufer, sondern erst recht auch die Käufer in ihrem Heimatland Deutschland entschädigen. Das jahrelange Leugnen, Verweigern und Zaudern war unverzeihlich. Aber die dadurch angestoßenen Diskussionen haben im Laufe der Jahre jedes Maß verloren. Man könnte glatt den Eindruck gewinnen, Politik und Medien hätten sich zusammengerauft, Deutschlands Autobranche möglichst schwer zu beschädigen. Augenmaß und Vernunft oder gar Diskussionen um Kosten und Nutzen von Maßnahmen waren längst passee.

Spätestens mit der Klimadebatte, oder sollte man besser sagen mit dem Klimakrieg seit 2019 schien es nur noch um den Kampf gegen das Auto zu gehen – koste es, was es wolle. Die Tatsache, dass Deutschlands einstige Vorzeigebranche für acht Prozent der Wirtschaftsleistung steht und direkt 820.000 bzw.

indirekt sogar 1,8 Millionen Arbeitsplätze unterhält, war in Vergessenheit geraten oder wurde als Argument nicht mehr akzeptiert. Das könnte auch damit zusammenhängen, dass für die jüngere Generation das eigene Auto längst nicht mehr dieselbe hohe Bedeutung wie für die Älteren hat. Für die jungen Leute ist das Smartphone das Maß aller Dinge, nicht das Auto. Es ist wohl kein Zufall, dass in der Klimadebatte niemand ein Smartphone-Verbot oder auch nur Nutzungseinschränkungen erwägt, obwohl jeder Klick und jeder Wisch auf jedem Touchscreen natürlich Klima-schädliche Rechenoperationen in irgendeinem Rechenzentrum auf der Welt auslöst. Apple, Amazon, Facebook, Google – das gesamte Internet ist aufgrund des für den Betrieb notwendigen Energieverbrauchs in den Rechenzentren zweifelsohne ein maßgeblicher CO2-Emittent. Weltweit sind immerhin mehr als drei Milliarden Smartphones in Betrieb. Für jedes einzelne davon wird eine CO2-Emission von etwa 47 Kilogramm berechnet, von der Produktion über den Vertrieb und die Nutzung bis hin zum Recycling. Der Weltmarktführer Apple produziert Berechnungen zufolge rund 40 Millionen (!) Tonnen CO2-Emissionen.[168]

Doch das Wort, das seit 2019 die Runde machte, hieß nicht „Smartphone-Bashing“, sondern „Flugscham“ – neben dem Auto wurde auch das Flugzeug als Klimakiller gebrandmarkt. Wer Auto fährt oder gar ein Flugzeug besteigt, sollte sich schämen, die Umwelt zu belasten und der nachfolgenden Generation die Lebensgrundlage zu entziehen – so der Tenor. „Internet-Scham“ war 2019 noch kein Thema. Die Corona-bedingte Reisepause 2020/21 hat Auto- und Flugscham zur Belanglosigkeit werden lassen. Dafür trat das Internet als Stay-at-Home-Mittel in der Vordergrund. Welche Folgen das für die Umwelt hatte – weniger reisen, dafür mehr surfen und streamen – blieb indes bislang im Unklaren.

Euro 6d-ISC-FCM – genaue Kontrolle

Seit 1. Januar 2021 müssen alle in der EU neu zugelassenen Pkw die Abgasnorm Euro 6d-ISC-FCM erfüllen. Sie geht über die bisher geltenden Normen Euro 6d-Temp und 6d deutlich hinaus

Die Grenzwerte sind für beide Abgasnormen – Euro 6d-Temp und 6d – auf dem Prüfstand gleich – bei den Stickoxiden NOx etwa gelten für Diesel 80 mg/km und für Benziner 60 mg/km. Doch weil es wegen Unwägbarkeiten auf der Straße wie etwa Stau oder Regen erheblich schwieriger ist, die Vorgaben einzuhalten, dürfen die Emissionen im realen Verkehr etwas höher ausfallen als auf dem Prüfstand. Wie hoch sie tatsächlich sein dürfen, ist durch einen Konformitäts- bzw. Übereinstimmungsfaktor festgelegt; dabei unterscheiden sich 6d-Temp und 6d. Dürfen 6d-Temp-Fahrzeuge den Prüfstandsgrenzwert noch um den Faktor 2,1 überschreiten, was einem Praxisgrenzwert von 168 mg/km bei Dieseln entspricht, wurde bei Euro 6d der Faktor 1,43 festgelegt und damit auf 114 mg/km gesenkt. Euro-6d-Fahrzeuge müssen also im Straßenverkehr sauberer als 6d-Temp-Modelle sein. [169]

Bei der seit Anfang 2021 geltenden Abgasnorm Euro 6d-ISC-FCM – das Kürzel ISC steht für „In-Service-Conformity-Tests" – müssen die Fahrzeughersteller anhand von Stichproben nachweisen, dass auch bereits im Betrieb befindliche Pkw die gesetzlichen Vorgaben einhalten. Der Zusatz FCM bedeutet „Fuel Consumption Monitoring System" und bedeutet, dass die Wagen den realen Kraftstoff-/Energieverbrauch über den gesamten Fahrbetrieb im Auto selbst speichern müssen. Über die Diagnose-Schnittstelle können diese Werte ausgelesen und bewertet werden[170] – etwa, um zu kontrollieren, ob sich die tatsächlich

Fahrzeug-Emissionen mit den Herstellerangaben übereinstimmen. Die Kontrolle wird also immer genauer.

Euro 7 – de facto ein Verbot des Verbrenners

Pandemie hin oder her, das Jahr 2025 rückt unaufhaltsam näher – und damit das mögliche Inkrafttreten der von der EU-Kommission geplanten Euro-7-Norm. Würde die nochmals verschärfte Abgasnorm tatsächlich Realität, käme das de facto einem Verbot von Verbrennungsmotoren gleich.

So sollen nach den Vorstellungen der EU-Kommission Autos künftig in allen Fahrsituationen noch strengere Grenzwerte einhalten – auch zum Beispiel beim Start bei minus 20 Grad, beim Anfahren am Berg, mit der ganzen Familie im Wagen plus Anhänger. Bislang sind zeitweise Spitzen zulässig, wenn die Grenzwerte im Durchschnitt eingehalten werden.

Neben strengeren Grenzwerten plant Brüssel auch ein sogenanntes Geofencing einzuführen. Doch das käme Verbotszonen gleich, in die künftig kein Auto mit Verbrennungsmotor mehr einfahren dürfte.[171]

Für die deutsche Autoindustrie käme Euro 7 in dieser oder ähnlicher Form einer Katastrophe gleich. BMW-Betriebsratschef Manfred Schoch fasste das Szenario 2021 mit den möglichen Folgen nach 2025 zusammen: „Wir werden eine Arbeitslosigkeit erleben, wie wir sie noch nie gehabt haben. Wenn die Politiker hier den Hebel umlegen, wird es zappenduster in Deutschland … Ich warne die Politik, das Thema Klima eindimensional anzugehen und mit dem Wohlstand in Deutschland zu pokern … Was ich in Brüssel erlebe, ist nur verbieten, verbieten, verbieten.“[172] Andere Autohersteller haben 2021 längst eingesehen, dass der Verbrennungsmotor nicht mehr zu retten war. Auch die Kundschaft ist zu diesem Zeitpunkt augenscheinlich schon weiter mit ihrer Planung: In der Diesel-Hochburg Europa wurden 2020 gerade noch 2,8 Millionen Selbstzünder verkauft. Zum Vergleich: 2016 waren es über 6,9 Millionen Diesel. Das war ein Rückgang von fast 60 Prozent. Egal, welche Abgasnorm, den Käufern war längst klar, dass der Diesel am Ende seiner Tage angekommen ist.[173]

Mehr Feinstaub durch E-Autos

Doch die Rolle der E-Mobilität als Umweltretter wurde 2021 durch eine Studie der Organisation für wirtschaftliche Zusammenarbeit und Entwicklung (OECD) zumindest in Frage gestellt. Denn der Feinstaub kommt nicht nur aus dem Auspuff; Bremsbeläge nutzen sich ebenso ab wie Reifen und der Straßenbelag – und das gilt natürlich auch für E-Autos. Laut OECD-Studie wird die Belastung durch diese Nicht-Abgas-Feinstaubpartikel bis 2030 um über 50 Prozent zunehmen. Die E-Wagen sollen daran eine maßgebliche Schuld tragen, denn von außen baugleiche Karosserien sind mit Elektroantrieb in der Regel schwerer durch die Batterien. Das sorgt für stärkeren Verschleiß, der dann in Form von Kleinstpartikeln in der Luft landet.

Der Trend – ob elektrisch oder herkömmlich angetrieben – geht zudem seit Jahren in Richtung immer größere Wagen. Je größer und schwerer ein Auto ist, desto stärker belastet es die Umwelt – auch dann, wenn es mit E-Motor unterwegs ist. Der an anderer Stelle in diesem Buch skizzierte Trend zum SUV ist also – egal mit welcher Antriebsart – in jedem Fall umweltschädlich, hat die OECD-Studie aus 2021 ergeben.[174]

Die deutsche Umwelthilfe

So wenig wie man eine Abhandlung über das Dieseldesaster ohne VW schreiben kann, so wenig darf man die Deutsche Umwelthilfe, kurz DHU, dabei auslassen. Weit über bloße Fahrverbote hinausgehend hat sie exemplarisch vorgeführt, wie sich der Rechtsstaat in seinen eigenen Verflechtungen verfangen kann. Betrogen haben die Autohersteller, wie in diesem Buch haargenau dargelegt wird, aber zum Feind vieler Autofahrer hat sich die DHU entwickelt, wie nachfolgend dargestellt.

DHU – die kommerziellen Umweltschützer

Der Name Deutsche Umwelthilfe klingt nach einer aufopfernden Tätigkeit im Namen des Umweltschutzes. Das gilt umso mehr, also der Verein als gemeinnützig eingestuft ist, also keine Steuern zahlt, weil er etwas für das Gemeinwohl tut. Nichts könnte irreführender sein bei der DUH. In Wirklichkeit ist die Deutsche Umwelthilfe nichts anderes als eine kommerzielle Organisation, die die Lücken und Tücken der deutschen Gesetzgebung geschickt für ihr Geschäft zu nutzen weiß. Es ist ein straff geführter Wirtschaftsbetrieb mit mehr als 100 Mitarbeitern und ausweislich seines eigenen Geschäftsberichts mit einem durchschnittlichen Jahresgehalt von 110.334 Euro für alle außertariflich Beschäftigten.[175] Die DUH betreibt zwei Geschäftszweige: Abmahnungen verschicken – im Geschäftsbericht heißt das „Erträge aus ökologischer Marktüberwachung – und Fördergelder einkassieren. Nach den Angaben des Bundesumweltministeriums erhielt die DUH aus mindestens 18 Projekten Fördergelder vom Bund in Höhe von beinahe sechs Millionen Euro. Die Projekte trugen wohlklingende Namen wie „Stadtgründer wertschätzen. Bewertung, Management und Kommunikation als Schlüssel für eine klimaresiliente und naturnahe Grünflächenentwicklung“ oder „Erfahrungsaustausch von zivilgesellschaftlichen Akteuren in Mittel- und Osteuropa im Bereich Klimaschutz“. Die Zeitschrift *Capital* nannte die DUH „eine der effektivsten Lobbyorganisationen des Landes“.[176] Unklar blieb allerdings, wofür die DUH eigentlich ihre Lobbyarbeit betreibt. Man kann sich des Eindrucks nicht erwehren, dass es dabei weniger dem Umweltschutz als vielmehr dem finanziellen Auskommen und dem Ego des DUH-Bundesgeschäftsführers Jürgen Resch diente. Der Altaktivist zog in der Anti-Dieselkampagne alle Register. Einmal ließ er sich mit einer Atemmaske ablichten, auf der der Slogan „Diesel-Abgase töten!“ prangte. Ein andermal warnte er davor, dass die „Innenstädte auf viele Jahre nicht bewohnbar“ wären, wenn die Stickstoffbelastung nicht reduziert wird. Es war plumpe Agitation im Stile von „Ein Mann sieht rot“, aber je öfter ihm Gerichte Recht geben (mussten) und je öfter die Politik auf ihn eindrosch, desto stärker schien er sich zu fühlen. Die CDU bezeichnete er als „Christliche Diesel-Union“, die deutsche Autoindustrie nannte er ein „kriminelles Kartell“, dessen „politischer Arm“ die CDU sei. Er prangerte die DUH-Schelte der CDU an: „Der Bundesparteitag der CDU, der über die Anträge entschied, wurde ausgerechnet von Volkswagen und Audi gesponsert.“[177] Resch beherrschte den Populismus offensichtlich mindestens ebenso meisterhaft wie die politischen Populisten.

Nach der CDU-Kritik Ende 2018 war nach Angaben von Jürgen Rasch die Mitgliederzahl der DUH auf 6.541 Mitglieder angestiegen gegenüber 4.600 Mitgliedern noch im September 2018. In den offiziellen Veröffentlichungen der Deutschen Umwelthilfe war indes mit Stand 2021 lediglich von 448 Mitgliedern die Rede. Der Vorwurf, dass es Jürgen Resch mit gut 350 Mitgliedern und 100 Beschäftigten schaffte, die ganze Autorepublik zu terrorisieren, war also nachvollziehbar. Allerdings war es natürlich die Politik, die ihm den gesetzlichen Rahmen gegeben hat für seinen unbändigen Wutkampf gegen die Automobilindustrie.[178]

Deutsche Umwelthilfe – Todesstoß für Dieselfahrer

Die Deutsche Umwelthilfe spielte vor allem eine zentrale Rolle in der Debatte um Fahrverbote für Dieselautos in deutschen Städten. Sie steht beispielhaft für ein System der Abmahnvereine, das der deutsche Gesetzgeber zwar geschaffen hat, dessen er aber nicht mehr Herr zu werden scheint. Im Kern geht es darum, dass Verstöße gegen das Wettbewerbs-, Urheber- oder Umweltrecht sozusagen von jedermann abgemahnt werden können.[179] Die Idee dahinter ist leicht erklärt: Wenn einem Unternehmen auffällt, dass ein Konkurrent einen Rechtsbruch etwa durch eine unzulässige Werbung begeht, kann er ihn auffordern, also abmahnen, dies zu unterlassen und – und jetzt wird es wichtig – er kann eine angemessene Entschädigung dafür verlangen, dass er auf den Rechtsverstoß aufmerksam gemacht hat. Der Abgemahnte hat nun zu entscheiden, ob er sich zu dem Verstoß erkennt, verbindlich zusichert, dies künftig zu unterlassen und die verlangte Entschädigung zahlt – oder eine Klage vor Gericht riskiert. Der Gedanke des Gesetzgebers bei der Erschaffung dieses Rechtskonstrukts ist nachvollziehbar: Da sich die Firmen gegenseitig kritisch beäugen, fliegen Rechtsverstöße rasch auf und werden in der Regel auch mit Geld geahndet, ohne dass die Gerichte damit belastet werden. Die „Abmahner" sind also völlig legal „Organe der öffentlichen Rechtspflege". Was der Gesetzgeber nicht bedacht hatte: Aus diesem Rechtskonstrukt lässt sich ein eigenes Geschäftsmodell ableiten, die sogenannten Abmahnvereine. Man muss nämlich keineswegs zum Kreis der Wettbewerber eines Unternehmens gehören, um diesem bei vermeintlichen oder tatsächlichen Verstößen eine Abmahnung ins Haus zu schicken. Jedermann in Deutschland darf jedermann wegen Verstößen gegen das Wettbewerbs-, Urheber- oder Umweltrecht abmahnen. Das schaffte die Voraussetzung für die völlig legale Gründung sogenannter Abmahnvereine, deren einziger Geschäftszweck darin besteht, mit wachsamen Augen ständig neue Verstöße aufzudecken und den jeweils Betroffenen eine Abmahnung ins Haus zu schicken – mit angehängter Rechnung, versteht sich.

Dabei genügt der kleinste Verstoß als Grund für eine Abmahnung. Wieviel Geld der Abmahnende dafür verlangen kann, hängt vom angesetzten Streitwert ab – und den setzt zunächst ebenfalls der Abmahnverein ein. Häufig sind die vermeintlichen Verstöße an den Haaren herbeigezogen, die Geldforderungen dafür aber umso saftiger. Vor allem kleinere Firmen werden schon seit Jahren von professionellen Abmahnjuristen wegen Nichtigkeiten belästigt und häufig sogar in ihrer Existenz bedroht. Viele kleine Betriebe scheuen ein Gerichtsverfahren, zumal sie ahnen oder davon ausgehen, dass die Profijuristen im Recht sind, und können sich einen Prozess gar nicht leisten. Sie unterschreiben daher die mitgesandte Unterlassungserklärung, mit der sie zusichern, den geahndeten Verstoß künftig zu unterlassen, und bezahlen die ihnen präsentierte Rechnung. Der Sache nach gleicht es einer „Erpressung“, juristisch heißt es „Rechtspflege“.[180]

Verkäufer auf Internetportalen wie etwa eBay schwanken seit Jahren zwischen Albträumen und Magendrücken angesichts der Abmahnwellen, die auf sie zurollten. Die Verabschiedung der Datenschutzgrundverordnung (DSGVO) im Mai 2018 rief ebenfalls massenweise Klagevereine auf den Plan, die massenhaft Verstöße gegen die jüngste Variante des Datenschutzes ausmachten und dafür kassierten. Die Deutsche Umwelthilfe hat auf dem Gebiet des Umweltrechts nachvollzogen, was insbesondere beim Wettbewerbsrecht schon seit Jahrzehnten Usus war.

Aber wo „Rechtspflege" einzig zu dem Zweck betrieben wird, den Beteiligten Einkünfte zu verschaffen, und zwar auf Kosten anderer, die letztlich durch staatlichen Zwang veranlasst werden, die Mittel aufzubringen, da verdient sie den Namen Rechtspflege nicht mehr. Das ist staatlich sanktioniertes Raubrittertum. Es wäre ungefähr so, als ob ein Rentner lückenlos alle Parksünder in seiner Umgebung erfasst und sich mit dem Ordnungsamt den Erlös der Strafmandate teilt. Das ist amoralisch und asozial, in der Regel unlauterer als die meisten beanstandeten Verstöße – aber es ist nicht rechtswidrig.

Das sollte der Gesetzgeber dringend ändern. Wenn ihm die lückenlose Ahndung von Verstößen gegen das Wettbewerbs- und insbesondere das Umweltrecht tatsächlich am Herzen liegen, dann wäre es konsequent, dies zu einem Ableger des Strafrechts zu machen. Die Aufdeckung und Verfolgung gehört in die Hände einer Behörde, die der Dienstaufsicht, klar geregelten Verfahrensvorschriften und letztlich parlamentarischer Kontrolle unterliegt, nicht in die Hände von privat organisierten Abmahnvereinen.

Dadurch würde Deutschland aus dem Würgegriff einer sich verselbstständigten Abmahnindustrie befreit, die mit Rechtspflege nicht zu tun hat. Der „Dieselkrieg" der DUH stand exemplarisch für diese Situation: Ein einziger Verein mit einem ehrgeizigen Vorsitzenden.

Der Dieselkrieg der DUH

Die Deutsche Umwelthilfe machte sich auch deshalb zum Feind der Dieselbesitzer, weil sie den Diesel geradezu martialisch verteufelte. Beispielhaft hierfür stand eine Pressemitteilung der DUH vom 14. September 2018. Sie wird im Folgenden wortwörtlich wiedergegeben, weil sie das Selbstverständnis, die Intention und die aggressive Vorgehensweise des Vereins beispielhaft besonders deutlich darstellte:[181]

3 Jahre Dieselgate - Bilanz eines Regierungsversagens: Rekordgewinne bei Autokonzernen, Fahrverbote wegen abgasverpesteter Innenstädte und elf Millionen betrogene Diesel-Besitzer

14.09.2018

Deutsche Umwelthilfe fordert Bundeskanzlerin Angela Merkel dazu auf, sich endlich aus dem Würgegriff der Autokonzerne zu befreien und verbindliche Hardware-Nachrüstungen aller Betrugs-Diesel auf Kosten der Hersteller anzuordnen - Neue Abgasmessungen der DUH zeigen bis zu 15-fache Grenzwertüberschreitung bei Euro 6 Diesel - DUH kündigt in Hagen, Bielefeld, Freiburg, Limburg, Oberhausen, Oldenburg, und Wuppertal Gerichtsverfahren zur schnellen Durchsetzung der "Sauberen Luft" an

Drei Jahre nach Bekanntwerden des Diesel-Abgasskandals bewertet die Deutsche Umwelthilfe (DUH) das Regierungshandeln als Totalversagen. Am 18. September 2015 wurde öffentlich, dass US-amerikanische Behörden ein Ermittlungsverfahren gegen die Volkswagen AG wegen der Verwendung illegaler Abschalteinrichtungen in Diesel-Pkw einleiten. Während hierzulande VW und die Bundesregierung versuchten, den Skandal auf VW-Modelle und bestimmte Euro 5 Diesel-Pkw des Herstellers zu begrenzen, wies die DUH durch eigene Abgasmessungen nach, dass der Skandal nicht auf VW und dort einen bestimmten Motor von Euro 5 Fahrzeugen beschränkt ist. Sondern, dass auch BMW, Daimler, Porsche, Ford, Opel und weitere ausländische Hersteller illegale Abschalteinrichtungen verwenden. Die DUH fordert Kanzlerin Merkel auf, nach drei Jahren Untätigkeit nun endlich den Menschen zu helfen und die Dieselkonzerne zu verpflichten, die elf Millionen Betrugs-Diesel auf deren Kosten nachrüsten zu lassen.

Erstmals im September 2007 hatte die DUH in einer Pressekonferenz diesen organisierten Abgasbetrug umfassend dargestellt. Im Februar 2011 informierte der Umwelt- und Verbraucherschutzverband das Bundesverkehrsministerium über den VW-Abgasbetrug an einem Pkw mit dem durch die US-Enthüllungen bekannten Motor EA 189. Das Ministerium weigerte sich damals, wie in den folgenden vier Jahren, diesen und weiteren Hinweisen und Abgasmessungen durch eigene Untersuchungen nachzugehen und den Abgasbetrug somit frühzeitig zu unterbinden.

Die DUH hat seit Oktober 2015 bei über 1.200 eigenen Abgasmessungen an mehr als 110 Diesel-Fahrzeugen in Prüflaboren, aber vor allem in dem verbandseigenen Emissions-Kontroll-Institut (EKI), bei General Motors/Opel, Renault/Nissan, BMW, Mercedes, VW, FiatChrysler und weiteren Herstellern extrem hohe Abweichungen zwischen Prüfstands- und Realemissionen bzw. klare Hinweise auf Abschalteinrichtungen dokumentiert und den deutschen wie ausländischen Zulassungsbehörden gemeldet. Bei all diesen Unternehmen haben danach die staatlichen Nachprüfungen das Vorhandensein von Abschalteinrichtungen bestätigt.

Die Bilanz ist ernüchternd: Drei Jahre, nachdem das VW-Gate in den USA bekannt wurde, fahren in Europa die Betrugs-Diesel unverändert als Giftgasschleudern durch unsere Innenstädte und führen zu tausendfachem Tod und hunderttausenden Erkrankungen. Und die überwiegende Mehrzahl der in den letzten drei Jahren neu auf die Straße gekommenen Euro 6 Diesel-Pkw sind genauso schmutzig", kritisiert Jürgen Resch, Bundesgeschäftsführer der DUH.

Die durch das EKI untersuchten Euro 6 Diesel-Pkw emittierten im Durchschnitt 444 Milligramm Stickoxid (NOx) pro Kilometer (mg/km), das entspricht einer 5,5-fachen Überschreitung des NOx-Grenzwerts im realen Fahrbetrieb. Nur 8,4 Prozent der Euro 6 Diesel-Pkw hielten den geltenden NOx-Grenzwert von 80 mg/km ein. Die Euro 6 Diesel-Pkw emittieren im Vergleich zu den Euro 6 Benzin-Pkw durchschnittlich 12 Mal mehr NOx. Zwei aktuelle Messungen der DUH im EKI zeigen sogar über diesen Durchschnittswert hinausgehende Überschreitungen des Abgasgrenzwertes für NOx: Bei einem Alfa Romeo Giulia 2.2 Multijet, Euro 6 wurden 584 mg NOx/km und damit eine Überschreitung des Grenzwerts um den Faktor 7,3 gemessen. Noch drastischer ist das Ergebnis bei einem Renault Scénic ENERGY dCi 130, ebenfalls Euro 6. Hier erreichen die NOx-Emissionen im Schnitt 1.192 mg/km, was einer Überschreitung um den Faktor 14,9 entspricht. Beide Diesel-Pkw sind gerade ein Jahr alt.

Diese Bundesregierung hat auf ganzer Linie versagt. Während die deutschen Autokonzerne im vergangenen Jahr einen Rekordgewinn von 35 Milliarden Euro erzielten, bleiben elf Millionen Besitzer von Diesel-Pkw ohne funktionierende Abgasanlage im Dieseldunst stehen. Sie sehen sich nun konfrontiert mit einem massiven Wertverlust der Fahrzeuge und Diesel-Fahrverboten, die von der DUH zum Schutz der Gesundheit für 34 Städte ge-

richtlich bereits erwirkt wurden oder noch werden", so Jürgen Resch. "Wann endlich wird sich die Bundeskanzlerin aus dem Würgegriff der Dieselkonzerne befreien? Während Andreas Scheuer, der Vertreter der Autokonzerne in der Bundesregierung, mit täglichen Äußerungen gegen die Hardware-Nachrüstungen kämpft, sehen Gerichte in Bayern und Baden-Württemberg nunmehr eine Beugehaft gegen Regierungspolitiker, die sich weigern rechtskräftige Urteile umzusetzen, als unausweichlich an. Frau Bundeskanzlerin - ich fordere Sie auf, endlich den Titel Autokanzlerin abzulegen und die Dieselkonzerne entweder zum Rückkauf oder zur Hardware-Nachrüstung aller elf Millionen Betrugsdiesel zu verpflichten."

Die hohen Schadstoffemissionen aus Diesel-Pkw sind maßgeblich Ursache für die vielerorts auftretende Überschreitung des seit 2010 verbindlich geltenden Jahresmittelwertes für Stickstoffdioxid (NO2). Mit einer breit angelegten Messkampagne im Februar und Juni 2018 hatte die DUH aufgezeigt, dass mindestens 115 Städte in Deutschland Konzentrationen des Dieselabgasgifts NO2 aufweisen, die über dem Grenzwert liegen.

Da die für die Luftreinhaltung zuständigen Behörden und Landesregierungen nur auf gerichtliche Entscheidungen reagieren und sich nach wie vor weigern, von sich aus die notwendigen Diesel-Fahrverbote zu verfügen, hat sich die DUH dazu entschlossen, in folgenden sieben Städten neue Klagen auf Einhaltung der Luftqualitätswerte beim Dieselabgasgift NO2 zu erheben: Hagen, Bielefeld, Freiburg, Limburg, Oberhausen, Oldenburg und Wuppertal. Aktuell führt die DUH in 28 Städten Klageverfahren für die Durchsetzung der "Sauberen Luft". Die Klagen zielen auf die Aufnahme verbindlicher und effektiver Maßnahmen in die jeweiligen Luftreinhaltepläne. Das Bundesverwaltungsgericht hatte im Februar 2018 bestätigt, dass Fahrverbote für Dieselfahrzeuge zulässig sind. Demnach müssen sie dort zwingend eingeführt werden, wo andere Maßnahmen versagen, um die Einhaltung des NO2-Jahresmittelgrenzwerts innerhalb weniger Monate sicherzustellen.

Obwohl die DUH in München, Düsseldorf, Stuttgart, Aachen und zuletzt Frankfurt am Main die Klagen gewonnen hat, weigern sich die für die Luftreinhaltung zuständigen Behörden, rechtskräftigen Urteilen nachzukommen - auch auf Druck der jeweiligen Ministerpräsidenten der Länder. Dazu Rechtsanwalt Remo Klinger, der die DUH in zahlreichen Verfahren vertritt: "In einem Rechtsstaat und einer Demokratie ist es nicht hinnehmbar, wenn sich Vertreter von Behörden oder gewählte Repräsentanten rechtskräftigen Gerichtsurteilen verweigern und meinen, für sie gelten andere Regeln als für jeden anderen im Lande. Genauso bedenklich ist es, wenn Behörden die rechtlich verankerte Auskunftspflicht aushebeln, um einseitig die Interessen von Unternehmen zu schützen. Mit dieser Haltung legen die Verantwortlichen eine Lunte an die Grundfesten unseres Staatssystems. Das ist mehr als unverantwortlich."

Einen massiven Schwachpunkt sieht die DUH in der Weigerung der Bundesregierung, den getäuschten und geschädigten Fahrzeughaltern zu ihrem Recht zu verhelfen. Eine Hardware-Nachrüstung von Diesel-Pkw der Euronormen 5 und 6 auf Kosten der Hersteller hatte der Umwelt- und Verbraucherschutzverband bereits 2015 gefordert. Doch nach wie vor blockiert das Bundesverkehrsministerium diese Maßnahme, die einzig eine verlässliche Absenkung der Abgasemissionen bewirkt. "Mit dem stattdessen von Verkehrsminister Scheuer propagierten Micky-Mouse-Software-Update werden Fahrverbote für Dieselfahrzeuge nicht zu verhindern sein. Indem sich der CSU-Minister vor den Karren der Hersteller spannen lässt, täuscht er die Verbraucher erneut, während die Autobauer munter Rekordgewinne einfahren, so Resch.

Hintergrund:

Ergänzend zu den derzeit laufenden Klagen für „Saubere Luft" wird die DUH zeitnah in folgenden Städten neue Klagen zur Einhaltung der Luftqualitätswerte beim Dieselabgasgift NO2 erheben: Hagen (Jahresmittelwert für NO2 lag in 2017 laut Umweltbundesamt an der Messstation Märkischer Ring 85 bei 49 µg/m³), Bielefeld (Bielefeld Innenstadt: 47 µg/m³), Freiburg (Schwarzwaldstraße: 49 µg/m³), Limburg (Schiede 28-30: 58 µg/m³), Oberhausen (Mülheimer Straße 117: 49 µg/m³), Oldenburg (Heiligengeistwall: 49 µg/m³), Wuppertal (städtisches Messnetz Briller Straße 28: 57 µg/m³). Damit klagt die DUH dann in insgesamt 34 Städten. Die nächste mündliche Verhandlung und Entscheidung findet am 9. Oktober 2018 in Berlin statt.

Links:

Übersicht EKI-Messungen: http://l.duh.de/p180914

Faktencheck 3 Jahre Dieselgate: http://l.duh.de/p180914

Zusammengefasst: Die Politik hat versagt, weil sie sich mit den Betrügern von der Autoindustrie verbündet hat und alle zusammen Deutschland systematisch vergiften. Einzig die DUH setzt sich für die Gesundheit der Menschen in unserem Land ein – und übrigens auch für die geschädigten Dieselbesitzer, denen eine Wiedergutmachung für den Betrug an ihnen zusteht. Der aggressiv-martialische Tonfall und natürlich konkret die Prozesse für Fahrverbote machten die DUH zum „natürlichen Feind" der Autobesitzer. Aber wenn man einmal etwas genauer darüber nachdenkt: Es steckte schon ein dickes Körnchen Wahrheit in der Argumentation.

CDU gegen DUH

Auf ihrem 31. Parteitag am 7. und 8. Dezember 2018 in Hamburg beschloss die CDU, zu diesem Zeitpunkt immerhin noch Regierungspartei, nicht nur die Wahl von Annegret Kramp-Karrenbauer als neue Parteichefin, die 2021 von Armin Laschet in diesem Amt abgelöst wurde, sondern legte auch Pläne vor, die Umwelthilfe von staatlichen Mitteln auszuschließen.[182]

Der Beschluss der Delegierten hatte es in sich: Im Kern forderte die CDU ihre Parteifreunde in der Bundesregierung und der Unions-Fraktion auf, dem unliebsamen Verein schlichtweg den Geldhahn zuzudrehen. Finanzmittel, die bereits budgetiert waren, sollten nicht zur Auszahlung kommen, soweit es sich noch vermeiden lässt, beschloss die CDU. Wörtlich wurde verlangt, „dass bereits etatisierte Mittel, die noch nicht verbindlich zugesagt wurden, mit einem Sperrvermerk versehen werden und in künftigen Haushalten keine Mittel mehr für die DUH etatisiert werden."

„Wenn ein Abmahnverein mit 278 Mitgliedern und 100 Festangestellten das einzige Ziel verfolgt, unsere Städte lahmzulegen wie beim Diesel, dann müssen wir Klartext sprechen und das nicht weiter dulden. Das geht an die Substanz unseres Landes, und das lassen wir uns nicht gefallen", rief Nordrhein-Westfalens damaliger Ministerpräsident Armin Laschet, Anfang 2021 zum neuen Vorsitzenden der CDU gewählt, auf dem CDU-Parteitag in Hamburg den Delegierten zu.[183]

Der Vorgang war mehr als bemerkenswert: Nie zuvor hatte eine Regierungspartei einen gemeinnützigen Verein derart direkt angegriffen. Es war ein Zeichen dafür, dass die Nerven blank lagen. Schließlich haben Fördermittel des Bundes und der Länder nach pflichtgemäßem Ermessen unter Beachtung des allgemeinen Gleichheitssatzes vergeben zu werden, also neutral, nicht nach dem Gutdünken einer politischen Partei, auch dann nicht, wenn diese die Regierungsmehrheit stellt. Doch damit nicht genug, forderten die Delegierten auf dem CDU-Parteitag am 7. und 8. Dezember 2018 zudem eine Prüfung, ob die Umwelthilfe „noch die Kriterien für die Gemeinnützigkeit erfüllt".[184]

Das war noch hanebüchener, denn die Prüfung der Gemeinnützigkeit eines eingetragenen Vereins wie der DUH hat durch das ortszuständige Finanzamt zu erfolgen, wiederum neutral, nicht nach Parteivorgabe. Ob gemeinnützige Zwecke verfolgt werden, haben die zuständigen Finanzbehörden nach Paragraph 52 der Abgabenordnung zu prüfen, nicht nach Parteibuch.

Die Gemeinnützigkeit ist anzuerkennen, wenn die „Tätigkeit darauf gerichtet ist, die Allgemeinheit auf materiellem, geistigem oder sittlichem Gebiet selbstlos zu fördern".[185]

Eine Organisation oder wie es im Gesetzbuch heißt eine „Körperschaft", die sich zu dieser Gruppe zählen darf, genießt einen immensen Vorteil: Steuerbefreiung. Insbesondere die Körperschaftssteuer, eine Art Einkommenssteuer für Organisationen, entfällt vollständig. Zugleich erhält derjenige, der einer gemeinnützigen Körperschaft Geld zuwendet, eine steuerlich anerkannte Spendenquittung. Das bedeutet für den Geldgeber: Er kann die Finanzspritze an die jeweilige Organisation in seiner Einkommens- oder Körperschaftssteuererklärung als Ausgaben angeben, muss also darauf ebenfalls keine Steuern bezahlen. Man könnte also durchaus von einer doppelten Steuerersparnis sprechen – oder, wenn man es aus dem Blickwinkel aller anderen braven Steuerzahler betrachtet, als eine Steuersubvention. Anders ausgedrückt: Die Gemeinschaft aller Steuerzahler in Deutschland, inklusive 13 Millionen Dieselfahrer, subventionierten die Deutsche Umwelthilfe dabei, Diesel-Deutschland zu ruinieren. So gesehen war es durchaus verständlich, dass die Delegierten auf dem CDU-Parteitag Ende 2018 vielen Menschen aus dem Herzen sprachen, als sie der Anti-Diesel-Organisation die staatliche Unterstützung aberkennen wollten.

Es zeigte jedoch auch die Hilflosigkeit der Politik. Die CDU-Forderung war nämlich nicht nur ein politisch beispielloser Vorfall, sondern auch juristisch bemerkenswert. Unbestreitbar setzt sich die DUH für den Umweltschutz ein, erfüllt also die Voraussetzungen der Gemeinnützigkeit. Zudem entspricht es dem Rechtswesen Deutschlands, dass die Durchsetzung von Umweltrecht auf Verwaltungsgerichtsprozesse in Deutschland angewiesen ist. Das gilt umso mehr, als die EU gar nicht über eigene Behörden zur Umsetzung von Umweltrecht verfügt.

Der Bundesgeschäftsführer der DUH, Sascha Müller-Kraenner hat nicht Unrecht, wenn er es „erschreckend und bedenklich“ nannte, „dass diese Art von Angriff von einer staatstragenden Partei wie der CDU kommt.“ Es sei „verwunderlich, dass eine Organisation, die sich für die Einhaltung europäischer Umweltstandards einsetzt, durch die CDU so unter Beschuss gerät.“ Er hätte ein solches Vorgehen „nur von Parteien des rechten Randes erwartet“. Es sei vor allem "verwunderlich, dass die DUH derart durch die CDU unter Beschuss gerate, da deren (damals) neue Vorsitzende Annegret Kramp-Karrenbauer mehrfach betont habe, ihre Partei habe den Umweltschutz vernachlässigt.“[186]

Tatsächlich hatte sich das politische Deutschland bei der DUH in einem politisch-juristischen Geflecht verfangen, aus dem es kaum ein rechtsstaatliches Entrinnen gab. Die Deutsche

Umwelthilfe schien formal im Recht, selbst wenn sie der Sache nach im Unrecht war oder jedenfalls schwere wirtschaftliche Schäden für das Land und 13 Millionen Dieselaner hervorrief.

Allerdings gab es einen Kniff, den die zuständige Finanzbehörde anwenden könnte, um der Steuersubventionierung der DUH doch noch den Garaus zu machen, die Organisation möglicherweise sogar als Steuerbetrüger zu entlarven. Die DUH schien nämlich kaum neue Mitglieder aufzunehmen. Damit wäre sie eine Art „geschlossene Gruppe". Genau dieses Kriterium schließt sich jedoch mit der Gemeinnützigkeit aus. Vermutlich hat der Verein Angst davor, dass Dieselfahrer zu Tausenden in die DUH eintreten und bei der nächsten Mitgliederversammlung den Vorstand entmachten und die Organisation in gemäßigte Bahnen lenken. Möglich wäre dies, machbar auch – allerdings nur, wenn die Organisation neue Mitglieder aufnehmen würde.

AKK gegen DUH

„Die Umwelthilfe stellt sich zur Zeit selbst infrage, etwa mit der Ankündigung, gerichtlich gegen Feuerwerk an Silvester in Innenstädten vorzugehen", positionierte sich die von Ende 2018 bis Anfang 2021 amtierende ehemalige CDU-Vorsitzende Annegret Kramp-Karrenbauer, hob damit die Deutsche Umwelthilfe einmal mehr auf das politische Parkett. Sie drohte mit deutlichen Worten: „Wir werden uns jetzt die rechtliche Situation anschauen. Aber eine politische Diskussion darüber, ob wir den Feldzug gegen bestimmte Antriebstechnologien, den die Umwelthilfe augenscheinlich gestartet hat, auch noch finanziell fördern, müssen wir schon führen." Also die CDU-Vorsitzende gegen die Deutsche Umwelthilfe – ein bemerkenswerter Vorgang. Es war zwar politisch verständlich, dass sich AKK, wie sich Annegret Kramp-Karrenbauer auch selbst nannte, auf die Seite der Autofahrer schlug, um für sich und ihre Partei Stimmen zu gewinnen für die nächste Bundestagswahl. Aber die Fahrverbote hat natürlich die Gerichtsbarkeit in Deutschland angeordnet, nicht die DUH. Die Rechtslage, die Grenzwerte, die Autohersteller – das waren die Eckpfeiler des „Autoproblems", nicht die DUH, die lediglich einklagte, was geltendes Recht war.

Handelt die DUH legal?

Im Frühjahr 2019 musste sich die Deutsche Umwelthilfe beim Bundesgerichtshof gegen den Vorwurf verteidigen, sie schlage aus ihrem Status als Verbraucherschutzverband missbräuchlich Profit. Geklagt hatte ein Autohaus, nachdem die DUH moniert hatte, dass das Unternehmen auf seiner Homepage einen Neuwagen bewerbe, ohne Informationen zu Spritverbrauch und CO2-Ausstoß anzugeben, wie es die „Pkw-Energieverbrauchskennzeichnungsverordnung" vorsieht. Die DUH sah darin einen Verstoß gegen EU-Recht. Doch der Händler wehrte sich. Die Klage sei rechtsmissbräuchlich, weil die DUH nur an den Einnahmen aus dem Verfahren interessiert sei, um andere Aktivitäten damit zu finanzieren. Es gehe ihr also gar nicht um den Verbraucherschutz. Eine heikle Angelegenheit, immerhin stand die DUH beim Bundesamt für Justiz auf der Liste „qualifizierter Einrichtungen", die Verbraucheraufklärung leisten. Das räumte der DUH das Recht ein, bei Verstößen gegen Verbraucherschutz- und Wettbewerbsrecht sozusagen als „Anwalt der Allgemeinheit" vor Gericht zu ziehen. Die grundsätzliche Frage, um die es beim Bundesgerichtshof ging, lautete: Darf solchermaßen erwirtschaftetes Geld für andere Zwecke verwendet werden. Auf den ersten Blick hatte das gar nichts mit dem Dieseldesaster zu tun, auf den zweiten schon: Die DUH setzte nämlich genau solchermaßen erzielte Gelder ein, um Dieselfahrverbote einzuklagen. Und Dieselfahrverbote fallen nicht unter den Verbraucherschutz. Eben doch, widersprach DUH-Chef Jürgen Resch. Von sauberer Luft in den Innenstädten profitieren letztlich auch die Verbraucher. Informationskampagnen über die Vermeidung von Plastikmüll gelten schließlich auch als Verbraucherschutz.[187] So weitgehend ausgelegt dient natürlich beinahe alles „irgendwie“ dem Schutz der Verbraucher; konsequent wäre in diesem Sinne ein bundesweites Fahrverbot für alle Autos mit Verbrennungsmotor.

Wer meint, dass das Abmahngeschäft der DUH über lange Jahre hinweg (zu) gut läuft, der sollte sich erst einmal auf die Zeit vorbereiten, wenn in Deutschland Sammelklagen so geläufig werden wie in den USA. Wurde die Musterfeststellungsklage Tausender Autofahrer gegen VW noch als Sieg für den Verbraucherschutz gefeiert, so könnte sich die neue Rechtslage alsbald als Bumerang für deutsche Unternehmen erweisen, die sich künftig Massenklagen ausgesetzt sehen. Davon wird nicht nur die DUH profitieren, sondern Deutschland wird dann wohl ein Eldorado für große US-Anwaltskanzleien werden, die mit derartigen Millionen- und Milliardenklagen schon reichlich Erfahrung aus ihrem Heimatland mitbringen.[188]

Die DUH handelt rechtens

Die Abmahnpraktiken der Deutschen Umwelthilfe stellen einen Rechtsmissbrauch dar, lautete jahrelang ein gängiger Vorwurf gegen die DUH. Die Flut von Abmahnungen wegen angeblich oder tatsächlich fehlerhafter Verbraucherinformationen dienten in erster Linie als lukrative Einnahmequelle für den Verein; das sei Rechtsmissbrauch, so die häufige Behauptung. Mitte 2019 stellte der Bundesgerichtshof (BGH) in letzter Instanz klar: Das Vorgehen der DUH ist rechtens. Mit anderen

Worten: Die Deutsche Umwelthilfe darf so weitermachen wie bisher – und wird ihr Engagement vermutlich eher noch weiter ausbauen statt einschränken. Großspurig feierte DUH-Chef Jürgen Resch das BGH-Urteil: „Wir kontrollieren nicht Geringfügigkeiten, sondern nur schwerwiegende Verstöße. Diese Kontrolle wird wohl noch lange – sehr lange – andauern.[189]

DUH gemeinnützig bis 2023

Das zuständige Finanzamt hat der Deutsche Umwelthilfe die Gemeinnützigkeit bis August 2023 bestätigt, ließ der DUH-Geschäftsführer Jürgen Resch verkünden, nachdem sich die Forderungen nach Aberkennung der Gemeinnützigkeit verstärkt hatten infolge der DUH-Forderungen nach Beugehaft für führende Politiker. Neue Nahrung erhielt die Debatte durch eine Entscheidung des Bundesfinanzhofs, dem globalisierungskritischen Netzwerk Attac wegen politischer Kampagnen die Gemeinnützigkeit zu entziehen. Es stellte sich die Frage, ob das Vorgehen der DUH nicht auch derart stark politisierend gewertet werden muss, dass es den Anforderungen an die Gemeinnützigkeit nicht hinreichend genügt.[190]

Zwölf-Punkte-Plan der DUH

Mit einem Zwölf-Punkte-Plan für Klimaschutz und eine zukunftsfähige Automobilindustrie schwang sich die Deutsche Umwelthilfe 2019 auf, weit über das Gebaren eines Abmahnvereins hinausregend eine staatstragende Position einzunehmen. Ihr Anliegen begründete sie damit, sowohl die Umwelt als auch die deutsche Automobilindustrie zu retten. Die DUH gab vor, BMW, Daimler, Volkswagen und Co. vor einem „Nokia-Schicksal“ bewahren zu wollen. Der einstige Weltmarktführer bei Handys wurde bekanntlich binnen weniger Jahre in die

Bedeutungslosigkeit hinweggefegt, nachdem Apple mit dem iPhone eine völlig neue und technologisch grundsätzlich überlegene Geräteklasse der Smartphones vorgestellt hatte. Ein ähnliches Schicksal könnten die deutschen Autobauer erleiden, wenn sie den Verbrennungsmotor bewahren und auf „Monster-SUVs" (DUH) statt auf die neue Elektromobilität zu setzen, begründete die DUH ihren Zwölf-Punkte-Plan. Den Fokus auf die großen Autos bezeichnete DUH-Chef Jürgen Resch als „industriepolitisches Desaster". Spätestens seit 2021 ist klar: Der DUH-Chef hatte recht, mindestens insofern, als die Überlebensfähigkeit der deutschen Automobilindustrie tatsächlich nur mit Elektromobilität gegeben ist. Diese Einsicht hat sich zwischenzeitlich sowohl in der Politik als auch auf Herstellerseite durchgesetzt. Viele Dieselfahrer mögen sich Jürgen Resch und seine DUH als Feindbild ausgesucht haben – aber man kommt wohl nicht umhin, ihm eine gewisse Weitsicht zuzugestehen. Ebenso lässt sich festhalten, dass es Reschs DUH gelungen ist, den Rechtsstaat in seinem Spannungsfeld zwischen Legislative und Judikative einerseits sowie zwischen EU-Recht und bundesdeutscher Gesetzgebung andererseits ein Stück weit vorzuführen. Durch trickreiches, aber letztlich soweit bekannt stets legales Agieren ist es dem Verein gelungen, eine gehörige Portion an Chaos und Unmut in Deutschland zu erzeugen. Es wäre klug, daraus Lehren für die anstehende Gesetzgebung zur Elektromobilität und vor allem für die neue Generation selbstfahrender Autos zu ziehen. Machen wir uns klar, wenn Automobile ohne menschliche Hilfe über die Straßen brausen, eröffnet sich ein ganzes Füllhorn an Konflikten beispielsweise zwischen dem Schutz der Insassen und anderer Verkehrsteilnehmer, zwischen der Sicherheit des Fahrzeugs und dem Datenschutz, zwischen menschlicher und Künstlicher Intelligenz, zwischen dem Fahrwillen des Fahrers/Insassen und einer wie auch immer gearteten übergeordneten Kontrollinstanz und wer weiß auf welchen weiteren Feldern. Der Gesetzgeber ist gut beraten, auf diesem Gebiet besonders sorgfältig vorzugehen, um Vereinen wie der DUH keine neuen Angriffsflächen zu bieten.

Zurück zum Diesel. Reschs Rettungsplan von 2019 sah zwölf Forderungen vor: vier an die Automobilindustrie, sieben an die Bundesregierung und eine Forderung an die Verbraucher. Letztere ist besonders augenfällig: Die Autokäufer sollen mit einem „Verbrenner-Fasten" beginnen. Also: keine neuen Pkw mit Verbrennermotor kaufen und nach Möglichkeit den eigenen Wagen stehenlassen und dafür auf öffentliche Verkehrsmittel umsteigen.[191]

Die Forderungen im Überblick:

Erstens: Die deutschen Autohersteller sollten alle in ihren Fahrzeugen verbauten Abschalteinrichtungen offenlegen, und zwar losgelöst davon, ob sie diese für legal halten oder sie von Behörden oder Gerichten als illegal eingestuft werden.

Zweitens: Die Autobauer sollten ihr Einverständnis erklären, dass das Bundesverkehrsministerium und das Kraftfahrtbundesamt alle relevanten Dieselakten und Messprotokolle der realen Abgasemissionen der vom Dieseldesaster betroffenen Fahrzeuge veröffentlichen dürfen.

Drittens: Die Hersteller sollen sich verpflichten, an allen Diesel-Pkw der Abgasnormen Euro 5 und Euro 5 für die Besitzer kostenfreie Hardwarenachrüstungen durchzuführen.

Viertens: Die Hersteller sollen die Entwicklung und den Verkauf „von besonders klimaschädigenden SUV-Modellen" stoppen.

Fünftens: Pkw, die ausschließlich über einen Verbrennermotor verfügen, sollen ab 2025 in Deutschland nicht mehr zugelassen werden.

Sechstens: Die Zuständigkeit für die Kontrollen der CO2- und Abgasnormen auf der Straße müssten vom Kraftfahrbundesamt auf das Umweltbundesamt übertragen werden.

Siebtens: Alle Hersteller und Importeure müssten „pro Betrugsdiesel" eine Ordnungsstrafe von 5.000 Euro bezahlen.

Achtens: Die „Täuschung von aktuell über 3 Millionen Fahrzeugkäufern, denen die CO2-Emissionen erst nach der Zulassung mit dem Kfz-Steuerbescheid mitgeteilt werden", müsse beendet werden.

Neuntens: Die Subventionierung von Dieselkraftstoff sei zu beenden und die Kfz-Steuer mit einer Bonus-Malus-Regelung entsprechend den realen CO2-Emissionen zu versehen. Zudem müssten unmittelbare wirksame Anreize für die Autoindustrie geschaffen werden, stärker in E-Mobilität zu investieren.

Zehntens forderte die DUH Tempolimits von 120 Stundenkilometern auf Autobahnen und 80 Stundenkilometern außerhalb von Ortschaften. Für die Städte sei eine Richtgeschwindigkeit von 30 Kilometern pro Stunde einzuführen. Die Begründung: Bei den niedrigeren Geschwindigkeiten verlieren E-Autos wesentliche Nachteile gegenüber Verbrennern und die Einführung zumindest teilautonomer Fahrassistenzsysteme ist einfacher.

Elftens: Dienstwagen, deren CO2-Emissionen über dem jeweiligen EU-Jahreszielwert liegen, sollen nicht von der Steuer absetzbar sein.

Der zwölfte Punkt beschreibt das schon erläuterte „Verbrenner-Fasten“.

Zusammengefasst handelte es sich beim Zwölf-Punkte-Plan der DUH um ein Sammelsurium von Forderungen, von denen einige begrüßenswert, andere bedenkenswert und wiederum andere abstrus erschienen. So sprach die DUH mit der Forderung an die Automobilhersteller, endlich die Verantwortung und damit auch die Kosten für die unsäglichen Betrügereien zu übernehmen, sicherlich Millionen von Verbrauchern aus der Seele. Auf überwiegende Ablehnung dürften hingegen die vorgeschlagenen Tempolimits stoßen – obwohl die Begründungen zwar nicht neu, aber dennoch nachvollziehbar sind, ist dieses Thema von äußerster Emotionalität verbunden.

Bedrohter Resch

Wie stark die Anfeindungen auf DUH-Chef Resch sind, wurde 2019 deutlich, als der „Dieselfeind Nummer 1“ darüber klagte, dass die Webseite des Vereins gehackt und sein Smartphone manipuliert worden sei. „Mein Smartphone oder die Technik meines Telefonproviders wurde offenbar so manipuliert, dass ein Anrufer nicht bei mir landete, sondern bei jemand anderem, der sich aber als Jürgen Resch ausgab“, erklärte Jürgen Resch. Zu diesem Zeitpunkt, Anfang 2019, hatte die Umwelthilfe in 35 deutschen Städten Klage wegen unsauberer Luft erhoben. Dass die Behauptungen Reschs völlig aus der Luft gegriffen seien und lediglich PR-Zwecken dienten, ist unwahrscheinlich, weil zumindest das Landeskriminalamt Baden-Württemberg Ermittlungen gegen Unbekannt wegen Raschs Smartphone aufnahm. Andererseits: Die Vermittlungen wurden unverrichteter Dinge wieder eingestellt, das Verfahren verlief im Sande.[192]

Unterstützer wenden sich ab

Während die DUH mit den von ihr angezettelten Fahrverboten möglicherweise einen Flächenbrand entfacht hatte, sah sie sich selbst wohl politisch-juristisch gut aufgestellt, hatte jedoch an einer anderen Stelle zu kämpfen: Unterstützer wendeten sich ab. Im Herbst 2018 hat der Brauereikonzern Krombacher augenscheinlich seine Zahlungen an den Verein eingestellt, der japanische Autobauer Toyota beendete seine Geldzuwendungen an die autokritische Lobbygruppe 2019. Einen Zusammenhang mit dem Engagement der DUH, in vielen deutschen Städten Dieselfahrverbote gerichtlich durchzusetzen, gab keiner zu. Aber es war offensichtlich, dass die früheren Unterstützer der DUH vom Ausmaß der Anti-Diesel-Welle überrascht waren und den Zorn der Bevölkerung fürchteten. Welche Dieselfahrer würde schon Krombacher trinken, wenn klar wird, dass die Bierbrauer tatkräftig geholfen haben, ihm sein Auto zu vermiesen?[193]

Dieselfahrer finanzieren ihren Untergang

Ein Vorwurf wurde im Zusammenhang mit der DUH häufig genannt: Die Dieselfahrer finanzierten über Steuerzahlungen ihren eigenen Untergang. Typisches Beispiel hierfür war das Projekt „Informationskampagne Stickstoff“. Das vom Bundesumweltministerium finanziell massiv geförderte Projekt rief unter anderem ausdrücklich dazu auf, keine Dieselwagen mehr zu fahren.

Ebenso merkwürdig war der „Bürgerdialog Stromnetz“, an dem die DUH als Teil eines Dreierkonsortiums unter anderem mit einer Kommunikationsagentur beteiligt war. Der „Bürgerdialog Stromnetz“ war im Auftrag des Bundeswirtschaftsministeriums damit befasst, die staatlich verordnete Energiewende in möglichst positivem Licht erscheinen lassen. Die Bundesregierung stellte dazu auf Anfrage eines Bundestagsabgeordneten klar: „Die an die Initiative Bürgerdialog Stromnetz ausgezahlten Mittel für die im Preisblatt ausgewiesenen Leistungen werden an das Konsortium, die Bürgerdialog Stromnetz GbR, und nicht an einzelne Konsortialpartner ausgezahlt. Die Summe der an das Konsortium ausgezahlten Mittel berührt verfassungsrechtlich Betriebs- und Geschäftsgeheimnisse der Auftragnehmer. Unter Abwägung... hat die Bundesregierung die erfragten Informationen zum Mittelvolumen als Verschlusssache „VS – Vertraulich“ eingestuft.“[194]

Mit anderen Worten: Die finanziellen Fördermittel flossen nicht der DUH direkt zu, sondern „lediglich“ dem Konsortium, an dem die DUH beteiligt war. Und: Welche Summe tatsächlich flossen ist Geheimsache und ging selbst die Abgeordneten des Bundestags nichts an. Wer so vorgeht, darf sich nicht wundern, wenn der Eindruck entsteht, die Aktionen der Umwelthilfe wurden auf höchster politischer Ebene ausdrücklich unterstützt, aber man wollte die Öffentlichkeit möglichst wenig darüber informieren. Transparente Demokratie funktioniert anders.

Die schmutzigste Straße Deutschlands

Schon frühzeitig verließ die Dieseldiskussion die rationale Ebene. Beispielhaft hierfür stand der fast schon verzweifelte Versuch von Greenpeace, das Thema Umweltbelastung durch Dieselmotoren an sich zu reißen, das die DUH so ganz und gar besetzt zu haben schien.

Unter der Überschrift „Die schmutzigste Straße Deutschlands“ brachte Greenpeace am 19. Februar 2018 eine Aussendung an die Presse auf den Weg, die an Theatralik und irrationalen Aussagen kaum noch zu überbieten war:[195]

Greenpeace-Aktivisten protestieren mit Performance auf schmutzigster deutscher Straße

Vor Urteil zu Fahrverboten: Umweltschützer fordern saubere Luft in Städten

19.02.2018

Gegen gesundheitsschädliche Dieselabgase demonstrieren 40 Greenpeace-Aktivisten heute mit einer Performance auf Deutschlands schmutzigster Straße, dem Neckartor in Stuttgart. In weißen Ganzkörperanzügen stellen sie symbolisch auf zwei der sechs Fahrspuren eine Gruppe Atemwegserkrankter dar, die vor schmutziger Stadtluft flieht. Die Flüchtenden husten und ringen um Luft, bis Sauerstoffmasken sie wieder atmen lassen. Die Aktivisten fordern auf Schildern "Saubere Luft ist unser Recht" und "Lasst uns Luft zum Atmen". An diesem Donnerstag wird ein Urteil des Bundesverwaltungsgerichts in Leipzig zu drohenden Fahrverboten für Diesel-Pkw erwartet. "Die Bundesregierung drückt sich davor, schmutzige Autos aus Innenstädten fern zu halten. Deswegen müssen jetzt Richter entscheiden, wie Menschen vor giftigen Autoabgasen geschützt werden", sagt Niklas Schinerl, Verkehrsexperte von Greenpeace. "Nur mit Fahrbeschränkungen wird sich die Luft in den Städten schnell genug verbessern. Es ist Aufgabe der nächsten Bundesregierung, den Autofahrern endlich Klarheit zu verschaffen."

Das Bundesverwaltungsgericht entscheidet am Donnerstag, ob Städte mit besonders hoher Stickoxid-Belastung Fahrverbote für

Diesel-Pkw verhängen können. In etwa 70 deutschen Städten wurde auch im vergangenen Jahr der EU-Grenzwert für das hauptsächlich aus Diesel-Pkw stammende Reizgas Stickstoffdioxid (NO2) überschritten. Weil die Bundesregierung keine Lösung für dieses seit Jahren bestehende Problem parat hat, droht Deutschland eine Klage vor dem Europäischen Gerichtshof und potenziell hohe Strafzahlungen. Kurzfristig senken lassen sich die zu hohen NO2-Konzentrationen nur, wenn Diesel-Pkw die Zufahrt verwehrt wird. Dies hat ein Gutachten des Verkehrsministeriums Baden-Württemberg für Stuttgart bereits im Jahr 2016 festgestellt.

NO2 erhöht Risiko für Asthma und Lungenkrebs

Die Gesundheitsrisiken durch Stickoxide vor allem für Kinder wurden in mehreren Studien nachgewiesen. Bereits ein um zehn Mikrogramm erhöhter Wert steigert die Wahrscheinlichkeit für ein Kind, an Asthma zu erkranken, um 15 Prozent. Am Neckartor wurde der EU-Grenzwert von 40 Mikrogramm pro Kubikmeter Luft im vergangenen Jahr um mehr als 30 Mikrogramm überschritten. Auch in Dutzenden anderen Städten liegen die Belastungen deutlich über dem Grenzwert.

Doch aller theatralischer Geste zum Trotz gelang es Greenpeace nicht, das Thema ernsthaft an sich zu reißen. Als Feind des Dieselfahrers hatte sich längst die Deutsche Umwelthilfe etabliert. Diesen Ruf pflegte die DUH fleißig weiter, nicht nur auf dem automobilen Sektor.

Silvester ohne Feuerwerk

Wenn es nach der Deutschen Umwelthilfe ginge, wäre 2018/19 der letzte Jahreswechsel gewesen, der in Deutschland mit Feuerwerk begrüßt wurde. Die DUH wollte ein Feuerwerksverbot zumindest in den Innenstädten durchsetzen, notfalls wie beim Diesel per Gerichtsurteil.[196]

Die in weiten Teilen der Bevölkerung längst verhassten Umweltschützer verwiesen auf wissenschaftliche Untersuchungen, denen zufolge beim alljährlichen Silvesterfeuerwerk innerhalb weniger Stunden rund 5.000 Tonnen Feinstaub in die Luft geblasen werden. Allein die Böllerpartikel sollen 17 Prozent der jährlich im Straßenverkehr entstehenden Menge an Feinstaub entsprechen. Die DUH regte als Abhilfe „zentrale und professionell veranstaltete Feuerwerke“ außerhalb der Städte an. Ganz nebenbei wies die DUH auch auf viele Brände und Verletzungen durch Silvesterböller und mit Schwarzpulver getriebene Raketen hin.

Vor allem aus diesem Grund herrschten in vielen deutschen Gemeinden und Städten ohnehin schon Einschränkungen und Verbote beim Silvesterknallen. 2018/19 galt dies beispielsweise schon für Bremen, Bielefeld, Hannover, Konstanz, Ravensburg und Straubing.

Dennoch groß der DUH-Vorstoß natürlich Wasser auf die Mühlen all derer, denen die Dieselfeinde ohnehin schon ein Dorn im Auge waren. Haben sich die Greenpeace-Aktivisten über Jahrzehnte hinweg einen treuen Freundeskreis an Umweltschützern erarbeitet, so gelang es der DUH offenbar mühelos, deutlich schneller einen vermutlich größeren Feindeskreis um sich zu versammeln. Der Wegfall der Silvesterfeuerwerke zum Jahreswechsel 2020/21 aus Coronaschutzgründen dürfte der umweltschädlichen Knallerei zusammen mit dem Umweltbedenken möglicherweise dauerhaft den Garaus gemacht haben. Die DUH formulierte hierzu kurz vor Weihnachten 2020:

Das Verkaufsverbot für Pyrotechnik ist eine gute Nachricht für die saubere Luft und für Notaufnahmen in den überlasteten Krankenhäusern – und damit für uns alle. Damit wurde erstmalig davon abgesehen, zum Jahreswechsel Sprengstoff in die Hände von Betrunkenen zu geben. Das Böller-Verkaufsverbot 2020 hat klar Wirkung gezeigt: Die Feinstaubwerte und Zahl der Verletzten haben sich im Vergleich zum Vorjahr stark reduziert. Allerdings war die Luftbelastung vor allem dort immer noch deutlich zu hoch, wo keine konkreten Verbotszonen oder Ausgangssperren verhängt wurden. Das zeigt: Böllerverbote schützen Leben und Gesundheit. Es war ein Beispiel für die „Kreativkraft" der DUH, die uns in den 2020er Jahren noch weiter begleiten wird.

DUH gegen Bundesregierung

So verklagte die DUH im September 2020 die Bundesregierung auf Einhaltung der Klimaziele im Verkehr. Doch damit nicht genug, erhob sie am 9. März 2021 Klage gegen die Bundesregierung auf Einhaltung der Klimaziele in den Sektoren Energie, Industrie, Gebäude und Landwirtschaft. Im Klimaschutzgesetz hat die Bundesregierung Ende 2019 jährliche Höchstmengen klimaschädlicher Treibhausgase festgelegt. Die bislang vorgesehenen Maßnahmen reichen nicht aus, um diese Höchstmengen in den Sektoren einzuhalten, erklärte die DUH.[197]

DUH-Chef Jürgen Resch sagte dazu im Frühjahr 2021: „Es gibt sektorenübergreifend eklatante Lücken bei der CO2-Minderung. Der Einmal-Effekt durch die Corona-Pandemie wird die Bundesregierung dabei nicht retten. Genau wie im Verkehrsbereich mit einem generellen Tempolimit gibt es auch in anderen Sektoren kurzfristige Maßnahmen für weniger klimaschädliche

Emissionen. Gerade in der Industriepolitik muss der Umbau der Autohersteller weg vom Verbrenner und hin zur emissionsfreien Mobilität massiv beschleunigt werden. Selbst die Gutachten der Bundesregierung attestieren dem eigenen Klimaschutzgesetz mangelnde Wirkung in fast allen Bereichen. Diese Baustellen muss die Bundesregierung noch im Wahljahr angehen, um nicht völlig ihre Glaubwürdigkeit zu verlieren.“[198]

Beugehaft gegen Landesregierung

Schon zuvor, Anfang August 2019, leitete die Deutsche Umwelthilfe eine andere Eskalationsstufe in Sachen Dieseldesaster ein. Der Verein beantragte Beugehaft gegen Mitglieder der Landesregierung Baden-Württembergs, um ein flächendeckendes Fahrverbot für Euro-5-Dieselfahrzeuge durchzusetzen. Im Visier der DHU standen konkret Ministerpräsident Winfried Kretschmann, Innenminister Thomas Strobl und der Stuttgarter Regierungspräsident Wolfgang Reimer. Für alle drei Politiker beantragte die DUH bis zu sechs Monate Gefängnis, sollte das Urteil des Verwaltungsgerichts Stuttgart vom Juli 2017, das vom Bundesverwaltungsgericht bestätigt wurde, nicht umgesetzt werden.[199] Laut Urteil musste der Stuttgarter Luftreinhalteplan auch zonale Fahrverbote für Euro-5-Diesel in der bereits existierenden Umweltzone enthalten. Bis Sommer 2019 war genau dies jedoch von der Politik nicht vorgenommen worden. Ganz im Gegenteil hatten die bisher gerichtlich erwirkten Androhungen und Festsetzungen von Zwangsgeldern nichts gefruchtet.

Über Baden-Württemberg hinaus nahm die Deutsche Umwelthilfe auch Landespolitiker in Bayern ins Visier. Auch in diesen Fällen klagte der Verein auf Zwangshaft gegen bayerische Politiker, unter anderem Ministerpräsident Markus Söder, wegen Missachtung von Gerichtsurteilen.[200]

Tempo 120 auf der Autobahn

Mit dem Einklagen von Dieselfahrverboten schwang sich die Deutsche Umwelthilfe zum „Feind Nummer 1“ der deutschen Dieselfahrer auf. Mit der Ankündigung, sich für ein generelles Tempolimit von 120 Stundenkilometern auf allen Autobahnen einzusetzen, brachte die DUH beinahe alle Autofahrer gegen sich auf. Wiederum sah sich der Verein als Vorkämpfer für die Umwelt: Durch das Tempolimit lässt sich auch Klimaschutz im Verkehr durch diejenigen Autos erreichen, die schon auf der Straße sind, argumentierte DUH-Chef Jürgen Resch. Unmissverständlich stellte er klar: „Ja, wir prüfen auch, welche juristischen Möglichkeiten wir hier für die Durchsetzung haben.“ Gezielter konnte man sich den Autofahrer in Deutschland wohl nicht zum Feind machen.[201]

Der Vorschlag war nicht neu; seit Jahren wurde über die Einführung eines Tempolimits auf deutschen Autobahnen diskutiert. Wer in den europäischen Nachbarländern unterwegs ist, hat längst gelernt, damit umzugehen, und häufig auch erfahren, dass man damit durchaus entspannter unterwegs ist. Doch in Deutschland war und ist es hochumstritten; 2013 scheiterte der damalige SPD-Vorsitzende Sigmar Gabriel mit einem entsprechenden Vorstoß.

„Freiheit für freie Bürger“ drückt sich in der deutschen Volksseele nun einmal auch mit „Rasen ohne Grenzen“ aus. Viele empfinden eine allgemeine Geschwindigkeitsbegrenzung als Eingriff in ihre persönliche Freiheit. Hinzu kommt, dass auf 40 Prozent der Autobahnen heute schon die Höchstgeschwindigkeit beschränkt ist. Die Argumente für das allgemeine Tempolimit sind ebenso klar: weniger Verkehrstote, geringere CO2-Emissionen und – häufig übersehen – weniger Staus.

Wenn die DUH das Tempolimit nicht per Gericht durchsetzt, wird es vermutlich spätestens im Zusammenhang mit selbstfahrenden Autos kommen. Die Wagen werden kaum mit 250 Stundenkilometern ohne Fahrer über die Straßen rasen. Teslas „Autopilot“ hat es von Anfang an nur bis 130 Kilometer geschafft, die heutigen Fahrassistenzsystem von Daimler oder BMW arbeiten je nach Modell bis 180 oder 200 Stundenkilometer. Die Frage der Zukunft ist also wohl weniger, ob das Tempolimit kommt oder nicht, sondern bei welcher Geschwindigkeit. Dann wird die bisher hochpolitische Frage auf einmal zu einer technischen Herausforderung. Bis zu welcher Geschwindigkeit können die selbstfahrenden Autos sicher über die Autobahn gleiten? Gegen ein technisch bedingtes Limit bei 200 oder auch nur 180 Stundenkilometer würden vermutlich die wenigsten Autofahrer Sturm laufen. Wenn man sich erst einmal daran gewöhnt hat, dass einen der Wagen automatisch kutschiert, wird sich die Mehrheit sowieso lieber ohne eigenes Zutun mit 180 oder sogar nur 160 Kilometern pro Stunde fahren lassen statt bei 250 Stundenkilometern den Rennfahrer zu mimen.

Anfang 2019 schlug allerdings die „Nationale Plattform Zukunft der Mobilität“ (NPM) ein allgemeines Tempolimit von 130 Stundenkilometern auf Autobahnen deutlich vor der Einführung selbstfahrender Autos vor. Diese im September 2018 eingerichtete Plattform war kein Abmahnverein wie die DUH und ließ sich auch nicht im linken oder rechten Parteienspektrum verorten, sondern es handelte sich dabei um ein von der Bundesregierung selbst eingesetztes Beratungsgremium. Aufgabe war es, „unter der Federführung des Bundesverkehrsministeriums in sechs Arbeitsgruppen verkehrsträgerübergreifende Lösungsansätze für eine nachhaltige, bezahlbare und klimafreundliche Mobilität zu entwickeln."[202]

Der damalige Bundesverkehrsminister Andreas Scheuer ließ wissen: „Die Mobilität von morgen ist das zentrale Zukunftsthema für unser Land. Mit der neuen Plattform holen wir alle an einen Tisch, um gemeinsam kreative, neue Ideen zu entwickeln. Mehr Mobilität und bessere Luft in den Städten sind kein Widerspruch. Neue Antriebsformen, neue Mobilitätskonzepte für unsere Städte und die ländlichen Regionen, das ist unsere Zukunft!" Anders formuliert: Was die Berater formulieren, kommt beinahe schon aus dem Ministerium selbst.

Dem Lenkungskreis der NLP, also dem obersten Gremium, arbeiteten sechs Arbeitsgruppen zu:

AG 1: Klimaschutz im Verkehr;

AG 2: Nachhaltige Mobilität: alternative Antriebe und Kraftstoffe;

AG 3: Digitalisierung, Automatisiertes Fahren und neue Mobilitätskonzepte;

AG 4: Sicherung des Mobilitäts- und Produktionsstandortes, Batteriezellproduktion, Rohstoffe und Recycling, Bildung und Qualifizierung;

AG 5: Sektorkopplung (insbesondere Verknüpfung der Verkehrs- und Energienetze); AG 6: Standardisierung, Normierung, Zertifizierung und Zulassung.

Die Federführung für die Arbeitsgruppen 1 bis 3 lag beim Bundesverkehrsministerium (AG 1 gemeinsam mit dem Bundesumweltministerium) und für die Arbeitsgruppen 4 bis 6 beim Bundeswirtschaftsministerium. Durch die Einrichtung einer Beratenden Kommission wurde auch der Deutsche Bundestag am Arbeitsprozess beteiligt. Die konstituierende Sitzung des Lenkungskreises fand am 26. September 2018 statt. Doch erst der Vorschlag eines generellen Tempolimits von 130 auf deutschen Autobahnen Anfang 2019 brachte die „Nationalen Plattform Zukunft der Mobilität“ ins Bewusstsein der breiten Öffentlichkeit. [203] Für die Regierungskommission stellte das allerdings nur einen einzigen Aspekt eines recht umfangreichen Katalogs von Maßnahmen dar, mit denen Verkehrspolitik und Klimaschutz in einen besseren Einklang gebracht werden sollen

So sollten beispielsweise auch die Steuersätze für Diesel und Benzin ab 2021 angeglichen werden. Bislang wurde Diesel mit etwa 22 Cent weniger besteuert als Benzin, was Umweltschützer schon lange kritisierten, weil davon natürlich auch die Besitzer großer Dieselllimousinen und SUVs profitieren. „Angleichung“ bedeutete allerdings nicht, dass die höheren Benzinsätze auf Dieselniveau gesenkt werden sollten, sondern ganz im Gegenteil sollte es nach den Vorstellung der regierungsnahen Mobilitätsplattform für die Autofahrer hierzulande immer teurer werden. Zunächst war nach der Angleichung 2021 eine weitere Steuererhöhung um drei Cent pro Liter für 2023 vorgesehen. Doch danach sollt es erst richtig losgehen: Jahr für Jahr war ein Steueraufschlag von jeweils einem Cent vorgesehen, bis 2030 schließlich zehn Cent erreicht werden. In Summe würde der Steuersatz den Vorschlägen zufolge bis dahin um 52 Cent steigen.

Die Regierungskommission machte auch kein Hehl aus den Zielen ihrer Steuerschröpfungspolitik: Es geht darum, eine „geringere Fahrleistung“ der Autos und eine „Verlagerung auf Bahn, Rad- und Fußverkehr“ zu erreichen. Wer dennoch ein eigenes Auto bevorzugt, sollte zu einem möglichst kleinen und umweltfreundlichen Wagen gedrängt werden. Hierzu sollte beim Kauf von Autos mit besonders hohem Verbrauch eine Abgabe von mehreren Hundert Euro erhoben werden. Mit dem Geld könnte eine Förderprämie für die Käufer von Elektroautos in Höhe von 8.000 Euro gewährt werden, regte die Expertenkommission an. Dadurch sollte die „Nachfrage effizienter Verbrenner und E-Pkw“ erhöht werden. Mit Begriffen wie „nachhaltige Klimaschutzpolitik“, „Chance für ein innovatives Mobilitätssystem“ und einem „wichtigen Beitrag zu einer aktiven Gestaltung des Transformationsprozesses“ wollte die Kommission der Politik, der Industrie und eventuell auch den Bürgern schmackhaft machen.[204]

Es war der automobile Auftakt für die politische Agenda 2019, auf der unter anderem auch ein neues Klimaschutzgesetz stand. Mit der „freien Fahrt“ dürfte es also in den nächsten Jahren bald vorbei sein, ob es damit auch mit den „freien Bürgern“ vorbei ist, muss jeder aus seiner eigenen Perspektive heraus selbst entscheiden. Denn machen wir uns nichts vor: Wenn auf der linken Spur lichthupende Raser mit Tempo 250 angeprescht kommen, in der Mitte mit gemütlichen 130 gefahren wird und rechts die Lkw-Kolonne mit 100 Stundenkilometern dahin zockelt, birgt das schon eine gewisse Gefahr in sich und ein Spurwechsel gerät leicht zum Nervenkitzel, den keineswegs jeder haben will. Es gibt also nicht nur umweltbedingte Gründe, eine Geschwindigkeitsbegrenzung zumindest anzudenken. Muss diese bei Tempo 130 liegen? Eigentlich nicht, Tempo 160 wäre auch denkbar. Aber dann ist natürlich die Umwelt mehr belastet als beim Schleichtempo.

Die vielen Toten

Deutschland ist das einzige Land in Europa, in denen es auf Autobahnen keine allgemeine Geschwindigkeitsbegrenzung gibt. Neben dem Umweltschutz werden regelmäßig die vielen Verkehrstoten als Argument für ein Tempolimit auf Autobahnen herangezogen. Klar ist: Wenn Autofahren und Zweiradfahren grundsätzlich und überall verboten würde, hätten wir keine Verkehrstoten. Die Absurdität des Beispiels zeigt, dass es um die Frage der Verhältnismäßigkeit geht. Lassen wir die Zahlen sprechen.

In Deutschland haben wir im Durchschnitt 4,3 Verkehrstote pro 100.000 Einwohner zu beklagen. Es gibt weltweit 14 Länder, in denen dieser Durchschnitt geringer ist, darunter San Marino, Mikronesien, Kribati und die Malediven. In diesen Mikrostaaten schwanken die Zahlen von Jahr zu Jahr erheblich, weil manchmal schon ein einziger Unfall ausreicht, um den Schnitt deutlich zu verschieben. In anderen Ländern sprechen die Zahlen für sich (Verkehrstote im Jahr pro 100.000 Einwohner): Japan (4,7), Frankreich (5,1), Italien (6,1), Polen (6,3), USA (10,5), Südkorea (12,0), Russland (18,9). Jeder Toter ist einer zuviel, keine Frage, aber im internationalen Vergleich steht Deutschland in dieser Hinsicht recht gut dar.[205]

Die Crux mit der Richtgeschwindigkeit

Seit 1978 gibt es in Deutschland eine flächendeckende Geschwindigkeitsvorgabe, die Richtgeschwindigkeit von 130 Stundenkilometern. Sie gilt auf allen Autobahnen ohne Tempolimit. In der Praxis wird sie in der Regel schlichtweg ignoriert, weil sie als unerheblich gilt, ungefähr genauso wirksam wie der Wunsch, die Sonne mögen scheinen. Tatsächlich ist kein Bußgeld vorgesehen, wenn man die Richtgeschwindigkeit überschreitet.

Was kaum jemand weiß: Wenn es bei einer höheren Geschwindigkeit als dem Richtwert zu einem Unfall kommt, vertreten die Gerichte regelmäßig die Auffassung, dass den Raser eine Mitschuld trifft. Die Autofahrer mit der höheren Geschwindigkeit wird je nach Fall zu einer Mithaftung von 20 bis 40 Prozent verurteilt.[206]

Diese gängige Rechtsprechung geht zurück auf einen Fall aus dem Jahr 1992. Damals fuhr ein Sportwagen mit 180 Stundenkilometern auf der linken Spur, als völlig überraschend ein Fahrzeug von der Mittelspur ausscherte. Der Sportwagenfahrer trug keine Schuld, und dennoch musste er einen Teil des Schadens tragen, urteilte der Bundesgerichtshof, einfach, weil er so schnell gefahren war.[207]

Zieht man jetzt noch hinzu, dass es ohnehin kaum eine Autobahnfahrt gibt, in der man nicht de facto ohnehin bestenfalls auf einen Durchschnitt von 130 Stundenkilometern kommt, so erscheint eine generelle Geschwindigkeitsbegrenzung der Sache nach unerheblich. Die ständigen Staus, hervorgerufen durch Baustellen und Unfälle, tun ihr übriges. Es geht also nur um wenige Minuten, in denen wir unterwegs auf das Gaspedal treten können, um uns frei zu fühlen, den Geschwindigkeitsrausch zu genießen, anderen zu zeigen, dass wir ein dickeres Auto fahren, dass wir ein toller Typ sind. Es ist also eine Diskussion, in der es um Glücksmomente geht. Das erklärt auch die Irrationalität der Debatte.

Wohl um der Bevölkerung eben diese Glückmomente nicht zu nehmen, lehnte die Bundesregierung Anfang 2019 ein allgemeines Tempolimit auf deutschen Autobahnen klar und deutlich ab. „Es gibt noch intelligentere Steuerungsmöglichkeiten als ein Tempolimit“ begründete sie die Ablehnung.[208]

Ist die Sache damit vom Tisch? Womöglich nicht. Druck gibt es weiterhin aus der Politik: Die Grünen im Aufwind und seit 2021 immerhin Regierungspartei bleiben bei der Forderung nach einer Geschwindigkeitsbegrenzung, die SPD bleibt weiterhin unentschlossen. Und natürlich steht es der DUH – oder jedem anderen Verein – unbenommen, gegen das unbegrenzte Rasen vor Gericht Klage zu erheben. Die Chancen dafür stehen recht hoch – nicht zuletzt, weil immerhin eine von der Bundesregierung eingesetzte Kommission sich glasklar für ein Tempolimit ausgesprochen dieses auch wohlbegründet hat.

Besser Tempo 80 statt 120

Tempo 120 scheint einigen Politikern indes nicht langsam genug. In Bremen jedenfalls forderten sie bereits 2019 nächtliche Begrenzungen auf 80 Stundenkilometer auf einer Reihe von Autobahnabschnitten. Der Bremer Grünenfraktion ging es dabei allerdings nicht nur um CO2 noch um Feinstaub, sondern vor allem um die Lärmbelastung. Von 22 Uhr abends bis 6 Uhr morgens sollte bei Tempo 80 Ruhe auf Autobahnen entlang von Wohngebieten herrschen. Der Stadtstaat führte bereits 2008 als erstes Bundesland eine allgemeine Geschwindigkeitsbegrenzung auf Tempo 120 für immerhin 60 Kilometer Autobahn ein. Wenn man in diesem Zehnjahresrhythmus die Höchstgeschwindigkeit weiter reduzierte, wären wir im Jahr 2028/29 bei 40 Stundenkilometern, lässt sich eine nicht ganz ernst gemeinte Rechnung aufstellen.

Volvo prescht vor

Ähnlich wie bei der Elektromobilität positionierte sich Volvo auch beim Thema Geschwindigkeitsbegrenzung als besonders innovativ. Anfang 2019 verkündet der schwedische Hersteller, die Höchstgeschwindigkeit seiner Wagen ab 2020 auf 180 Kilometer pro Stunde zu begrenzen. Das war ein äußerst geschickter Schachzug, weil einerseits die meisten Volvo-Fahrer ohnehin nicht schneller fahren dürften, und andererseits damit ein zukunftsweisendes Signal gesetzt wurde. Die künftigen Generationen der autonom fahrenden Fahrzeuge werden mutmaßlich jedenfalls im Autonommodus auch nicht schneller als 180 Stundenkilometer fahren.

2021 kündigte Volvo an, ab 2030 gar keine Autos mehr mit Verbrennungsmotor zu verkaufen. Darunter fielen auch die Hybride, ab 2030 sollen nur noch elektrische Antriebe von Volvo zu haben sein. Es war ein mutiger Schritt – immerhin waren 2021 noch weltweit 1,35 Milliarden Wagen mit Verbrennungsmotor unterwegs. Allerdings hatten zu dieser Zeit Großbritannien, Dänemark, Irland, die Niederlande und Slowenien bereits ein Verkaufsverbot für Autos mit Verbrennungsmotor ab 2030 angekündigt.[209] Spanien und Frankreich wollen bis 2040 nachziehen. In den USA hat sich der wichtige Absatzmarkt Kalifornien sich auf 2035 festgelegt. 40 Prozent des deutschen Autoexports gingen 2021 in Länder, die bis 2040 den Ausstieg verkündet haben.[210]

Ebenso innovativ könnte sich der Denkanstoß von Volvo aus dem Jahr 2019 erweisen, Fahrzeuge künftig mit einer intelligenten Geschwindigkeitssteuerung auszurüsten. Dadurch könnten die Autos beispielsweise vor Schulen oder Krankenhäusern automatisch auf eine geringe Geschwindigkeit begrenzt werden. Die Technologie dafür ist schon länger vorhanden: Durch Geofencing lassen sich bestimmte Bereiche und Straßenabschnitte festlegen, bei denen der Wagen automatisch abbremst. Dieses Gedankengut herrschte auch schon länger in der Politik vor. [211]

EU-Tempobremse ab 2022

Spätestens 2019 wurde für die Öffentlichkeit erkennbar, wie die Europäische Union die technischen Verbesserungen der Assistenzsysteme hin zum autonomen Fahren nutzen will: zur Überwachung der automobilen Gesellschaft. So rief das European Transport Safety Council (ETSI) alle Autohersteller dazu auf, ab 2022 einen „Intelligent Speed Assist" (ISA) in alle Neuwagen fest einzubauen. ISA reduziert die Motorleistung, sobald das Fahrzeug schneller fährt als erlaubt ist. Hierzu ist im Wagen eine Kamera angebracht, die Verkehrsschilder lesen und Tempolimits automatisch erkennen kann. Der Wagen bremst nicht direkt ab, verringert aber durch die gedrosselte Motorleistung die Geschwindigkeit. Zwar kann der Autofahrer kurzfristig beschleunigen, in dem er fester auf das Gaspedal drückt, etwa um einem Hindernis auszuweichen. Wird jedoch zu lange Gas gegeben, blinken Warnleuchten auf und der Assistent bremst den Wagen wieder ab.[212]

So wird aus dem Assistenz- ein Bevormundungssystem. Am 26. März 2019 hat das Europäische Parlament den ETSC-Vorschlag verabschiedet, nach dem ISA ab 2022 für alle Neuwagen in Europa zur Pflicht wird. Doch das ist nicht alles. Neben der Tempobremse kamen seit 2020 zahlreiche weitere Pflichtsysteme für Neuwagen hinzu. Dazu gehörte auch ein Warnsystem, das anschlägt, wenn der Fahrer Anzeichen von Müdigkeit aufweist oder eine Ablenkung auftritt, etwa durch die Bedienung eines Smartphones während der Fahrt. Hinzu kamen Rückfahrkameras und -sensoren, ein Spurhalteassistent, ein erweitertes Notbremsassistenzsystem und crashtesterprobte Sicherheitsgurte. Freilich sind alle diese Systeme dazu geeignet, die Sicherheit im Verkehr zu erhöhen. So stellen aber ebenso klar eine Bevormundung, man könnte auch sagen Entmündigung, des Fahrers dar. Den Argumenten der EU-Kommission lässt sich indes nur schwerlich begegnen: Sie will damit im Zeitraum bis 2038 mehr als 25.000 Menschenleben retten und mindestens 140.00 schwere Verletzungen vermeiden. Das geht konform mit dem EU-Ziel „Vision Null", nämlich die Zahl der Toten und Schwerverletzten im Straßenverkehr bis 2050 auf nahezu null zu reduzieren.[213] Es wäre wohl böswillig, darauf hinzuweisen, dass sich dieses Ziel viel früher erreichen lässt, indem man einfach den Individualverkehr insgesamt verbietet.

Eine Studie des Automobilverbands FIA warnte 2021 vor diversen Fehlerquellen in den ab 2022 vorgeschriebenen Assistenzsystemen. Die hauptsächliche Befürchtung: Die Fahrer sind weitgehend ahnungslos, wie die Assistenten funktionieren, und daher mit der Funktionalität überfordert. Je nach Fahrassistenzsystem verstehen zwischen 70 und 99 Prozent der Fahrer nicht, was vor sich geht, förderte die FIA-Studie zutage.[214] Folgende Systeme waren im Test, die auch von der EU eingeführt werden sollen:

- Advanced Emergency Breaking (AEB) – Bremsunterstützung im Notfall;
- Intelligent Speed Assistance (ISA) – informiert über geltende Geschwindigkeitslimits und warnt;
- Emergency Stop Signal (ESS) – warnt nachfahrende Autos im Falle einer starken Bremsung;
- Adaptive Cruise Control (ACC) – hält eine eingestellte Geschwindigkeit und den dabei nötigen Sicherheitsabstand, bremst und beschleunigt dafür selbst;
- Lane Keeping System (LKS) – hält das Auto innerhalb der Fahrspur;

- Driver Monitoring (DM) – erkennt, ob der Fahrer müde oder abgelenkt ist.

Ab Mai 2022 sind diese Systeme in der EU für alle neu homologierten Fahrzeuge Pflicht, ab Mai 2024 auch für alle erstmals zugelassenen. Die Befürchtung des Verbandes: Die Autos könnten künftig bremsen, beschleunigen, lenken, piepsen oder am Lenkrad rütteln, ohne dass die Fahrer überhaupt wissen, warum. Die EU kümmerte das weniger. Elżbieta Bieńkowska, EU-Kommissarin für Industrie, gab 2021 bekannt: „Mit den erweiterten Sicherheitsmerkmalen werden wir eine ähnlich große Wirkung erzielen wie seinerzeit mit der Einführung der ersten Sicherheitsgurte. Viele der neuen Funktionen gibt es schon heute, vor allem aber in Fahrzeugen der Luxusklasse. Jetzt erhöhen wir das Sicherheitsniveau generell für alle Kraftfahrzeuge.“[215]

Angesichts von rund 25.000 Verkehrstoten und 135.000 Verletzten pro Jahr in der EU wäre das zweifelsohne wünschenswert.[216] Langsamer fahren hilft natürlich auch schon.

Tempo 130 bis 150 heute schon

Wie eine Studie des Bundesverkehrsministeriums anhand von Messungen zwischen 2010 und 2014 verdeutlichte, sind die meisten Autofahrer in etwa mit Tempo 130 bis 150 auf deutschen Autobahnen unterwegs – auch auf Strecken ohne Geschwindigkeitsbegrenzung. Nur jeder zehnte fährt schneller als 150 Stundenkilometer. Die hochgeheizte Diskussion um das Für und Wider einer Geschwindigkeitsbegrenzung ist also eher emotional zu verstehen, nicht rational. Aus eben diesem Grund hatte wohl auch das Verkehrsministerium die 2019 ans Tageslicht gekommene Studie jahrelang zurückgehalten und bis dato nicht einmal dem Umweltbundesamt zur Verfügung gestellt. Die Schlussfolgerung des Ministeriums aus der Studie lautete: kein Handlungsbedarf, „das System der Richtgeschwindigkeit sowie der situativen Geschwindigkeitsbeschränkung“ funktioniert.[217]

Daten zum Klimaschutz durch die Begrenzung auf Tempo 130 gab der Report aus dem Verkehrsministerium nicht her. Der ADAC kam indes in einer anderen Studie, die allerdings auf Daten aus dem Jahr 1996 zurückgingen, zu der Einschätzung, dass eine Geschwindigkeitsbegrenzung von 120 Stundenkilometern den Kohlendioxidausstoß auf Autobahnen um neun Prozent senken würde. Das entspricht einer Reduzierung um drei Prozent bezogen auf den gesamten Straßenverkehr in Deutschland. Mit der zunehmenden Verbreitung der Elektromobilität wäre diese Rechnung allerdings hinfällig, da E-Autos gar kein Kohlendioxid ausstoßen.

Die bizarre Rolle der Autohersteller

Die Jahre 2018 und 2019 waren durch einen Einbruch historischen Ausmaßes in der Automobilindustrie gekennzeichnet. 2020/21 kamen die Verwerfungen durch die Corona-Pandemie hinzu. Um aus dieser Talsohle zu kommen, setzten die Hersteller seitdem alles auf die E-Karte. Nachdem die Autohersteller ihren „Kampf um den Verbrennungsmotor" als verloren aufgaben, positionierten sie sich völlig neu als „Umweltretter" durch E-Mobilität, wie in einem späteren Kapitel in diesem Buch dargelegt wird. Es war ein klarer Versuch, die Ära von Dieselbetrug, Emissionstoten und Fahrverboten hinter sich zu lassen und zugleich den Anschluss an die neue Welt selbstfahrender batterieelektrisch betriebener Fahrzeuge nicht zu verpassen.

Historischer Einbruch in der Autoindustrie

Das Dieseldesaster, Manipulationen aller Orten, Betrugsvorwürfe, die Verärgerung und Unsicherheit der Kunden in Bezug auf Verbrenner, Milliardeninvestitionen in neue Elektroantriebe, Batterietechnik und autonomes Fahren, während gleichzeitig lange Jahre verlässliche Märkte wegbrachen, allen voran China. Nach mehr als 20 Jahren beinahe garantierten Wachstums begann der chinesische Absatzmarkt 2018 zu schwächeln und konnte sich auch 2019 nicht davon erholen. Weltweit ging der Autoabsatz 2019 um rund 5 Prozent auf unter 80 Millionen Neufahrzeuge zurück. Ein derart starker Einbruch war nicht einmal nach der Finanzkrise 2008 zu beobachten gewesen. 2019 wäre wohl als der größte Einbruch des Weltautomarktes seit mehr als 20 Jahren in die Geschichte der Automobilbranche eingegangen, wenn es 2020 nicht zur Pandemie gekommen wäre. Durch die Corona-Krise sackte der Autoabsatz 2020 in Deutschland um 19 Prozent auf insgesamt 2,9 Millionen Fahrzeuge ab.[218] Es war ein historischer Tiefpunkt. Doch die deutsche Automobilbranche gab sich selbstbewusst, 2021, 2020, 2019 und auch schon 2018, als wäre nichts gewesen – jedenfalls solange, bis die Chipknappheit 2021/22 die Branche ins Stocken brachte.

Die Branche strotzt vor Selbstbewusstsein

Behörden belogen, Verbraucher betrogen – das kümmerte die Autoindustrie augenscheinlich kaum. Wer sich die Selbstdarstellung der Branche durch den Verband der Automobilindustrie vergegenwärtigte, könnte das Dieseldesaster fast für ein Ammenmärchen halten.[219] Der Verband verkündete 2018:

Die deutsche Automobilindustrie sichert Arbeitsplätze, macht Deutschland zum Exportmeister und ist führend in Forschung und Entwicklung im Land der Ideen. Gleichzeitig ist die deutsche Automobilindustrie global tätig: Sie produziert sogar mehr Fahrzeuge im Ausland als in Deutschland. Unsere Unternehmen sind nicht nur global, sondern auch mittelständisch geprägt: Auf die Zulieferer entfallen 70% der Wertschöpfung.

2017 liefen 5,65 Millionen Pkw von deutschen Montagebändern, das entsprach einem Rückgang von 2 Prozent. Hintergrund ist die zunehmende Produktion vor Ort, die den Vorteil hat, näher an den wachsenden Absatzmärkten außerhalb Europas zu sein und damit direkt auf die dortigen Marktentwicklungen reagieren kann. Damit verteidigt Deutschland den vierten Platz im globalen Länderranking vor Indien und hinter China, USA und Japan. In Europa bleibt Deutschland mit deutlichem

Abstand das wichtigste Produktionsland. Der Vorsprung vor unmittelbaren Konkurrenten wie Spanien und dem Vereinigten Königreich, deren Fertigung jeweils um 3 Prozent rückläufig war, vergrößerte sich sogar noch.

Die Produktion von Pkw mit Ottomotor stieg 2017 um 6 Prozent auf 3,06 Millionen Fahrzeuge, den höchsten Wert seit 2011. Damit entfielen 54,5 Prozent der Inlandsfertigung auf Benziner. Die Herstellung von Diesel-Pkw hingegen ging letztes Jahr um 12 Prozent auf 2,35 Millionen Einheiten zurück, der Anteil sank um 5 Prozentpunkte auf 41,7 Prozent. Diese Entwicklung bedeutet, dass die Erreichung der scharfen europäischen CO2-Ziele erschwert wird, denn der Diesel hat gegenüber dem Benziner Effizienzvorteile von um die 15 Prozent. Um die anspruchsvollen Treibhausgasziele zu erreichen, wird die Elektrifizierung des Antriebsstrangs eine zunehmende Rolle spielen. Dass die deutschen Hersteller hier schon heute sehr gut aufgestellt sind, unterstreichen die Produktionszahlen von 2017. Es rollten über 177.000 Pkw mit Elektromotor (inkl. Plug-Ins) von den einheimischen Montagebändern, das entsprach einem Zuwachs von 26 Prozent. Der Elektroanteil erreichte damit 3,1 Prozent. Die Inlandsfertigung von rein elektrisch angetriebenen Pkw stieg um 19 Prozent auf knapp 53.000 Fahrzeuge.

Das wichtigste Segment blieb auch 2017 die Kompaktklasse mit einem Produktionsvolumen von 1,61 Millionen Stück, das nahezu das Vorjahreslevel erreichte (-1 Prozent). An zweiter Stelle stand mit 1,24 Millionen Einheiten die Mittelklasse, die um 2 Prozent nachgab. Die Geländewagen und SUVs konnten den dritten Rang halten, sie verharrten mit 1,12 Millionen Fahrzeugen auf dem Niveau von 2016.

Der Erfolg der deutschen Automobilindustrie beruht auch auf der gesunden Mischung von Volumen- und Premiummodellen.

2017 erreichte der Premiumanteil bei der Inlandsfertigung mit 59 Prozent einen neuen Höchstwert, vor zehn Jahren hatte er noch bei knapp über 50 Prozent gelegen.

Auslandsfertigung

Zwei von drei Pkw deutscher Konzerne werden im Ausland produziert

Auch 2017 verfolgten die deutschen Automobilhersteller weiter ihre globale Ausrichtung und steigerten ihre Produktion außerhalb Deutschlands um 7 Prozent auf 10,8 Millionen Pkw. Damit setzte sich der Trend zur Vorortfertigung fort, mit 7,2 Millionen Einheiten konnte die Pkw-Herstellung außerhalb Europas sogar um 9 Prozent gesteigert werden. Weltweit trug auch 2017 nahezu jeder fünfte Neuwagen das Firmenlogo einer deutschen Konzernmarke.

Letztes Jahr konnte China seine Stellung als wichtigster Auslandsstandort weiter ausbauen. Mit 4,9 Millionen Pkw erhöhten die deutschen OEM ihre Fertigung um 8 Prozent; inzwischen werden drei von zehn Autos deutscher Konzerne in China gebaut. Die erfreuliche Entwicklung war vor allem auf die Premiumhersteller und die SUVs zurückzuführen. Daneben führte der vorübergehend reduzierte Mehrwertsteuersatz für Pkw mit kleinem Hubraum zu vorgezogenen Käufen.

Den Aufwärtstrend der letzten Jahre konnte auch die NAFTA-Produktion der deutschen Hersteller fortsetzen. Mit 1,4 Millionen Pkw stieg die Fertigung noch einmal um 11 Prozent. Insbesondere Mexiko verzeichnete aufgrund eines neuen Produktionswerkes ein sattes Plus von 46 Prozent und übertraf mit 620.000 Einheiten den Rekord von 2012. Gleichzeitig ging die US-Produktion um 6 Prozent auf 804.000 Stück zurück. Rückgänge verzeichneten hier die Pkw-Modelle, während die SUV-Fertigung sogar leicht anstieg. In Brasilien gelang 2017 die Trendwende; die Produktion stieg um gut ein Viertel von dem Tiefpunkt des Vorjahres auf 436.000 Fahrzeuge. Damit liegt sie aber immer noch 49 Prozent unter dem Rekord von 2010.

Die Pkw-Auslandsproduktion der deutschen OEM in Europa ist 2017 um 5 Prozent auf die Rekordmarke von 3,6 Millionen Einheiten angestiegen. Hintergrund ist die gute wirtschaftliche Lage und der Ersatzbedarf, der sich in den letzten Jahren aufgestaut hat. An der Spitze der Produktionsländer stand 2017 die Tschechische Republik, die mit 858.000 Einheiten (+13 Prozent) erstmals Spanien (-4 Prozent auf 799.000 Stück) überholt hat. An dritter Stelle rangiert mit großem Abstand die Slowakei mit 304.000 Fahrzeugen (-5 Prozent) knapp vor Ungarn mit 303.000 Pkw (-3 Prozent). Das Produktionswachstum in Europa geht zu einem großen Teil auf die Fertigung neuer Modelle in den Niederlanden (+93 Prozent auf 169.000 Einheiten) und Finnland (+91 Prozent auf 92.000 Stück) zurück.

Die Auslandsproduktion hat sich seit 2009 mehr als verdoppelt, 2010 hat sie die Inlandsproduktion überholt, inzwischen ist sie doppelt so hoch wie diese. Ein wichtiger Erfolgsfaktor war die Ausrichtung auf Premiummodelle. Der Premiumanteil hat sich seit 2009 von 16 Prozent auf 37 Prozent ebenfalls mehr als verdoppelt. Die globale Aufstellung der deutschen OEM manifestiert sich auch darin, dass sie inzwischen mit 4,0 Millionen Fahrzeugen 0,8 Millionen mehr Premium-Pkw im Ausland als am heimischen Standort fertigen.

Wichtigstes Produktionssegment war 2017 mit 4,0 Millionen Fahrzeugen (-1 Prozent) die Kompaktklasse. Hinter der Kompaktklasse rangieren bereits die immer populärer werdenden Geländewagen und SUVs mit einer Produktion von 2,7 Millio-

nen (+41 Prozent) vor den Kleinwagen mit 1,5 Millionen Einheiten (-3 Prozent).

Exportquote auf Höchststand

Autos Made in Germany haben auch 2017 weltweit nichts von ihrer Attraktivität eingebüßt. Mit 4,38 Millionen Export-Pkw konnte das hohe Vorjahresniveau nahezu gehalten werden (-0,7 Prozent), in den letzten 5 Jahren hat es einen Zuwachs von 6 Prozent gegeben. Der Anteil der Exporte an der Produktion, die Exportquote erreichte mit 77,5 Prozent sogar einen neuen Rekordwert. Man muss sich klarmachen, dass dieser Erfolg auf den Weltmärkten sehr stark vom freien Handel abhängt, der beiden Handelspartnern Wohlstandsgewinne verschafft. Gerade die Pkw-Ausfuhren haben aufgrund der langen Wertschöpfungsketten einen besonders hohen Einfuhranteil in Form von Rohstoffen und zugelieferten Teilen und Komponenten und schaffen damit Arbeitsplätze im In- und Ausland.

Eine Analyse der Exporte nach Segmenten ergibt, dass es letztes Jahr zwar keinen quantitativen Zuwachs gegeben hat, dass es jedoch durchaus zu einem qualitativen Wachstum gekommen ist. Die höchste Wachstumsrate verzeichnete 2017 die obere Mittelklasse mit einem Plus von 14 Prozent auf 516.000 Einheiten. Auch die Oberklassenexporte konnten 2017 um 8 Prozent auf 195.000 Stück ausgebaut werden. Bei den Geländewagen und SUVs hingegen kam es 2017 nur noch zu einem Miniwachstum von 1 Prozent auf 926.000 Fahrzeuge. Gleichzeitig ging die Produktion von Klein- und Kleinstwagen um 14 Prozent auf 312.000 Einheiten zurück. Für einen Hochlohnstandort wie Deutschland wird es immer schwieriger, in diesem sehr preissensitiven Bereich konkurrenzfähig zu sein.

Der starke EU-Binnenmarkt hat 2017 die deutschen Exporte maßgeblich unterstützt. 57 Prozent aller Pkw-Ausfuhren verblieben in der EU, das waren 2,5 Millionen Einheiten und damit 1 Prozent mehr als 2016. Treiber waren Polen (+21 Prozent auf 101.000 Fahrzeuge), Dänemark (+9 Prozent auf 56.000 Autos) die Beneluxstaaten (+5 Prozent auf 254.000 Einheiten) sowie Portugal (51.000 Stück) und Spanien (230.000 Pkw) mit jeweils +4 Prozent. Der wichtigste Handelspartner Großbritannien hingegen verzeichnete aufgrund der Pfundschwäche einen Rückgang um 4 Prozent auf 769.000 Fahrzeuge.

Ein deutlicher Schub für die Pkw-Ausfuhren kam 2017 aus Asien. Mit 707.000 Einheiten wurde das Vorjahresergebnis um 7 Prozent übertroffen. Getragen wurde die Nachfrage nach deutschen Autos von den wichtigsten asiatischen Exportpartnern China (+11 Prozent auf 258.000 Stück) und Japan (+14 Prozent auf 141.000 Stück). Um 8 Prozent auf 107.000 Fahrzeuge im Gesamtjahr rückläufig waren die Ausfuhren nach Südkorea, die in der zweiten Jahreshälfte mit +11 Prozent allerdings wieder auf den Wachstumspad einschwenkten.

Nach Amerika reduzierten die deutschen Hersteller ihre Ausfuhren um 7 Prozent auf 657.000 Einheiten. Damit bewegen sie sich knapp oberhalb des Levels von 2009 und fast 200.000 Stück unterhalb des Rekordes von 2013. Wichtigster Partner in Amerika waren die Vereinigten Staaten mit 494.000 Fahrzeugen (-10 Prozent). Der Rückgang geht auf die Relokation der Produktion eines SUV-Modells nach Mexiko zurück.

Gerade bei den Exporten spielt Premium als Erfolgsfaktor eine große Rolle. Während 2007 die Hälfte aller Pkw-Ausfuhren auf Premiummodelle entfielen, waren es 2017 bereits über 61 Prozent. Dieser Anteil variiert sehr stark über die verschiedenen Absatzregionen. Relativ besonders beliebt sind deutsche Premi-

umautos in Nordamerika (Anteil 91 Prozent) und Ostasien (Anteil 90 Prozent). In Europa hingegen überwiegen mit 52 Prozent die Volumenmodelle bei den deutschen Exporten.

„Krise, welche Krise?" möchte man angesichts der in Zahlen gefassten Selbstbeweihräucherung der Branche fragen. Dabei steckte die Branche seit 2015 längst im Dieselsumpf. Es war und ist wohl dieselbe Arroganz, mit der die deutsche Automobilindustrie den Wandel zur E-Mobilität über Jahre hinweg verschlafen und die Auswirkungen des autonomen Fahrens völlig unterschätzt hat.

Der Betrug hat Geschichte

Der seit 2015 aufgedeckte Dieselskandal war keineswegs der erste Fall von Manipulationen bei Abgasuntersuchungen. So zahlte VW schon 1974 in den USA eine Strafe von 120.000 Dollar wegen eines Verstoßes gegen den US-amerikanischen Clear Air Act. Die damalige Schummelei bestand darin, das VW in vier Modellen Temperatursensoren zur Anpassung der Emissionen genutzt hatte, ohne dies bei der Zulassung anzugeben. Doch man einigte sich damals ohne Aufsehen außergerichtlich mit der zuständigen US-Behörde EPA. Es kam nicht einmal zu einem Rückruf. Ähnliche Manipulationen fand die EPA 1974 übrigens auch bei Chrysler, Ford, General Motors und Toyota. Man könnte auch sagen: VW war schon damals der Vorreiter beim Betrügen, aber die anderen haben zügig nachgezogen.[220]

Doch die US-Hersteller waren keinen Deut besser. So wurde General Motors 1995 zu einer Strafzahlung von elf Millionen Dollar und Spenden von neun Millionen Dollar verpflichtet. Der größte US-Autobauer hatte in seine Steuersoftware eine Funktion eingebaut, die die Emissionskontrolle deaktivierte, sobald sich das Fahrzeug nicht gerade in einem Prüfstand befand. Ob Prüfstand oder Realbetrieb stellten die GM-Modelle besonders einfach fest: Ist die Klimaanlage ausgeschaltet, findet offenbar eine Prüfung statt, andernfalls fährt der Wagen auf der Straße. Der Autobauer hatte sich die Kenntnis zunutze gemacht, dass praktisch kein Amerikaner einen Wagen ohne laufende Klimaanlage fährt. General Motors redete sich mit einem Interpretationsspielraum bei den Vorgaben heraus und einigte sich mit der EPA über Strafzahlungen. Doch ganz so geräuschlos ging die Sache nicht über die Bühne: Auf gerichtliche Anordnung hin musste GM 470.000 Fahrzeuge der Marke Cadillac zurückrufen und für 25 Millionen Dollar nachrüsten. Es war der erste Fall einer Rückrufaktion aus Umweltschutzgründen. Wenn sich weitere Teile der amerikanischen Bevölkerung und Presse also seit 2015 auf VW als Ausgeburt des Betrugs stürzten, so darf daran erinnert werden, dass die „Mutter des automobilen Umweltbetrugs“ seinen Sitz in den Vereinigten Staaten von Amerika hat. General Motors hatte schon 20 Jahre vor VW mit derselben Masche – wenngleich damals technisch deutlich anspruchsloser – betrogen. Auch Ford, nach GM der zweitgrößte Autohersteller der USA, hat sich 1998 beim Abgasbetrug erwischen lassen. Rund 60.000 Kastenwagen des Modells Econoline waren so programmiert worden, dass sie während der 20-minütigen EPA-Prüfung einwandfrei arbeiteten, aber außerhalb der Prüfungsbedingungen einfach alle Funktionen zur Emissionskontrolle abgeschaltet wurden. Ford zahlte damals 7,8 Millionen Dollar, um die Sache zu bereinigen. Ebenfalls 1998 musste der japanische Automobilhersteller Honda Strafzahlungen an die EPA von 17,1 Millionen Dollar und Nachrüstungen im Wert von 250 Millionen Dollar verkraften, weil in 1,6 Millionen Fahrzeugen der Modelle Accord, Civic, Prelude, Odyssey und Acure eine Softwaremanipulation entdeckt worden war: Ein System zur Erkennung von Fehlzündungen wurde außerhalb des Testbetriebs einfach abgeschaltet. Im selben Jahr, 1998, flogen sieben Hersteller von Lastwagen und Lkw-Dieselmotoren in den USA auf, die in 1,3 Millionen Fahrzeugen eine Abschalteinrichtung eingebaut hatten, die dafür sorgten, dass die vorgeschriebenen Abgasgrenzwerte während der EPA-Prüfungen eingehalten wurden – und zwar nur während der Prüfungen. Die Umrüstungen kosteten die Hersteller rund eine Milliarde Dollar.[221]

Als der VW-Abgasbetrug 2015 aufflog, war er also zumindest in den USA längst kein Novum mehr. Die US-Hersteller hatten lange zuvor schon mit sehr ähnlichen Tricks versucht, die Prüfungen der Behörden zu torpedieren und Autos auf den Markt gebracht, die den gesetzlichen Anforderungen nicht genügten. Für die USA war der „Skandalfaktor" bei VW also vergleichsweise gering, aber insofern medienwirksam, als man sich besann, dass die Wurzeln von Volkswagen in die Nazi-Zeit zurückreichten und ohne Adolf Hitler der VW Käfer vermutlich niemals vom Band gerollt wäre.[222] Doch das ist eine andere Geschichte, die den Rahmen dieses Buches sprengen würde.

Immer dreistere Tricks

Untersuchungen des US-amerikanischen International Council on Clean Transportation (ICCT) gemeinsam mit der Niederländischen Organisation für Angewandte Wissenschaftliche Forschung (TNO) kamen zu dem Ergebnis, dass die Trickserei der Autohersteller bei den Angaben zu den Abgaswerten über Jahre hinweg immer dreister wurden. 2019 verbrauchten die Fahrzeuge im Durchschnitt 42 Prozent mehr Sprit als von den Herstellern offiziell angegeben. 2013 waren es „nur" 25 Prozent mehr, zehn Jahre zuvor lediglich 15 Prozent. Die frappierende Diskrepanz führte der ICCT darauf zurück, dass die Hersteller „immer systematischer Schlupflöcher in der bestehenden Regulierung ausnutzen".[223] So wurden beispielsweise die Reifen des Wagens vor der Prüfung präpariert und die Fahrzeugbatterie voll aufgeladen, um das Ergebnis zu optimieren. Weitere Unterschiede resultierten daraus, dass Technologien wie zum Beispiel die Startstopp-Automatik im Labortest deutlich größere Kraftstoffeinspareffekte aufwiesen als im Alltagsbetrieb. Das alles war streng genommen nicht verboten, und so redeten sich die Hersteller damit heraus, dass alle diese Maßnahmen legal und ihre Angaben somit rechtskonform waren. Außerdem seien die Tests unter Laborbedingungen notwendig, damit die Ergebnisse der verschiedenen Fahrzeuge vergleichbar sind, argumentierte die Branche. Das mag richtig gewesen sein, aber eine legale Schummelei bleibt immer noch eine Schummelei. Leidtragende waren die Kunden, die schließlich für den erhöhten Spritverbrauch zahlen müssen, und natürlich auch die Umwelt.

Prekär wurde die Lage, als das Kraftfahrtbundesamt schon 2016 bei Nachmessungen an 54 Pkw-Modellen unterschiedlicher Autobauer feststellte, dass beinahe 30 Modelle selbst unter Laborbedingungen deutlich mehr Diesel verbrannten und mit viel mehr Kohlendioxid in die Luft pusteten als im Fahrzeugschein angegeben. Bei zwei Audi A6-Modellen ermittelte das Amt fast zwei Liter Kraftstoff Mehrverbrauch, Abweichungen von bis zu einem Liter waren beim Mercedes C220, dem Jaguar XE, dem Porsche Macan, dem Opel Zafira und dem Volvo V60 festzustellen. Wohlgemerkt: Es ging dabei nicht um den Unterschied zwischen Labor- und Straßenmessung, sondern um erhebliche Abweichungen unter Laborbedingungen.[224]

Das war zur Zeit der Aufdeckung des Dieselskandals in den Jahren 2014/2015 durchaus legal, aber legales Tricksen bleibt eben immer noch tricksen. Erst im Oktober 2016 kündigte Volkswagen an, künftig darauf zu verzichten, „mögliche Toleranzen weiter extensiv zu nutzen". Was ehrlich klang, war in

Wahrheit ein weiterer Trick, weil zu dieser Zeit längst feststand, dass ab 2017 ein neues Testverfahren Geltung erlangte, das solche Maßnahmen ohnehin verbietet.

Die Hersteller sahen sich indes zum Tricksen gezwungen, um die immer strengeren CO2-Grenzwerte, die direkt mit dem Spritverbrauch zusammenhängen, einhalten zu können. Dabei machte ihnen unter anderem die stark steigende Nachfrage nach SUVs die Erfüllung der Grenzwerte schwer. Die großen Fahrzeuge waren bei den Kunden immer beliebter, verbrauchten aber viel mehr Sprit als Kompakt- und Kleinwagen. So setzten die Hersteller der eigenen Trickserei noch ein Argument obenauf: Wie viel ein Auto verbraucht, hängt letztendlich vor allem vom Fahrer ab. Dem kann man kaum widersprechen; wer mit seinem SUV über die Straßen schleicht verbraucht viel weniger als jemand, der den Wagen fordert. Aber wer kauft sich schon einen SUV, um zu schleichen?

Dennoch könnte der SUV-Boom den deutschen Herstellern zum Verhängnis werden. Seit 2021 gilt EU-weit ein Limit von durchschnittlich 95 Gramm CO2-Ausstoß je Kilometer; das rechnet sich um in einen Verbrauch von 4,1 Liter Benzin auf 100 Kilometer. Für jedes Gramm CO2 zuviel ist eine Strafe von 95 Euro angedroht. Hochgerechnet auf die Fahrzeugflotte von BMW kommen möglicherweise Strafzahlungen in Höhe von 100 Millionen Euro auf den Konzern zu; schließlich ist beinahe jeder dritte verkaufte BMW ein SUV. Auf VW kommt mutmaßlich sogar eine Milliarde Euro Strafzahlungen zu.[225]

Versteht sich, dass die Industrie alle Anstrengungen unternimmt, um den Zahlungen zu entkommen. BMW weicht darauf aus, künftig in jeder Baureihe Plug-in-Modelle anzubieten, um den Flottendurchschnitt des CO2-Ausstoßes zu senken. Dabei kommt BMW zugute, dass bei den Abgastestnormen in der EU die elektrisch zurückgelegte Strecke tatsächlich mit Null Emission angesetzt wird. Damit steht zwar am Ende einmal mehr ein ziemlich realitätsferner Wert in den Zulassungspapieren, aber wen kümmert es, solange es zulässig ist – oder war, denn mit dem seit 2017 geltenden WLTP-Testverfahren ist genau diese realitätsferne Zulassung nicht mehr rechtens. In diesem Sinne war der Vorstoß von VW, noch weitergehender vor allem auf Elektromobilität zu setzen, zukunftsträchtiger. Daimler konzentrierte sich darauf, durch Gewichtsreduzierungen der Fahrzeuge Boden gut zu machen. Zudem kam der Erfolg der kleinen A-Klasse und des Smart dem Durchschnittswert bei Daimler natürlich zugute. Letztlich schwenkten alle Hersteller eine aggressive E-Strategie ein, um den gesetzlichen Vorgaben Genüge zu tun. Man könnte auch sagen: Alle Hersteller wurden gezwungen zu erkennen, dass sie nur mit einem breiten Angebot an Elektromobilität die Chance haben, die EU-Normen zu erfüllen.

Reaktionen aus der Branche

Bestand die Automobilindustrie aus einer Gang von Betrügern, konnte ein Konzern über Jahre hinweg Kunden und Behörden täuschen, ohne dass die Spitze etwas davon wusste oder waren die US-Autohersteller schuld, die über Jahrzehnte hinweg die effizienten deutschen Dieselmotoren mit der Forderung nach immer schärferen Umweltauflagen vom Markt zu holen versuchten, weil sie selbst nicht in der Lage waren, vergleichbare kompakte Motoren zu entwickeln?

Daimlers Ex-Chef Dieter Zetsche wies jedenfalls den Verdacht zurück, dass die Hersteller eine „Ansammlung von Betrügern“ seien und betonte „Wir halten uns grundsätzlich an die gesetzlichen Vorgaben und haben keinerlei Manipulationen an unseren

Fahrzeugen vorgenommen.“ [226] Diese Behauptung erschien reichlich naiv und realitätsfern. Autoexperte Ferdinand Dudenhöfer, Inhaber des Lehrstuhls für Allgemeine Betriebswirtschaftslehre und Automobilwirtschaft an der Universität Duisburg, konstatierte, allerdings im Hinblick auf VW, es sei schlicht undenkbar, dass sich Spitzenmanager über den millionenfachen Betrug im Unklaren waren: „Das Problem liegt also weder typischerweise in der Autobranche noch bei Dieselmotoren. Die Ethik bei VW hat versagt.“[227] Tesla-Chef Elon Musk zeigte Verständnis: „Wir haben die physikalischen Grenzen erreicht, es ist kaum noch Raum für Verbesserungen. Die VW-Ingenieure dürften unter massivem Druck gestanden haben und sind an die Grenzen dessen gestoßen, was möglich ist. Tricksen war wohl die einzige Möglichkeit.“ Das beschrieb deutlich die amerikanische Sichtweise.[228] Allein die Behauptung, bei Verbrennungsmotoren seine keine nennenswerten technischen Fortschritte mehr möglich, entbehrte jedweder Grundlage. Allerdings mehrte sich die Riege der Dieselaussteiger auf Anbieterseite: 2018 kündigte Porsche als erster deutsche Autokonzern an, vollständig aus dem Dieselgeschäft auszusteigen. Ein Jahr zuvor hatte bereits Volvo angekündigt, keine neue Dieselgeneration mehr zu entwickeln. Seit 2020/21 war das Wettrennen um die besseren E-Autos längst in vollem Gante.

Das Geschäft mit den Dieselgeschädigten

Doch zur Bewältigung der Dieselkrise setzten die Automobilhersteller zunächst angesichts der Not der Dieselbesitzer weniger auf Abhilfe denn mehr auf die Ankurbelung ihres Geschäfts. Diesen Vorwurf kann man der Branche wohl nicht ersparen. Mit attraktiven Rabatten wollten sie die Geschädigten zum Kauf eines Neuwagens bewegen. Rabatte gab es in der Branche schon immer, doch auf einmal hießen sie „Umtauschprämien“.

Um Druck auf die Kundschaft auszuüben, liefen die Prämien je nach Hersteller 2019 oder 2020 aus. Bespiel VW: Die Umtauschprämie lag mit 3.000 Euro auf dem Niveau der Umrüstungsbeihilfe. Also: Mit 3.000 Euro Rabatt lieber einen Neuwagen kaufen als den alten mit demselben Zuschuss umzurüsten – das Signal war klar.[229]

Der damalige Grünen-Fraktionschef Anton Hofreiter hatte also zweifellos Recht, wenn er die Ergebnisse des dritten Dieselgipfels kurz vor Weihnachten 2018 mit folgenden Worten zusammenfasste: „Minister Scheuer und die Konzernbosse wollen den betrogenen Dieselbesitzern Neuwagen andrehen und verweigern ihnen die Nachrüstung um weitere Jahre“. Der anerkannte Branchenexperte Ferdinand Dudenhöfer nannte die von Politik und Herstellern präsentierte Lösung des dritten Dieselgipfels „noch weniger als ein Flickenteppich“. Lediglich VW und Daimler hatten eine finanzielle Unterstützung ihrer Kundschaft zugesagt, das waren nur etwa 30 Prozent aller Dieselfahrzeuge in Deutschland. Für die Mehrheit von 70 Prozent wurde nicht einmal eine Lösung angedeutet.[230]

Dieselprämie für alle

Erst ab 2019 bot Volkswagen auf Drängen des Bundesverkehrsministeriums an, die Wechselprämie für ältere Diesel auf ganz Deutschland auszudehnen.[231] Für Diesel-Pkw der Euro-Klassen 4 und 5 wurde zusätzlich zur Inzahlungnahme die Wechselprämie gewährt, unabhängig von Marke und Hersteller. Die Prämie lag je nach Modell zwischen 500 und 9.000 Euro. Die bundesweite Ausdehnung geschah indes keineswegs freiwillig. Nachdem Verkehrsminister Andreas Scheuer Anfang 2019 im Fernsehen öffentlich die Ausweitung verkündet hatte, um sich zu profilieren, erklärte VW-Konzernvertriebsleiter

Christian Dahlheim noch: „Es gibt derzeit aber keine konkreten Pläne, unsere Aktion anzupassen“. Kurze Zeit später war dem Konzern der öffentliche Schlagabtausch augenscheinlich doch zu peinlich, nachdem sich das Ministerium auf Abmachungen zwischen Andreas Scheuer und VW-Vorstandschef Herbert Diess berief, und es kam zur Ausweitung. Gleichzeitig erklärte sich Volkswagen bereit, bei der Verschrottung eines alten Diesels der Schadstoffklassen Euro-1 bis 4 unabhängig vom Hersteller eine Verschrottungsprämie zwischen 2.500 und 10.000 Euro zu zahlen, wenn gleichzeitig ein neuer oder gebrauchter Wagen gekauft wird. Auch die Beteiligung an künftigen Hardwarenachrüstungen sagte VW Anfang 2019 zu. In der Lesart von Volkswagen stellten sich alle diese Maßnahmen als generöse Gesten dar, um den Kunden zu helfen und am Umweltschutz mitzuwirken. Von Entschuldigungen war keine Rede. Und letztlich dienten alle diese Maßnahmen dazu, neue Fahrzeuge zu verkaufen – also das Geschäft von VW zu fördern. Die Politik feierte diese Gesten als Einknicken der Industrie vor der Politik; man konnte es aber auch anders sehen: Die Politik wurde einmal mehr zum Wirtschaftsförderer der Autoindustrie.

Nachrüstung funktioniert, oder?

Hardwarenachrüstungen sind geeignet, den Stickoxidausstoß um bis zu 80 Prozent zu reduzieren, hat der ADAC in eigenen Tests festgestellt. Allerdings spielt das Wetter offenbar eine entscheidende Rolle. In einem Langzeittest des Automobilclubs schafften es die nachgerüsteten Systeme bei sommerlichen Temperaturen die Stickoxidemissionen und den festgesetzten Grenzwert von 270 Milligramm pro Kilometer zu drücken. Doch sinken die Außentemperaturen unter fünf Grad Celsius, dürfen es zwar 540 Milligramm sein – doch das schafften die zwischen 1.500 und 3.000 teuren Systeme im ADAC-Test nicht. Zugleich stieg der Energie- und damit der Spritverbrauch stärker an als erlaubt.[232] Warum der ADAC dennoch ein positives Fazit zog, weiß vermutlich nur der Club selbst. Die Defizite sollten die Hersteller mit einem Softwareupdate beseitigen, hieß es lapidar.

Ist der Ruf erst ruiniert…

Der Ruf der Automobilindustrie – traditionell eine der beliebtesten Branchen in Deutschland – hat durch den Dieselskandal und vor allem durch das Verhalten der Hersteller in diesem Zusammenhang dramatisch gelitten. Äußerten sich im Jahr 2014 noch 62 Prozent der hiesigen Bevölkerung positiv über deutsche Autohersteller, so ging die Branche nur noch mit einer Zustimmungsquote von 26 Prozent ins Jahr 2019. Kaum eine Branche in Deutschland ist so schnell so tief gefallen.[233]

Zwar vermuteten 81 Prozent der Bevölkerung weiterhin, dass nicht nur deutsche Hersteller an den Abgaswerten ihrer Fahrzeuge manipuliert haben. Dennoch gingen 79 Prozent davon aus, das die negativen Schlagzeilen vor allem dem Ansehen der deutschen Hersteller im Ausland geschadet haben.

Unmittelbare Auswirkungen auf das Kaufverhalten waren 2018 noch nicht festzustellen. Lediglich jeder Vierte gab an, künftig keinen Diesel mehr kaufen zu wollen. 20 Prozent der Bevölkerung fanden die Aufregung über die Manipulationen ohnehin übertrieben, unter den Dieselbesitzern lag diese Quote sogar bei 30 Prozent. Allerdings: Das war 2018, also vor den Fahrverboten. Zu diesem Zeitpunkt war den meisten Dieselfahrern sicherlich nicht bewusst, dass sie künftig in zahlreichen Innenstädten und wohl auch auf immer mehr Autobahnen nicht mehr erwünscht waren. 2018 hatten offenbar viele Fahrer noch das Vertrauen, dass die Branche und die Politik „es schon irgendwie richten werden“. Seit 2019 sah die Sache ganz anders aus: Fahrverbote aller Orten und die Weigerung der Hersteller, ihre Kunden bei Nachrüstsätzen zu unterstützen, um ihnen Neuwagen verkaufen zu können, verschafften der Branche einen Negativrekord beim Image.[234]

Im Automobilskandal seit 2015 sah beinahe die Hälfte der Bevölkerung die deutschen Hersteller auf jeden Fall in der Pflicht, den betroffenen Kunden eine finanzielle Entschädigung zukommen zu lassen. Gegen Ende 2018 meinten 34 Prozent, dass die Nachrüstung als Ausgleich genügt, 46 Prozent erwarteten eine darüber hinausgehende finanzielle Entschädigung. Bemerkenswerterweise waren es zu diesem Zeitpunkt vor allem die Dieselfahrer, die überdurchschnittlich mit der Nachrüstung zufrieden waren (43 Prozent im Vergleich zu 32 Prozent der Benzinfahrer). Die Psychologie dahinter ließ sich wohl wie folgt zusammenfassen: Ich lasse mir mein Auto nicht vermiesen. Einfach den Wagen in die Werkstatt bringen, damit er kostenfrei auf den aktuellen Stand gebracht wird, und gut ist. Das war 2018, also vor den Fahrverboten und vor der klaren Ansage der Hersteller, von Umrüstungen abzuraten, um stattdessen lieber einen Neuwagen zu verkaufen.

Was vielen Autofahrern in Deutschland allerdings schon 2018 unverständlich war: Warum erhalten die US-Kunden teilweise hohe Entschädigungen, während deutsche Kunden leer ausgehen? In diesem Zusammenhang kam erstmals der Begriff der „Musterfeststellungsklagen“ auf, vergleichbar mit den aus den USA bekannten Sammelklagen. Vereinfacht gesagt können dadurch mehrere Verbraucher zusammen Klage einreichen, um einen Sachverhalt gemeinsam vor Gericht klären zu lassen. 79 Prozent der Bürger in Deutschland äußerten sich schon 2018 positiv über dieses Rechtsmittel und die Anfang November 2018 gestartete Musterfeststellungsklage der Verbraucherzentrale Bundesverband (vhbz), die vom ADAC unterstützt wird, erhielt regen Zulauf.

Das war kein Wunder: Nachdem die Autoindustrie mit ihren umfangreiche Abgasmanipulationen ihre Kundschaft jahrelang belogen hatte, lehnte sie danach jedwede Verantwortung dafür so weit wie möglich ab und wollte den Skandal ganz im Gegenteil noch nutzen, um durch den vermehrten Verkauf von Neuwagen ihr Geschäft anzukurbeln. Wer sich derart dreist seinen eigenen Kunden gegenüber verhielt, durfte sich nicht wundern, wenn er künftig die Quittung dafür bekam.

Emissionen steigen immer stärker

Durch immer effizientere Motoren, vor allem Diesel, sollte der Schadstoffausstoß und damit die Umweltbelastung immer geringer werden, argumentierten die Hersteller über Jahre hinweg. Die Zahlen, die das Statistische Bundesamt 2018 vorlegte, sprachen eine ganz andere Sprache. Demnach haben die Pkw in Deutschland 2017 für 115 Millionen Tonnen Kohlendioxid in die Luft geblasen – 6,4 Prozent mehr als im Jahr 2010. Zwar war der CO2-Ausstoß von Neuwagen in dieser Zeit auf den offiziellen Zulassungspapieren um 16 Prozent auf durchschnittlich 128 Gramm pro Kilometer gesunken – aber eben nur auf dem Papier, nicht in der Realität.

Also 17 für die Umwelt verlorene Jahre, musste man konsternieren. Mehr Autos, höhere Fahrleistungen und vor allem immer stärkere Motoren waren die Ursache. Die Effizienzfortschritte haben die Hersteller nämlich nicht genutzt, um ihre Autos sauberer zu machen, sondern um ihren Kunden leistungsstärkere und damit teurere Wagen zu verkaufen. Die 2017 neu zugelassenen Autos brachten es auf 111 Kilowatt (151 PS) im Durchschnitt; die Neuzulassungen des Jahres 2010 lagen bei 96 Kilowatt (130 PS). Der Anstieg war vor allem auf Diesel zurückzuführen: Zwischen 2010 und 2017 stieg die Anzahl der Diesel-Pkw mit einer Leistung von über 100 Kilowatt um satte 93,8 Prozent. Hersteller und Kunden schienen einem PS-Wahn verfallen, der erst mit den drohenden und realen Fahrverboten ab 2018/19 zur Ernüchterung führte – und seit 2020/21 mit der zunehmenden Elektromobilität neue Bahnen fand.

Zudem fuhren immer mehr Autos auf deutschen Straßen. Allein zwischen 2010 und 2018 wuchs der Fahrzeugbestand in Deutschland um zehn Prozent auf beinahe 46 Millionen Autos, die 2018 etwa neun Prozent mehr Fahrleistung absolvierten als 2010. Vor allem die Dieselnachfrage war hoch in dieser Zeit: Über 35 Prozent mehr Diesel wurden zugelassen, elf Millionen Diesel waren es 2010, 15 Millionen 2018.[235]

Der Dieselboom mit immer stärkeren Motoren schlug auch auf den Spritverbrauch durch. Der Diesel 2018 verbrauchte zwar im Schnitt mit 6,8 Litern auf 100 Kilometer etwas weniger als der Benziner, der es auf durchschnittlich 7,6 Liter brachte, aber immer noch genauso viel wie 2010. Im gleichen Zeitraum gelang es den Benzinern immerhin, ihren Spritverbrauch um 3,3 Prozent zu reduzieren. Insgesamt hatten alle Autos auf deutschen Straßen zusammengenommen 2017 46,35 Milliarden Liter verbraucht, 5,7 Prozent mehr als 2010, hat das Statistische Bundesamt ermittelt.[236]

VW-Betrug die Zweite

Viele glaubten zunächst an eine Falschmeldung, doch seit Anfang 2019 zeichnete sich ab: VW hat auch beim Softwareupdate, um die Schummelsoftware auszumerzen, erneut geschummelt. Im Update war augenscheinlich ein Softwarebefehl enthalten, der dafür sorgte, dass die Abgasreinigung der Wagen nach exakt 1120 Sekunden ihr Verhalten deutlich änderte. Die Zeitspanne war kein Zufall: Es ist genau die Zeit, die ein Abgastest normalerweise dauert. Wie schon zuvor hat VW die erneute Schummelei den Behörden offensichtlich vorenthalten, was allein schon einen Verstoß gegen die Zulassungsbestimmungen darstellte. Es handelte sich nicht etwa um einen Einzelfall: Betroffen waren von Anfang an rund 30.000 Diesel-Pkw mit 1,2-Liter-Motor der Euro-5-Norm.[237] VW erklärte dazu, „bei den regelmäßigen internen Qualitätskontrollen für Dieselfahrzeuge mit 1,2l-Motoren des Typs EA189 sind Auffälligkeiten verzeichnet worden, die nun weiter analysiert werden." Verkehrsminister Andreas Scheuer sah die Sachlage augenscheinlich weniger gelassen. Er drohte VW-Chef Herbert Diess, die betroffenen Fahrzeuge unverzüglich stilllegen zu lassen. Der Automobilkonzern konterte, die beanstandete Funktion sei legal und diene dem Schutz des Motors. Angesichts der Vorgeschichte musste man feststellen: Dreister konnte man Behörden, Kunden und letztlich den Rechtsstaat wohl kaum vorführen.

Im Februar 2021 sorgte der Bundesgerichtshof (BGH) mit einem Nicht-Urteil für Furore.[238] Geklagt hatte ein VW-Besitzer, der Volkswagen vorwarf, mit einem Softwareupdate eine neue unzulässige Technik aktiviert zu haben – nun schwanke der Schadstoffausstoß je nach Außentemperatur. Auf dieses Argument setzten vor Gericht vor allem Dieselfahrer, die ihren Wagen erst nach Auffliegen des Skandals im Herbst 2015 gekauft hatten. Ihnen steht nämlich nach der bisherigen BGH-Rechtsprechung kein Schadenersatz von VW zu, denn dem Konzern könne danach keine Täuschung mehr vorgeworfen werden.

Doch VW hielt Ansprüche wegen des sogenannten Thermofensters in dem Softwareupdate für ausgeschlossen. Eine Entscheidung des BGH hätte mutmaßlich Auswirkungen auf Tausende laufende Gerichtsverfahren. Doch der Kläger zog zurück und das höchstrichterliche Urteil fiel aus. Zugleich stellte VW-Rechtsvorständin Hiltrud Werner klar, dass nicht etwa ihr Konzern, sondern die klagenden Kunden die Buhmänner sind: „Wir sehen, dass sich in Deutschland eine Klageindustrie entwickelt hat, der es nicht mehr um die rechtliche Klärung für ihre Mandanten geht, sondern um die eigenen Gebühren." Auch Daimler sah sich 2021 einer Klagewelle wegen des Thermofensters in Dieselfahrzeugen gegenüber.[239] Schuldeingeständnisse oder gar Entschädigungen waren weder für VW noch für Daimler ein Thema.

Vertrauen verspielt

Mit ihrem unrühmlichen Verhalten im Abgasskandal haben die deutschen Automobilhersteller bei ihren Kunden viel Vertrauen verspielt. Da die „Altautos", die noch kurz zuvor die aktuellen Modelle waren, ins Abseits gerückt wurden, fühlten sich viele Kunden veranlasst, statt über eine Nachrüstung über einen Neuwagen nachzudenken. Die rund um das Dieseldebakel geführte Diskussion konnte man ohne weiteres als eines der größten Konjunkturprogramme in Deutschland nach dem Zweiten Weltkrieg betrachten. Die Frage war nur, in welchem Maße die deutschen Hersteller davon profitierten. Die Antwort liegt auf der Hand: eher nicht.

Viele Kunden fühlten sich von VW und Konsorten betrogen, verraten und verkauft. Erst drehten ihnen die Hersteller Fahrzeuge an, die nur durch Mogelsoftware überhaupt eine Zulassung bekamen. Als der Betrug aufflog, solidarisierten sich die

Hersteller nicht etwa mit ihren Kunden, sondern ließen sie praktisch im Regen stehen. Noch schlimmer, versuchten sie aus der Not ihrer Kunden ein Geschäft zu machen, indem sie diese mit moderaten Preisnachlässen, wie sie in der Branche schon immer üblich waren, zum Kauf eines Neuwagens zu motivierten. Als die Politik eine gesetzliche Regelung schuf, um durch Hardwarenachrüstrungen die „Altwagen“ zukunftsfit zu machen und tatsächlich die ersten Umrüstsätze angekündigt wurden, lehnten die Autohersteller jedwede Verantwortung dafür ab. Kein Wunder also, dass sich die Kunden daraufhin verstärkt alternativen Antriebskonzepten und vor allem ausländischen Herstellern zuwendeten. Die Skandalmarken Volkswagen, Mercedes und Audi wurden nicht nur mit dem Abgasbetrug assoziiert, sondern vor allem auch mit Fahrverboten in deutschen Großstädten, hatte eine Untersuchung des Brand Science Institute (BSI) schon Ende 2018 zutage gefördert (einzig BWM stand weniger im Fokus der Debatte).

So hieß es in der BSI-Studie: „Die Wechselbereitschaft zu anderen, meist ausländischen Automobilmarken und neuen Mobilitätskonzepten wie der Elektromobilität werden bei der Diskussion rund um den Dieselskandal stark begünstigt und sogar forciert“. Wesentliche Grundlagen für den späteren Erfolg von Tesla als Vorzeige-E-Autohersteller in Deutschland legte die hiesige Automobilbranche also über Jahre hinweg selbst. Ein weiteres bemerkenswertes Ergebnis der damaligen Umfrage: Die Belastung von Menschen und Umwelt durch die Diesel- und letztlich auch Benzinabgabe spielten kaum eine Rolle, die Gesundheitsgefährdung wurde von der deutschen Bevölkerung überwiegend überhaupt nicht wahrgenommen.[240]

Kaufen, kaufen, kaufen

Der Dieselkrise und den Fahrverboten zum Trotz kauften die Deutschen 2018 kräftig Neuwagen, insgesamt 3,4 Millionen neue Fahrzeuge. Das waren gerade einmal 0,2 Prozent weniger als im Jahr zuvor, in dem der Absatz auf den höchsten Wert seit 2009 geklettert war.

Allerdings brach schon 2018 der Verkauf von Diesel-Pkw kräftig ein. Der Anteil der Diesel lag 2018 bei 32,3 Prozent, deutlich hinter den 38,8 Prozent des Jahres 2017. Gewinner waren die Benziner, deren Anteil von 57,7 Prozent in 2017 auf 62,4 Prozent in 2018 hochschnellte. Insbesondere die 2018 beginnenden Androhungen von Fahrverboten zeigten Wirkung. Als 2019 immer häufiger von Politikern und Umweltverbänden öffentlich über Fahrverbotszonen auch für Benziner spekuliert wurde, stellte sich die Frage, ob die Menschen dadurch derart verunsichert werden, dass sie gar keine Wagen mehr kaufen oder scharenweise auf Elektroautos umsteigen würden. 2018 erreichten die Elektrowagen mit rund 36.000 Neuzulassungen allerdings einen Anteil von lediglich einem Prozent. Etwas mehr Beliebtheit erfreuten sich Hybridautos mit 130.256 Neuzulassungen 2018 (3,8 Prozent Anteil an allen Zulassungen). Praktisch vernachlässigbar waren in der 2018er Statistik Erdgasautos mit 0,3 Prozent (10.804 Zulassungen) und Flüssiggasautos mit 0,1 Prozent (4663 Wagen). Zum Vergleich: Wie an anderer Stelle in diesem Buch ausgeführt lag der Anteil reiner E-Autos im Elektro-Musterland Norwegen bei 31,1 Prozent; zählt man die Plug-in-Hybride hinzu, kam man sogar auf 49,1 Prozent. Der durchschnittliche CO2-Ausstoß aller Fahrzeuge zusammengenommen lag dem entsprechend in Norwegen bei niedrigen 71 Gramm pro Kilometer.

Anders in Deutschland: Die CO2-Ausstoß aller Fahrzeuge lag hierzulande 2018 bei geschätzten 130,1 Gramm pro Kilometer. Das war in doppelter Hinsicht bemerkenswert. Erstens war es beinahe doppelt so hoch wie in Norwegen und zweitens kam es einer Erhöhung gegenüber 128 Gramm 2017 in Deutschland gleich. Deutlicher formuliert: Die CO2-Emissionen pro Wagen hatten sich im Jahr 2018 in Deutschland erhöht, nicht gesenkt. Das hatte einen einfachen Grund, der unmittelbar mit der Dieselangst zusammenhing: Aufgrund der Dieselpanik legten sich mehr Menschen einen Benziner durch, der indes im Durchschnitt mehr Sprit verbraucht als ein vergleichbarer Dieselmotor und deshalb auch mehr CO2 ausstößt. Die Dieselfahrverbote führten also letztlich zu einem Mehrausstoß an Kohlendioxidemissionen in Deutschland, statt sie zu verringern. Dieser Trend erfährt erst seit 2021 eine allmähliche Umkehr, weil der Anteil der Elektroautos steigt.

Wie an anderer Stelle in diesem Buch erläutert, haben die Hersteller die Dieselkrise kräftig genutzt, um den Absatz neuer und vermeintlich zukunftssicherer Wagen kräftig anzukurbeln. Ein Blick auf die Zulassungszahlen von 2018 zeigt, dass die Strategie aufging, selbst für VW, den Dieselmanipulator Nummer 1. Die meistverkauften Wagen des Jahres 2018 waren (Top 10): VW Golf (211.512 Zulassungen), VW Tiguan (74.749), VW Polo (70.488), VW Passat (70.007), Mercedes C-Klasse (62.784), Skoda Oktavia (58.444), Audi A4 (53.340), Mercedes E-Klasse (51.175), Mini (50.494), Ford Focus (49.279).

2019 stiegen die Neuzulassungen in Deutschland sogar um bemerkenswerte 4,9 Prozent auf 3,61 Millionen Fahrzeuge, bevor es 2020 zum historischen Einbruch um 19 Prozent auf nur noch 2,92 neu zugelassene Fahrzeuge kam. Zuletzt hatte es im Jahr 2010 so wenige Neuzulassungen gegeben; damals waren die Gründe die Auswirkungen der Finanzkrise und Sondereffekte durch die im Jahr 2009 etablierte Abwrackprämie.[241]

2019 konnte sogar der VW-Konzern trotz des Images als „Autobetrüger Nummer eins“ seine weltweiten Auslieferungen um 1,3 Prozent auf 10,97 Millionen Fahrzeuge steigern. Auf die Marke VW entfielen dabei 6,27 Fahrzeuge (plus 0,5 Prozent), Audi ging mit 1,84 Millionen Auslieferungen (plus 1,8 Prozent) in die Bilanz ein.[242] Möglicherweise waren es diese vergleichsweise guten Zahlen, die VW und den anderen deutschen Autoherstellern die Wahrnehmung vermittelten, sie seien „mit einem blauen Auge“ dem Dieselskandal entkommen und hätten damit die Krise überwunden. Es war jedoch eine trügerische Ruhe vor dem Sturm, der sich aus der Elektromobilität und vor allem an der Softwarefront nährte und kurz danach die ganze Branche erfassen sollte. Die Jahre 2020/2021 gingen nicht nur der Autoindustrie an Corona verloren. Das war nach dem hausgemachten Dieseldesaster ein Schicksalsschlag aus dem nichts. Es waren indes zugleich die Schicksalsjahre, in denen sich die Angreifer der US-Wirtschaft wie etwa Tesla und Apple stärker als je zuvor formierten, um Marktdominanz zu erreichen. Ausgerechnet Tesla, der elektromobile Pionier, errichtete mitten in der Krise 2020/21 bei Berlin, also im Herzen Deutschlands, eine riesige Produktionsstätte. Ein böses Omen für die deutschen Autohersteller war dabei nicht nur die Größe der sogenannten Gigafactory, sondern vor allem die Geschwindigkeit, mit der das Werk binnen eines Jahres gebaut wurde. Es sollte den traditionellen Herstellern einen Eindruck vermitteln, mit welcher Wucht die neue Garde anzugreifen gedachte. Zeitgleich stellte sich 2020/21 eine ganze Phalanx chinesischer Hersteller für die automobile Zukunft auf, darunter Firmen wie Build Your Dreams (BYD), Nio oder XPeng, die Wagen vorstellten, die sich nicht nur in China gut verkauften, sondern auch wie gemacht für den europäischen Markt erschienen. Der chinesische Batterienhersteller Svolt Energy stellte 2021 sogar die Errichtung einer Gigafactory im Saarland in Aussicht, die ab 2023 die Batterieproduktion aufnehmen könnte.[243] Es wäre nach Tesla in Grünheide bei Berlin die zweite Gigafactory auf deutschem Boden – einmal von einer US-Firma, ein andermal von einem chinesischen Hersteller. Man konnte durchaus von einer Blamage für die deutsche Industrie sprechen. 2021 stellte zudem das italienische Unternehmen Italvolt den Bau einer Gigafactory in Europa in Aussicht – allerdings nicht in Deutschland, sondern in Italien. Ähnliche Ankündigungen kamen von der Firma Britishvolt in Großbritannien sowie der schwedischen Northvolt, die zusammen mit VW eine Gigafactory in Deutschland anstrebte.[244] Der US-amerikanische Tesla-Rivale Rivian war 2021 ebenfalls auf der Suche nach einem passenden Bauplatz für eine Fertigungsstätte.[245] Die Gigawerk-Ankündigungen waren vor einer stark wachsenden Nachfrage nach Batterien in Europa vor allem von der Automobilindustrie zu bewerten. Diese wird bis 2030 weltweit um das 17-fache auf etwa 3.600 Gigawatt (GWh) wachsen, wobei der prognostizierte Bedarf in der Europäischen Union bei 565 Gigawattstunden liegt, nur hinter China mit einem erwarteten Bedarf von 1.548 Gigawattstunden. E-Autos als Giga-Phänomen der 2020er Jahre.

Selbst die japanische Altikone Sony präsentierte einen schicken E-Car, der sich sehen lassen konnte. Es waren die Jahre 2020/21, in denen sich endgültig abzeichnete, dass die Dieselära ihrem Ende entgegen ging – und das das Schicksal der einstigen Dieselprofiteure ebenso ungewiss erschien. Die deutsche Autoindustrie hatte sich zu weiten Teilen in ein Dieseldesaster mit doppelter Wirkung hinein manövriert: zum einen durch Lug und Betrug das alteingesessene Geschäft selbst zu Fall gebracht und zugleich das Vertrauen bei Politik, Behörden und Verbrauchern verspielt, und zum zweiten durch sträfliche Vernachlässigung der anstehenden Innovationen im Automarkt, der Elektromobilität und noch gravierender des Know-hows in Sachen Software und Künstlicher Intelligenz.

Umweltschutz kostet Arbeitsplätze

Die Verschärfung der EU-Grenzwerte für CO2 hielt Volkswagen-Chef Herbert Diess für erreichbar – und da er es Ende 2018 öffentlich verkündete, meinte er vermutlich, auf legalem Wege für erreichbar. Wörtlich sagte er „Natürlich werden wir das Ziel, bis 2030 die CO2-Emissionen nochmals um 37,5 Prozent zu reduzieren, erreichen können. Mit unserer E-Plattform und der starken Präsenz in China schaffen wir das. Dieses verschärfte Ziel bedeutet aber einen großen strukturellen Wandel.“

Was der VW-Chef eigentlich sagen wollte: Die Umstellung macht Autos sehr teuer und sie wird viele Arbeitsplätze vernichten. Wörtlich führte er aus: „Wegen der teuren Batterien und der CO2-Strafzahlungen für konventionelle Autos würde Einstiegsmobilität sehr viel teurer werden, für viele Kunden unerschwinglich. Und es würde Arbeitsplätze kosten, in einer Größenordnung, die wir in diesem Zeitraum nicht mehr über Vorruhestandsregelungen abbauen können.“ Der VW-Chef zweifelte öffentlich an, dass sich „die Politik wirklich über die Auswirkungen ihrer Entscheidungen im Klaren“ war. Mit Blick auf die damals um sich greifenden Gelbwestenproteste warnte er, dass „Menschen wegen zehn Cent mehr für Diesel auf die Straße“ gehen. Der VW-Chef nutzte also die Wut der Autofahrer für eine deutliche Drohgebärde gegenüber der Politik aus. Das war schon dreist, ausgerechnet VW, der „größte Dieselmanipulator aller Zeiten“, stellte sich scheinheilig an die Seite der betrogenen Autobesitzer.

Um den Ernst der Lage zu verdeutlichen, ließ VW den geplanten Abbau von rund 7.000 Stellen in Hannover und Emden über die Presse verbreiten. Das waren etwa ein Drittel der insgesamt 22.000 Arbeitsplätze an beiden Standorten. Immerhin sollte der Stellenabbau sozialverträglich über Fluktuation und Altersteilzeit erfolgen. Am Standort Emden begründete VW den Abbau mit der Umstellung auf die Produktion von E-Autos. Doch dabei blieb es nicht. Am 24. September 2021 rechnete VW-Chef Herbert Diess in einer internen Aufsichtsratssitzung vor, dass die Transformation des Autobauers hin zur Elektromobilität bis zu 30.000 Stellen kosten könnte. Das wäre jeder vierte Job bei der Kernmarke VW. Der Hintergrund: Ab 2026 soll bei VW eine Generation der E-Autos von den Bändern laufen, die eine dramatische Verringerung der Komplexität mit sich bringt. Der Konzern arbeitet eigens hierfür an einer neuen Plattform namens Trinity, die E-Mobilität und Digitalisierung bis hin zum selbstfahrenden Auto vereinen soll. Die vereinheitlichte Plattform wird Plänen zufolge die Komplexität drastisch reduzieren. Der VW-Golf zum Beispiel kann derzeit je nach Kundenwunsch in zehn Millionen Varianten entstehen. Trinity würde nur weniger als hundert Varianten erlauben. Weniger Komplexität bedeutet aber auch weniger Arbeitsschritte und damit weniger Arbeitsplätze. Der geplante Jobabbau soll vor allem den Hauptsitz von VW in Wolfsburg betreffen.[246]

Autoproduktion sinkt

Im Frühjahr 2019 begann der Sinkflug der Autoproduktion in Deutschland. Die Rede war von einem Rückgang in den deutschen Werken um rund fünf Prozent auf 4,8 Millionen Pkw. 2020 sank der Absatz in Deutschland um beinahe 20 Prozent. Während bei Volkswagen die Rückgänge bei den Marken VW und Audi insgesamt etwas über dem Durchschnitt lagen, konnten sich die Premiummarken Mercedes (minus 10,6 Prozent) und BMW (minus 13,7 Prozent) besser behaupten. Dagegen konnte Tesla seine Verkäufe in Deutschland um 55,9 Prozent steigern.[247]

Das Jahr 2021 begann für den Automobilmarkt in Deutschland trostlos. In den ersten beiden Monaten 2021 war die Nachfrage um 25 Prozent eingebrochen. Die Kombination aus Corona Frust, wirtschaftlicher Zukunftsangst und den Unwägbarkeiten bezüglich möglicher Fahrverbote von Verbrennern einerseits und den Reichweitenbeschränkungen der E-Autos andererseits ließ viele potenzielle Käufer zögern.[248]

Die Hersteller machten vor allem die Politik für den Niedergang verantwortlich: Immer striktere Abgasregularien durch die EU, Fahrverbote in Deutschland, drohende Handelszölle aus den USA, Handelshemmnisse in China. Tatsächlich waren die Schwierigkeiten im Wesentlichen hausgemacht und seit Jahren verschleppt. Die Abgasgrenzwerte wurden zu lange nicht ernst genommen und mit Schummelsoftware ausgetrickst, Tesla wurde zu lange belächelt statt ernst genommen, das autonome und äußerlich lächerliche Google Car, das mit etwas mehr als Schrittgeschwindigkeit selbstständig vor sich hinfuhr, wurde als Spielerei abgetan. Erst sehr langsam schwante den deutschen Automobilherstellern, dass ein paar Zentimeter mehr Innenraum, eine Handschriftenerkennung zur Eingabe von Buchstaben ins Navigationssystem oder ein Spurhalteasssistent, der am Lenkrad rüttelt, wenn man an den Fahrbahnrand kommt, keine ausreichende Innovationskraft darstellen, um die Zukunft zu meistern. Die deutsche Automobilbranche hat es über Jahre hinweg schlichtweg versäumt, die Autoagenda für die Zukunft zu schreiben. Statt die Innovationen zu treiben, ließ sie es lange sehr gemächlich angehen und unterschätzte völlig, wie rasch, fundamental und nachhaltig der Wettbewerb aus den

USA und aus China das Innovationsvakuum zu füllen in der Lage war. So war das böse Erwachen der deutschen Automobilbranche 2019 und die verzweifelte Aufholjagd seit 2020 zu erklären.

Die Hersteller sahen sich gezwungen, das Versäumte so rasch wie möglich nachzuholen und so schnell wie möglich ins Zeitalter der Elektromobilität zu fahren. Allein schon wegen der Dieselkrise und der verschärften CO2-Grenzwerke mussten Hybrid- und E-Autos her. Eines der Probleme dabei: Die Gewinnmargen sind bei Hybrid- und E-Fahrzeugen deutlich geringer als bei Diesel und Benzinern. Vor allem beherrschten die deutschen Hersteller die für die Zukunft essenziellen Schlüsseltechnologien nicht ausreichend, weder die Batterietechnik noch das autonome Fahren. Eine Umfrage unter Automobilmanagern 2019 brachte zutage, dass sich nicht einmal die Hälfte gut auf die Batterietechnik der Zukunft vorbereitet sah. Mehr als 70 Prozent stuften die Kombination aus Dieseldesaster, strengerem Klimaschutz und den E-Wandel als die größte Herausforderung ein.

Vor allem in den größten Einzelmärkten der Welt für Autos, China und die USA, stellten sich die Zukunftsaussichten der deutschen Hersteller alles anderes als rosig dar. China beherrscht die für künftige Autogenerationen notwendige Batterietechnik deutlich besser als die Deutschen. Der chinesischen Staats-Industrie-Komplex hat sich den Zugang zu den für die Batterieproduktion notwendigen Rohstoffen gesichert, kann Batteriefabriken ohne nennenswerte Umweltschutzauflagen in gigantischen Ausmaßen errichten und kann sich technologisch durchaus vom Westen emanzipieren, wie die Erfolge der chinesischen Smartphonehersteller spätestens Anfang der 2020er anschaulich bewiesen. Und stolze Errungenschaften hiesiger Ingenieurskunst wie die deutsche Motoren- und Getriebetechnik werden für die E-Autos schlichtweg nicht mehr benötigt. In den USA hat Tesla allen Schwierigkeiten zum Trotz gezeigt, wie man binnen weniger Jahre einen modernen Automobilhersteller aus dem Boden stampfen kann, der Traditionsmarken alt aussehen lässt. Selbst bloße Digitalanbieter wie Google oder Apple, die überhaupt keine eigenen Fahrzeuge bauen, sind längst zu ernst zu nehmenden Wettbewerbern herangereift. Wenn aber in den größten Automärkten der Welt, China und den USA, dortige Anbieter in eine technologische Führungsrolle schlüpfen, dürften die Aussichten der europäischen und vor allem deutschen Autohersteller nicht gesichert sein, um vorsichtig zu formulieren.

Ein Fünftel aller Jobs bedroht

Das Dieseldesaster war keineswegs der einzige Jobkiller, der Deutschland heimgesucht hat – die Auswirkungen der Digitalisierung werden sich als viel gravierender entpuppen. Eine Studie der Organisation für wirtschaftliche Zusammenarbeit und Entwicklung sagt voraus, dass in den kommenden 15 bis 20 Jahren, also etwa bis 2040, beinahe jeder fünfte Arbeitsplatz in Deutschland durch neue Technologien bedroht ist. Damit wird die Digitalisierung in Deutschland härter zuschlagen als in den meisten anderen europäischen Ländern, in denen im Durchschnitt nur jeder siebte Job zur digitalen Disposition steht, sagt die OECD voraus. Dafür gibt es mehrere Gründe. So gibt es in Deutschland überdurchschnittlich viel verarbeitendes Gewerbe, also Betriebe, die Waren produzieren oder weiterverarbeiten. Auf diesem Sektor wird die Automatisierung besonders stark zum Tragen kommen. Durch den technologischen Wandel werden sich viele Berufsbilder radikal verändern, laut OECD wird das auf mehr als ein Drittel aller Arbeitsplätze in Deutschland zutreffen. Doch genau hier macht die OECD gravierende Mängel in Deutschland aus, nämlich bei der Weiterbildung für Arbeitende mit geringer Qualifikation, die vom digitalen Wandel besonders stark betroffen sein werden. Nur ein Viertel dieser Gruppe der Geringqualifizierten erfährt Schulungen, während es bei den Hochqualifizierten Dreiviertel sind. Zur Abhilfe fordert die OECD von der Bundesrepublik Deutschland, einen individuellen Rechtsanspruch für Arbeitnehmer auf lebenslanges Lernen zu etablieren.[249]

Abbau von Arbeitsplätzen

2019 begann in der deutschen Automobilindustrie eine Welle des Arbeitsplatzabbaus, die in den darauffolgenden Jahren an Dramatik noch zugenommen hat und sich weit in die 2020er Jahre hinein erstrecken wird.

Der US-Autobauer Ford kündigte 2019 einen Kahlschlag in Europa an: rund 12.000 Arbeitsplätze und sechs Fertigungsstätten sollten gestrichen werden. In Deutschland standen etwa 5.000 Jobs zur Disposition. Als Grund nannte Ford wie die meisten Wettbewerber auch schleppende Absatzzahlen, während die Kosten wegen strengerer Abgasvorschriften und der Entwicklung von Elektroantrieben steigen.[250]

Ford war kein Einzelfall. Volkswagen kündigte Anfang 2019 an, dass im Zuge der Umstellung auf Digitalisierung und Elektrifizierung bis 2023 etwa 5.000 bis 7.000 Stellen gestrichen würden. Und der Arbeitsplatzabbau blieb nicht auf die Automobilbranche beschränkt. Bayer kündigte 2019 die Reduzierung der Belegschaft um zehn Prozent bis 2021 an, das entsprach 12.000 Arbeitsplätze binnen zwei Jahren, davon 5.000 in Deutschland. Weitere Jobverlustankündigungen allein aus dem Jahr 2019 kamen beispielsweise von BASF (3.000 Stellen), Siemens (10.000) und der Deutschen Bank (20.000), um nur einige wenige zu nennen. Die 2021 vom Daimler-Konzern abgespaltete Lkw-Sparte verkündete gar, die Belegschaft in den Antriebswerken bis 2033 bis zur Hälfte zu reduzieren.[251] Die deutsche Konjunkturschwäche war nicht mehr zu leugnen. Am Arbeitsmarkt wurde sie zwar durch einen Fachkräftemangel parallel dazu kompensiert, weil immer mehr Menschen aus Altersgründern den Arbeitsmarkt verließen, mehr als 300.000 Menschen allein 2018. Aber das ändert wenig daran, dass diejenigen, deren Arbeitsplätze durch neue Antriebe oder Digitaltechnik wegfallen, nur in wenigen Fällen „einfach so“ auf den neuen Positionen wie Programmierer, Elektroingenieur oder KI-Experte einsetzbar sein werden.[252]

Die IG Metall brachte im März 2019 eine neue Form des Kurzarbeitergelds in die Diskussion, das bei dem Umstieg auf Elektromobilität Arbeitslosigkeit verhindern sollte. Das neue Transformations-Kurzarbeitgeld sollte Unternehmen dabei unterstützen, ihre Beschäftigten umzuschulen, ohne dass sie arbeitslos werden. Der Vorschlag kam nicht von ungefähr: Die IG Metall ging offenbar davon aus, das bei der Umstellung auf E-Autos rund 150.000 Stellen vor allem in der Fahrzeugproduktion wegfallen werden. Die zur Abfederung notwendigen Hilfen verglich die Gewerkschaft mit denen für die Braunkohlereviere im Zuge des Kohleausstiegs. Viel deutlicher lässt sich die Dramatik kaum ausdrücken.[253]

Denn nicht nur die Autohersteller standen vor dem Arbeitsplatzabbau, auch die Zulieferer waren natürlich betroffen. So kündigte beispielsweise Schaefller Anfang 2019 an, rund 900 Jobs angesichts der Flaute in der Autoindustrie zu streichen. Weitere Einsparmaßnahmen sind nicht ausgeschlossen, drohte Vorstandscherf Klaus Rosenfeld im März 2019. Bei Bosch, dem größten Automobilzulieferer der Welt, hängen rund 50.000 der insgesamt 410.000 Arbeitsplätze direkt am Diesel; Bosch ist nämlich auch der weltweit größte Lieferant von Dieseltechnologie. 2019 gingen erstmals Tausende von Beschäftigten bei Bosch auf die Straße, um für den Erhalt ihrer Jobs zu demonstrieren. Die entscheidende Frage für den Arbeitsmarkt ist, wie schnell der Technologiewechsel kommt. In gewohnten Bahnen ließe sich der Arbeitsplatzabbau über die demografische Entwicklung lösen. Aber der ohnehin schon starke Druck durch Tesla, Google, Apple oder Nio wird durch die äußerst ambitionierten Umweltziele der EU-Politik derart verschärft, dass sich weite Teile der Industrie zu schnellem Handeln gezwungen sehen – und das geht unweigerlich zu Lasten der Arbeitsplätze. Allein die Vorgabe an die Hersteller, den CO2-Ausstoß ihrer Neuwagenflotten in der EU zwischen 2021 und 2030 um weitere 37,5 Prozent zu reduzieren, dürfte Tausende von Beschäftigte ihren Arbeitsplatz kosten.

Continental streicht 20.000 Stellen

Der Automobilzulieferer Continental steht beispielhaft für die gesamte Branchen. Bis 2029 will der Konzern 20.000 Stellen streichen, 7.000 davon in Wiesbaden. Mit den Maßnahmen will Continental die Kosten um 500 Millionen Euro senken, um sich der veränderten Marktsituation anzupassen.[254] Immerhin soll neben dem Abbau von weniger zukunftsträchtigen Bereichen bei der Elektromobilität und bei Software zugelegt werden. Das ist exemplarisch für eine Branche, die den Umbruch nutzt, um Geschäftsprozesse neu zu strukturieren, sich von alten Zöpfen zu trennen und sich auf neuen zukunftsträchtigen Feldern zu positionieren. Für die Beschäftigungssituation in Deutschland ist das allerdings keine gute Entwicklung: Ähnlich wie bei Continental werden in allen Betrieben netto deutlich mehr Arbeitsplätze wegfallen als neue geschaffen werden. Bosch, BMW,

Daimler, ZF Friedrichshafen und viele mehr sind entweder schon mit dem Abbau befasst oder befinden sich in der entsprechenden Planung.

Schätzungen zufolge wird die Umstellung auf Elektromobilität bis 2030 weit über 100.000 Arbeitsplätze in Deutschland kosten. Das Center Automotive Research (CAR) der Universität Duisburg-Essen geht von beinahe 234.000 Stellen aus, die bei Autobauern und Zulieferern in Produktion und Entwicklung für Verbrennungsmotoren überflüssig werden. Im Gegenzug sollen rund 100.000 neue Arbeitsplätze in der Entwicklung und Fertigung von Elektroantrieben entstehen. Dann würde die Zahl der Beschäftigten in der deutschen Automobilbranche von deutlich über 800.000 im Jahr 2020 auf nur noch gut 700.000 in 2030 fallen. Dieser Berechnung liegt die Annahme zugrunde, dass bis dahin rund zwei Drittel der dann produzierten Wagen Elektroautos sein werden.[255]

Es bleibt natürlich wie immer in solchen Fällen die Hoffnung, dass die Unternehmen aus diesem Wandel gestärkt hervorgehen und damit in fernerer Zukunft wieder verstärkt einstellen.

Problemfall Autobranche nicht chancenlos

Die Autoindustrie war über Jahrzehnte hinweg das Zugpferd der deutschen Wirtschaft. Durch Dieselkrise und verpassten E-Anschluss könnte sie sich bald als lahmer Gaul erweisen. Die Globalisierung hat die Branche in den USA und China stark gemacht, doch jedes Wachstumshemmnis auf diesen Märkten führt eben zum Rückschlag nach Deutschland. Hierzulande haben die Konzerne Politik, Behörden und Verbraucher allzu dreist und allzu oft belogen und betrogen, um noch auf viele Fürsprecher und Sympathisanten hoffen zu dürfen. Und schließlich hat die jahrelange Schummelei den Diesel derart lange zum Erfolgsmodell gemacht, dass die Hersteller nicht intensiv in andere Konzepte wie Wasserstoff oder Batteriefahrzeuge investiert haben.

In das Jahr 2019 gingen die deutschen Automobilhersteller vor allen mit überaus großartigen Zukunftsszenarien über die E-Mobilität und beerdigten den Diesel beinahe schon. „Emissionsfreie Automobile sind die Zukunft" verkündete der scheidende Daimler-Chef Dieter Zetsche. Doch in seiner Amtszeit hatte er es versäumt, die Grundlagen dafür zu schaffen. Daran konnte auch die geradezu gigantische Inszenierung nichts mehr ändern, mit der Zetsche am 4. September 2018 in Stockholm mit dem EQC den ersten rein elektrischen SUV von Mercedes vor 600 geladenen Gästen mit viel Pomp vorstellte.[256] Doch bei der Produktion mangelte es lange Zeit sowohl an Batteriezellen, die Daimler zukaufte, als auch an fertigen Batterien, die der Autohersteller in Eigenregie zusammenschraubte. Hatten die deutschen Hersteller lange Jahre hinweg die Produktionsschwierigkeiten von Tesla mitleidig bis hämisch belächelt, mussten sie 2019 feststellen, dass die Fertigung eines E-Autos auch für die Benzin- und Dieselerprobten Traditionshersteller gar nicht so einfach ist. Immerhin verkaufte Tesla zu dieser Zeit schon mehr Stromer als alle anderen Wettbewerber zusammen.

Audi kündigte 2019 an, 2026 die Entwicklung neuer Verbrennungsmotoren zu beenden, hatte jedoch zum Zeitpunkt dieser Ankündigung keinen einzigen E-Wagen im Angebot.[257] Audis teilweise hochgelobter E-Tron war zu dieser Zeit noch lange davon entfernt, bei den Autohändlern zum Verkauf zu stehen. Es war alles nur Rhetorik, verbunden mit der Hoffnung, dass die Kunden irgendwie noch so lange durchhalten würden, bis die deutsche E-Offensive lieferbar wird. BMW hatte zwar mit den wenig gefragten Modellen i3 und i8 immerhin schon etwas vorzuweisen, aber so richtig losgehen sollte es erst ab 2021.[258] Bis 2025 wollen die Münchner sogar mindestens zwölf rein elektrische Wagen anbieten. Der wenig zukunftsträchtigen Palette der Jahre 2019/2020 wollten die Hersteller augenscheinlich eine umso größere Zukunftsvision an die Seite stellen. Aber die Modelle kamen nach und nach tatsächlich auf den Markt und angesichts des Höhen- und Tiefenflugs des E-Erzrivalen Tesla kam die deutsche E-Offensive vielleicht spät, aber möglicherweise noch nicht zu spät.

Tatsächlich fingen die deutschen Autohersteller 2018/19 an, sich mit Ankündigungen zu überbieten. Mehr als 40 Milliarden Euro, so verkündete die heimische Autoindustrie, wollte sie bis 2022 in E-Mobilität investieren. VW will ab 2025 jährlich mehr als eine Million reine Batterieautos absetzen.[259] VW schien damit seinen Wettbewerbern aus Stuttgart und München voraus zu sein. So hatte Daimler mit dem Mercedes EQC zunächst nur einen Kompromiss vorgestellt, bei dem die Fahrzeugarchitektur eines Verbrenners eher notdürftig mit Batterien vollgestopft wurde. Das erste Modell auf Grundlage Daimlers echter Elektroplattform EVA kam erst 2021 mit dem EQS auf den Markt. Die zeitliche Lücke versuchte der Konzern offensichtlich mit Plug-in-Hybriden zu überbrücken.[260] Das war knapp, denn um hohen Strafzahlungen wegen Überschreitungen der Grenzwerte in der Fahrzeugflotte zu umgehen, müssten schon 2025 rund ein Viertel aller verkauften Pkw rein elektrisch fahren. Doch bereits seit 2021 darf die Neuwagenflotte von Daimler laut EU-Beschluss nur noch rund 105 Gramm CO2 pro Kilometer ausstoßen. „Die Zeitrechnung hört 2022 nicht auf", sagte der neue Daimler-Chef Ola Källenius, der Dieter Zetsche im Mai 2019 an der Spitze ablöste, zu recht. Doch Erzrivale BMW plante bereits für 2021 den E-Angriff mit der fünften Generation von Elektromotoren und Batterien. Bis dahin mussten der Mini und der X3 als umfunktionierte Stromer herhalten.[261] Immerhin verfügte BMW mit dem vor über sechs Jahren vorgestellten i3 über ein reines Elektroautos, das sich allerdings mit rund 35.000 verkauften Wagen kaum auf dem Markt durchsetzen konnte.

Noch sind die deutschen Autobauer also nicht chancenlos im E-Markt. Vieles wird auch davon abhängen, ob und wie gut es Tesla gelingt, sein Momentum zu halten. Der Bau einer eigenen Produktionsstätte in Deutschland seit 2020 hat sicherlich dazu beigetragen, dieses Momentum eher zu stärker als zu schwächen. Und natürlich stellt sich die Frage: Was wird der Kunde wollen? Und wie gut ist die Führung an der Spitze der Autohersteller?

Das Ende der Nettigkeiten bei BMW

Ex-BMW-Chef Harald Krüger schied im Sommer 2019 aus dem Vorstand des Autohersteller aus – wohl vor dem Hintergrund, dass es ihm weder gelungen war, den Konzern aus dem Dieseldesaster herauszuhalten, noch in Richtung Elektromobilität zukunftsträchtig aufzustellen. Der Spitzenmanager galt als zu freundlich und nett, zu wenig aggressiv. So bescheinigten viele Experten den Münchnern, dass ihre Diesel deutlich sauberer waren als die der Konkurrenz. Aber im Abgasskandal wusste das der blau-weiße Autohersteller nicht zu seinen Gunsten zu nutzen – am Ende stand die gesamte Branche am Pranger. Schlimmer noch: Als sich im Kartellverfahren die Katastrophe für die Hersteller abzeichnete, zogen sich VW und Daimler mit Selbstanzeigen aus der Affäre und ließen BWM im Regen stehen. Während VW und Daimler von Kronzeugenregelungen profitieren durften, drohte BMW die Höchststrafe. Eine Milliarde Euro hatte der Münchener Hersteller für ein mögliches Bußgeld zur Seite gelegt.[262]

Auch die zögerliche E-Strategie wurde Harald Krüger zur Last gelegt. Schon 2013 brachte BMW mit dem i3 ein durchaus vorzeigbares E-Auto auf den Markt, das natürlich damals kaum vermeidbare Schwächen aufwies und kommerziell kein großer Erfolg war. Dennoch hätte es der Beginn einer E-Strategie sein können – war es aber nicht, weil die Münchner daraus lange Zeit überhaupt keine erkennbare Strategie zu entwickeln schienen. BMW hatte die Chance, ein bayerischer Tesla zu werden, und verschenkte diese Position ohne Not – allein durch Zögerlichkeit.[263]

Das Dieseldesaster, der Kartellvorwurf, die Ermittlungen der Staatsanwaltschaften gegen die Bosse der Branche, der Wandel zur Elektromobilität bei gleichzeitiger Ungewissheit über die Einsatzfähigkeit alternativer Antriebstechnologien, die erwarteten Umwälzungen durch die Digitalisierung und vor allem selbstfahrende Autos, das Aufkommen neuer Wettbewerber von Tesla über Google und Apple bis hin zur neuen Riege chinesischer E-Angreifer – das alles sorgt für eine Unruhe in der Branche, in der Nettigkeiten, wie sie vor allem BMW lange Jahre pflegte, nicht mehr gefragt sind. Der Wettbewerb ist brutaler, der Umgangston rauer geworden.

Der Unsicherheitsfaktor Kunde

Auf dem Genfer Autosalon 2019 und der IAA Mobility 2021 stellten die Konzerne reihenweise neue Hybridautos, Serienfahrzeuge und E-Autostudien vor.[264] Die deutschen Autobauer erwarten sich in den kommenden Jahren den Verkauf von Millionen Elektroautos. Doch ob die Kunden bei dieser Planung mitspielen, blieb der unkalkulierbare Faktor. Der damalige Daimler-Chef Dieter Zetsche formulierte im März 2019 sehr deutlich: „Ich glaube, es ist auch bei den bisherigen Angeboten erkennbar, dass Elektromobilität im Grundsatz teurer ist als vergleichbare Fahrzeuge mit Verbrennungsmotoren". Selbst bei sinkenden Batteriekosten werde noch lange Zeit eine spürbare Preisdifferenz zu verzeichnen sein.[265] Daimler habe natürlich einen Plan, aber ob die Kunden die Fahrzeuge auch kaufen und ob die Infrastruktur zum Laden dieser Autos mitwächst, darauf hätten die Autobauer weniger Einfluss, räumte Zetsche 2019 ein. Doch zu dieser Zeit war bereits offensichtlich, dass E-Angreifer Tesla alles daran setzte, die E-Mobilität erschwinglich zu machen. Während Daimler noch von Zweifeln geprägt war, ob E-Autos überhaupt für den Massenmarkt geeignet wären, konstruierte Tesla längst das E-Fahrzeug für eben diesen Massenmarkt. Die Überlegungen des ehemaligen Daimler-Chefs, immerhin eine hochangesehene Persönlichkeit in der deutschen Automobilbranche und damit durchaus ein Sprachrohr für die gesamte Industrie, waren von Unklarheit und Unsicherheit geprägt. Mehr oder minder traumatisiert vom Dieseldesaster stellte die Branche die Weichen in Richtung E-Mobilität über lange Zeit hinweg eher halbherzig, nach dem Motto „Wir glauben nicht ernsthaft daran, aber die Umstände zwingen uns". Das war keine gute Ausgangslage für die E-Generation der 2020er Jahre.

Diese Unsicherheit wog umso stärker, als die deutsche Autoindustrie mit den E-Wagen rasch breite Käuferschichten erschließen muss, um Strafzahlungen für Klimaverstöße zu vermeiden. Um den Ausstoß von CO2 in den Jahren 2021 bis 2030 um 37,5 Prozent zu senken, wie es die EU-Vorgaben vorsehen, müsste jeder zweite Neuwagen in Deutschland elektrifiziert sein. Das sind ehrgeizige und möglicherweise gar nicht erreichbare Ziele, zumal das Kundenverhalten noch lange unkalkulierbar bleiben und natürlich auch nicht über alle Hersteller und Modelle gleich sein wird.[266] Der Autobauer Fiat Chrysler

(FCA) brachte 2019 ein interessantes Ausweichmanöver ins Spiel: Der Konzern wollte Strafzahlungen wegen klimaschädlicher Abgase in Kauf nehmen, wenn das günstiger als die hohe Investitionen in Elektroautos wäre. „Wir nehmen den Weg mit den geringsten Kosten", gab sich FCA-Chef Mike Manley auf dem Genfer Autosalon 2019 pragmatisch.[267]

Auch Bosch, der größte Automobilzulieferer der Welt, verfolgt einen breiteren Ansatz statt alles auf E-Mobilität zu setzen. Die Erreichbarkeit der vorgegebenen Ziele – Klimaschutz, weniger Staus, niedrigere Emissionen – hängt schließlich von vielen Faktoren ab und am Ende entscheidet der Kunde. Bosch-Geschäftsführer Stefan Hartung brachte es beispielhaft auf den Punkt: „Ob ein großer SUV voll-elektrisch heute schon Sinn ergibt oder eine Hybridisierung, hängt auch von der Zahlungsbereitschaft der Kunden ab." Auch vor diesem Hintergrund will Bosch den Verbrennungsmotor gezielt weiterentwickeln. „Im Jahr 2030 werden weltweit noch etwa 70 Prozent der Fahrzeuge mit Verbrennungsmotor fahren", gab Bosch-Geschäftsführer Stefan Hartung 2019 zu Protokoll.[268]

Blaues Auge durch Schummelei

Dennoch stand das gute Abschneiden von VW mitten im Krisenjahr 2020 für einen Lichtblick in der deutschen Automobilindustrie. Trotz der Pandemie, angeschlagenen Lieferketten, Werksschließungen und roten Quartalszahlen zwischendurch erwirtschaftete Europas größter Autohersteller 2020 beinahe neun Milliarden Euro Gewinn bei mehr als 220 Milliarden Euro Umsatz. Das Betriebsergebnis lag sogar bei zehn Milliarden Euro, doch eine Milliarde ging ab für die Rechtskosten zur Bewältigung des Dieseldesasters. VW war 2020 mit einem blauen Auge davongekommen, wenngleich weniger Autos verkauft wurden als 2019 und dementsprechend auch die Finanzahlen niedriger lagen. 2019 hatte VW 14 Milliarden Euro Gewinn und rund 250 Milliarden Umsatz einfahren können.[269] Dennoch: Die Verkäufe von Elektro- und Hybridautos gegen Ende 2020 hatten VW vor Absturz bewahrt und bewiesen, dass die E-Strategie des Konzerns Früchte zeigte.

Allerdings hatte der Konzern 2020 augenscheinlich wieder einmal kräftig geschummelt, wie die Umweltschutzorganisation Greenpeace herausfand. Über Zulassungen auf den Hersteller selbst, seine Werkstätten und Händler sowie auf zu VW gehörige Autovermietungen hat der Konzern augenscheinlich weitaus mehr E-Autos in den Markt gedrückt, als er eigentlich verkaufen konnte. Eine Untersuchung von Greenpeace kam auf rund 65.000 Fahrzeuge, über 20 Prozent aller E-Autos und fast 22 Prozent der Plug-in-Hybride, die VW sozusagen selbst gekauft hatte in Ermangelung eines Kunden. Allein im Dezember 2020, also kurz vor Jahresende, hatte VW demnach mehr als ein Drittel der vermeintlich verkauften E-Autos auf sich selbst oder VW-Händler zugelassen. Volkswagen hatte damit nicht nur sein Prestige poliert – bis der Schwindel dank Greenpeace aufflog –, sondern auch seine Klimabilanz frisiert. Das hatte handfeste finanzielle Gründe: Durch die E-Schummelei vermied der Konzern Strafzahlungen wegen Überschreitung des CO2-Flottengrenzwerts in Höhe von rund 140 Millionen Euro, haben die Umweltschutzaktivisten errechnet.[270]

Ein weiteres Zeichen dafür, dass die Lage von VW Anfang der 2020er Jahre deutlich weniger rosig war, als der Konzern glauben machen wollte: VW erwog 2021, die Konzerntochter Porsche als eigenständiges Unternehmen an die Börse zu bringen – als neue Finanzierungsquelle für die beschleunigte Elektrooffensive. Schließlich wollte man das Dieseldesaster hinter sich lassen und den Anteil der E-Autos bis 2030 auf 70 Prozent steigern.

Mit dem Schritt könnte, so die Überlegung, zudem der Aktienkurs von VW geschützt werden. Volkswagen wurde 2021 mit rund 90 Milliarden Euro an der Börse bewertet; Erzkonkurrent Tesla überschritt im gleichen Jahr indes erstmals die Marke von einer Billion Dollar, also mehr als das Zehnfache im Vergleich zu VW.[271]

„Mit einem blauen Auge davongekommen" konnte man 2020 auch Daimler zubilligen. Zwar wurden 2020 15 Prozent weniger Fahrzeuge verkauft als im Vorjahr und der Umsatz sank um elf Prozent auf rund 154 Milliarden Euro, doch die Aktionäre profitierten von einem um rund 50 Prozent höheren Gewinn gegenüber 2019 von immerhin 3,6 Milliarden Euro. Diese Zahlen konnte man angesichts der grassierenden Pandemie als Erfolg verbuchen.[272]

Die unrühmliche Rolle der Politik

Das Dieseldesaster war nicht nur ein Versagen der Autoindustrie, sondern auch der Politik. Beide waren sich seit Anfang der 2020er Jahre einig, mit aktivem E-Engagement die Vergangenheit möglichst vergessen zu lassen – denn diese war alles andere als ein Ruhmesblatt.

Zerrüttetes Verhältnis zwischen Politik und Autobranche

Der 17. September 2015 stellte eine Zäsur für das bis dahin gute Verhältnis zwischen der deutschen Autolobby und die Bundespolitik dar. An diesem Tag trat die damalige Bundeskanzlerin Angela Merkel zur Eröffnung der 66. Internationalen Automobil-Ausstellung (IAA) in Frankfurt auf die Bühne, um sich bei der Branche für die Anstrengungen der vorangegangenen Jahre zu bedanken. Bei der Kohlendioxidminderung seien „beeindruckende Zahlen" erreicht worden. Sie schloss ihre Rede mit den Worten „Schön, dass ich dabei sein darf". Offenbar ahnte die Bundeskanzlerin zu diesen Zeitpunkt noch nicht, dass sie von der Autoindustrie hinters Licht geführt worden war.[273] Beim anschließenden Messerundgang ließ sie sich gerne mit VW-Konzernchef Martin Winterkorn und Audi-Chef Rupert Stadler fotografieren. Doch am Abend des nächsten Tages kam es knüppeldick: Die Nachrichtenagenturen meldeten, dass die US-Behörden gegen den Volkswagen-Konzern eine offizielle „Notice of Violation" wegen Verstößen gegen Umweltgesetze erlassen haben. Die Behörden erhoben den Vorwurf krimineller Manipulationen an den Dieselfahrzeugen.[274] Für VW kam die

Sache wohl nicht ganz so unerwartet wie für die Kanzlerin: Schon Wochen zuvor hatte die VW-Spitze Verhandlungen mit den US-Behörden über den Dieselbetrug geführt, um die Aufdeckung doch noch abzuwenden. Aber die Kanzlerin hatte man vom anstehenden Desaster augenscheinlich nicht informiert. Man muss dieses Detail kennen, um zu verstehen, warum die Autolobby seit 2015 bei der Politik weder in Berlin noch in Brüssel viel zu sagen hat. Wer nicht nur die Behörden und die Verbraucher belügt, sondern auch die oberste Politikspitze derart in den Regen führt, hat sich die daraus resultierende Vertrauenskrise selbst zuzuschreiben.

Zudem stand bis 2018 mit Matthias Wissmann ein ehemaliger Politiker an der Spitze des Verband der Automobilindustrie (VDA). Unter Bundeskanzler Helmut Kohl war Wissmann immerhin Verkehrsminister gewesen. Sein Nachfolger als VDA-Präsident, Bernhard Mattes, war zuvor Deutschlandchef von Ford ohne politischen Hintergrund.[275] Das lange Zögern der Branche, eine eigene Batteriezellenproduktion für Elektroautos in Deutschland aufzubauen, hing womöglich auch mit einem gewissen Misstrauen in die Standhaftigkeit der Politik zusammen. Wenn sich der politische Wind in einigen Jahren etwa in Richtung Brennstoffzellenantrieb dreht, wären Milliarden verloren.

Nachdem die Autobranche das Vertrauen in die Politik verloren hat und Vice versa, hoffte die Industrie augenscheinlich auf politischen Druck aus der Bevölkerung. Die vor 2020 populäre Geldwesten-Bewegung wurde als warnendes Beispiel dargestellt für die Folgen, wenn die Politik über das Ziel hinausschießt – beispielsweise bei der Vorgabe von Grenzwerten.[276] Es war wahrlich eine bemerkenswerte Konstellation: Die Autobranche hoffte, dass die Bevölkerung der Politik den Weg weist, weil sie selbst nicht durchdrang. Am Ende halfen die zahlreichen Dieselfahrverbote sogar der Autoindustrie, weil dadurch die Protestbewegungen mehr Zulauf erhielt. Ob das die Grundlage einer Strategie für die 2020er Jahre darstellt, bleibt allerdings zweifelhaft.

Europa soll sauberer werden

Obgleich die heutigen Grenzwerte die Ingenieure in den Autokonzernen schon an ihre Grenze brachten, beschloss die EU eine weitere Verschärfung: Bis 2030 soll der Kohlendioxidausstoß (CO2) von Neuwagen um 37,5 Prozent gegen über 2021 sinken. Bei leichten Nutzfahrzeugen soll der CO2-Ausstoß bis 2030 um 31 Prozent reduziert werden. Als Zwischenziel legte die EU eine Reduzierung für beide Fahrzeugklassen um 15 Prozent bis 2025 fest.[277] Es sind die schärfsten CO2-Grenzwerte weltweit; kein Land auf der Welt hat mehr Ehrgeiz in punkto automobiler Sauberkeit als die Staaten der Europäischen Union.

Das sind äußerst und möglicherweise zu ehrgeizige Ziele. Deutschland hatte sich gemeinsam mit der Autoindustrie lange gegen diese Verschärfung gesträubt. Ursprünglich drangen die deutschen Autohersteller und ihre Regierung auf höchstens 30 Prozent Minderung, im Oktober 2018 stand eine Absenkung um 35 Prozent im Raum, doch das Europaparlament drängte sogar auf 40 Prozent Absenkung beim Kohlendioxidausstoß.

Die neuen Grenzwerte erscheinen besonders brisant, weil die bisherigen Vorgaben von den Autohersteller schon kaum erfüllt werden. So war bisher in der EU festlegt, dass Neuwagen im Flottendurchschnitt 2021 nicht mehr als 95 Gramm Kohlendioxid pro Kilometer abgeben dürfen. Alle prozentualen Senkungen beziehen sich auf diesen Wert. Doch für die Hersteller ist selbst diese Vorgabe noch in weiter Reichweite: Der europäische Durchschnitt lag zuletzt bei 118,5 Gramm, also 24,7 Prozent über dem EU-Wert. Acht der 13 europäischen Automobilhersteller haben schon die 2021er-Ziele deutlich verfehlt. Das hat zwei einfache Gründe: Die Kunden kaufen immer mehr SUVs, die mehr verbrauchen als eine vergleichbare Limousine, und mit der Umstellung auf den UNO-initiierten neuen Verbrauchsmesszyklus WLTP ergeben sich rein rechnerisch höhere Werte, selbst wenn sich der reale CO2-Ausstoß gar nicht ändert. Heute sind noch keine Fahrzeuge im Angebot, die den Stand von 2030 auch nur annähernd erfüllen würden, außer natürlich Elektroautos, bei denen der CO2-Ausstoß stets mit Null angesetzt wird; das bei der Herstellung des Fahrzeugs erzeugte CO2 bleibt unberücksichtigt. Zudem gibt es einige Plug-In-Hybride, die den Abgasanforderungen von 2030 genügen, etwa von Audi, BMW, Kia, Volvo und VW. So liegt beispielsweise der Golf GTE mit 36 Gramm CO2 pro Kilometer deutlich unter der für 2030 angepeilten Marke von 59 Gramm, ebenso der Audi A3 E-Tron (36 Gramm) oder der Toyota Prius Plug-In-Hybrid (22 Gramm). Allerdings werden diese Werte wohl ebenfalls nur auf dem Papier erreicht, nicht auf der Straße. Der nächste Autoumweltskandal scheint also vorprogrammiert. Günstige Kleinwagen mit Verbrennungsmotor werden die Vorgaben für das Jahr 2030 wohl gar nicht erreichen können, von größeren Fahrzeugen ganz zu schweigen.[278]

Der Hang der Politiker zur Sauberkeit hat einen einfachen Grund: Es geht darum, die politisch wichtigen Klimaziele der Europäischen Union insgesamt zu erreichen. Der Mechanismus ist wie folgt: Zunächst beschließt die weltweite Staatengemeinschaft in der UNO Ziele, die EU übernimmt sie und die Nationalstaaten führen sie in Gesetze über. So erfolgte auch die Festlegung der neuen CO2-Ziele wenig verwunderlich kurz nach der

UNO-Klimakonferenz im polnischen Kattowitz gegen Ende 2018.

Es sind in der Regel gute und unterstützenswerte Ziele, die den Menschen helfen, die Umwelt schützen, die Menschheit voranbringen, Zeichen der Humanität und des gesellschaftlichen Fortschritts setzen. Es sind Ziele, denen die meisten von uns intuitiv zustimmen; Kinder sollen nicht hungern müssen, die Erde darf nicht untergehen. Resolutionen nennen die Vereinten Nationen diese Beschlüsse, die zwar keine Rechtskraft entfalten, aber eine politische Wirkung zeitigen. So sind die Staaten der Europäischen Union in der Regel stets darauf bedacht, den UNO-Zielen folgend eine eigene EU-Zielsetzung zu formulieren und zu verabschieden. Im nächsten Schritt liegt es bei den Staaten der Europäischen Union, diese Vorgaben in nationales Recht umzusetzen.[279] Damit erlangen die UNO-Ziele in einem langwierigen Prozess schlussendlich Gesetzeskraft in Deutschland.

Zu diesem Zeitpunkt, wenn sich konkrete Auswirkungen abzeichnen, ist das Murren der Medien und Bevölkerung häufig vorprogrammiert. Wir alle wollen unseren blauen Planeten erhalten, aber viele wollen natürlich auch mit dem Diesel in die Stadt fahren. Die Diskrepanz trifft uns auf vielen Feldern. Gerne sparen wir Energie, aber doch nicht, indem wir nur noch Energiesparlampen verwenden dürfen und nicht mehr die über Jahrzehnte liebgewonnenen herkömmlichen Glühbirnen. Wir sind strikt gegen Massentierhaltung, während wir uns im Schnellimbiss darüber aufregen, dass der Burger auch schon einmal billiger war. Wir verurteilen Kinderarbeit und gönnen uns ein neues T-Shirt für 3,99 Euro. Das Phänomen ist nicht neu und nicht auf Diesel beschränkt: Wir unterstützen „global" das Gute und regen uns auf, sobald es für uns selbst eine Einschränkung bedeutet oder wir auch nur unser Verhalten ändern sollen. Es ist kein Zufall, dass das Wort „Gutmensch“ in unserer Zeit zum Schimpfwort verkommen ist.

Für die Klimaziele der Europäischen Union bedeutet dies: Die von der EU für 2025 und 2030 vorgegebenen Grenzwerte sind nur zu erreichen, wenn die Autobauer neben Diesel und Benzinern immer mehr Fahrzeuge ohne Emissionen verkaufen, also reine Elektroautos. Schließlich stammt rund ein Viertel aller Klimagase in der EU aus dem Verkehr, wobei Pkw und Lastwagen den größten Anteil daran haben.

Die Entwicklung in Richtung E-Fahrzeuge war schon länger klar, aber die ehrgeizigen EU-Ziele brachten die Hersteller in eine arge zeitliche Bedrängnis. Die neuen E-Autos müssen viel rascher entwickelt, die Produktionsstraßen deutlich schneller umgestellt werden als einstmals geplant. Auch die Infrastruktur, also das Netz der Ladestationen, muss zügig ausgebaut werden. Die Befürchtung, dass die schnellere Umstellung auf die neuen Antriebe Arbeitsplätze kostet, ist nicht von der Hand zu weisen: Ein E-Auto hat nun einmal deutlich weniger mechanische Teile als ein Wagen im Verbrennungsmotor. Andererseits: Der Entwicklungs- und Produktionsschub durch die strikten EU-Vorgaben könnte die deutschen Autohersteller auch zu dem Spurt veranlassen, der dringend notwendig ist, um gegen die aufstrebende E-Konkurrenz aus den USA und aus China längerfristig anstehen zu können.

Das mag sein, aber zunächst dürfte eher der „Normalbürger“ der Leidtragende der E-Beschleunigung sein. Der Europäische Herstellerverband ACRA warnte dem entsprechend: „Wenn sie auf überehrgeizige CO2-Reduktionswerte dringt, riskiert die EU, Autos für Leute mit begrenzten Mitteln zu teuer zu machen.“ Die in Frankreich begonnenen Gelbwestenproteste standen beispielhaft dafür, dass Menschen auf die Straße gehen, wenn sie sich gar zu arg von der Politik gedrängelt und überfahren fühlen. Jeder Wandel braucht Rückhalt in der Gesellschaft, er muss die Menschen mitnehmen, statt sich gegen sie zu stellen, sonst ist der Widerstand vorprogrammiert. Wenn der Eindruck entsteht, dass die Europäische Union und die Deutsche Umwelthilfe Hand in Hand daran arbeiten, den Autofahrern in Deutschland den Garaus zu machen, kommt dies der politischen und gesellschaftlichen Stabilität der Bundesrepublik sicherlich nicht zugute.

Deutschland schützen

Die deutsche Autoindustrie darf nicht sterben. Jede Beschädigung dieser Schlüsselindustrie bringt den Wirtschaftsstandort Deutschland in Schwierigkeiten und gefährdet unser aller Wohlstand.

So lässt sich wohl das Mantra der deutschen Bundespolitik zusammenfassen für den Umgang mit dem Dieseldesaster. Lug und Betrug, Behörden täuschen, Verbraucher über den Tisch ziehen, Verantwortung von sich weisen – egal, Hauptsache, die deutsche Autobranche verliert ihre Stärke nicht, lautete der Tenor aus der Politik. Erst seitdem Tesla 2020 begonnen hat, eigene Fertigungskapazitäten in Deutschland aufzubauen, ist deutlich, dass die „deutsche Autobranche“ nicht zwangsläufig nur durch „urdeutsche“ Hersteller wie BMW, Daimler oder VW bestimmt wird. Unternehmen, die hierzulande produzieren, damit Arbeitsplätze schaffen und somit zum Wirtschaftsstandort Deutschland beitragen, könnten ebenso gut zur „deutschen Autoindustrie“ gezählt werden, wie Opel oder Ford schon seit Jahrzehnten verdeutlichen.

Doch noch am 16. Mai 2018 führte die damalige Bundeskanzlerin Angela Merkel im Bundestag aus, es sei nicht im Interesse der Regierung, „durch politische Maßnahmen die Automobilindustrie so zu schwächen, dass sie keine Kraft mehr hat, in die eigentlichen Zukunftsinvestitionen etwas hineinzustecken. Immerhin forderte sie die Hersteller auf, „verloren gegangenes Vertrauen selbst wieder gut“ zu machen.[280] Noch zahmer konnte man den systematischen Betrug einer ganzen Branche über Jahre hinweg wohl nicht bewerten.

Man mag das aus industriepolitischen Überlegungen nachvollziehen können, aber es machte die Bundesregierung eben auch zum Cheflobbyisten der deutschen Autohersteller – und zwar auch gegenüber den deutschen Verbrauchern. Die Schuld wurde und wird mehr oder minder deutlich auf andere abgeschoben, die EU, die DUH, die Amerikaner.

Politik verharrt im Klein-klein

Über Jahre hinweg wurden die Bundesverkehrsminister – erst Alexander Dobrindt, dann Andreas Scheuer – nicht müde, die Maut auf deutschen Autobahnen politisch und sachlich voranzutreiben. Die Maut wurde zum strategischen Thema, es sollte ein Prestigeprojekt werden, die Tatkraft der Politik und die Innovationskraft Deutschlands zeigen – bis 2019 das gesamte Thema durch ein Urteil des Europäischen Gerichtshofs jäh gestoppt wurde.[281]

Von Anfang an deutlich geringer blieb das Engagement der Politik lange Zeit beim Thema Diesel. Erst als es im Grunde schon zu spät war, weil die ersten Fahrverbote die Bevölkerung aufschreckten, sah sich die Politik bemüßigt, das Thema auf die Tagesordnung zu setzen. Für das Jahr 2019 wurden im „Sofortprogramm Saubere Luft“ Finanzmittel in Höhe von 1,5 Milliarden Euro lockergemacht, um die Kommunen zu unterstützen, mit Elektrobussen und ähnlichen Anschaffungen die Luftverschmutzung in den Innenstädten zu senken.[282] Tatsächlich existierte das Programm schon zuvor, es wurde lediglich um rund eine halbe Milliarde aufgestockt. Man hätte schon lange vorher kräftig in die Neuausrichtung der Mobilität in Deutschland investieren sollen.

Doch seit 2015 schien Deutschland nur noch mit einer Krise beschäftigt, der sogenannten Flüchtlingskrise und ihren Folgen. Überfremdung, Aufstieg der AfD, Terror der Islamisten und Terror von rechts – alles war wichtiger als die Automobilkrise, die sich über Jahre hinweg anbahnte. Kernthemen für die Zukunft unserer Gesellschaft wie Mobilität und übrigens auch Digitalisierung wurden sträflich vernachlässigt. Erst als die Autos in der Garage stehen bleiben mussten, schreckte die Politik auf. Bei der neuen Generation selbstfahrender Autos in den 2020ern will der Gesetzgeber augenscheinlich schneller voranschreiten. Bereits 2017 billigte der Bundesrat ein Gesetz zum autonomen Fahren, das im Wesentlichen vorsah, dass hoch- oder vollautomatisierte Fahrsysteme die Kontrolle von Autos übernehmen dürfen. Der Haken dabei: Ein Fahrer muss jedoch weiter im Fahrzeug sein und jederzeit wieder übernehmen können.[283] Das war jedenfalls der Stand 2017. 2020 kündigte Verkehrsminister Andreas Scheuer recht großspurig an, er wolle die Potenziale der „disruptiven, revolutionären“ Entwicklungsdynamik des „automatisierten, autonomen und vernetzten Fahrens“ heben und „die Teilhabe der Gesellschaft daran“ ermöglichen. Das Verkehrsministerium legte einen „Arbeitsentwurf“ für ein „Gesetz zum autonomen Fahren in festgelegten Betriebsbereichen“ vor.[284] 2021 kam das Gesetz in den Bundestag.

Nur drei Jahre zuvor war die Bundesregierung noch mit dem Dieseldesaster beschäftigt.

Dieselgipfel der Erste

Am 2. August 2017 – also rund zwei Jahre nach Aufdeckung der Dieselmanipulationen – lud der damalige Bundesverkehrsminister Alexander Dobrindt zum ersten „Dieselgipfel" ein. Bundesminister, Ministerpräsidenten und Vertreter der deutschen Autoindustrie sollten zusammenkommen, um über die missliche Lage zu beraten und – man kann es wohl nicht anders formulieren – möglichst kostengünstige und gesichtswahrende Lösungen finden. Die ZDF-Satiresendung heute-Show fasste den Gipfel trefflich zusammen mit dem Satz „Das ist so, als würden die Kinder selbst zum Elternabend gehen."[285] Umwelt- und Verbraucherschutzverbände waren ausdrücklich nicht dazu eingeladen. Die Gipfelbeschlüsse lassen sich wie folgt zusammenfassen:[286]

1. Die deutschen Autohersteller führen auf ihre Kosten Softwareupdates für Diesel der Normen 5 und 6 durch.

2. Den Kunden älterer Dieselmodelle machen die Hersteller die Verschrottung ihres Fahrzeugs und den Kauf eines Neuwagens mit Rabatten schmackhaft.

3. Bundesregierung – also Steuerzahler – und Autohersteller legen einen Fonds von insgesamt 500 Millionen Euro auf, um Kommunen bei der Einführung umweltfreundlicher Mobilitätskonzepte zu unterstützen.

Angesichts des millionenfachen Betrugs war es ein grandioser Sieg für die Automobilbranche. Nur die rund 5,3 Millionen Euro-5- und 6-Diesel sollten ein Update bekommen, die restlichen knapp 10 Millionen Fahrer älterer Diesel sollten zum Kauf eines Neuwagens animiert werden. Das Desaster verwandelte sich in ein Konjunkturprogramm sondergleichen. Zumal schon damals klar war, dass die Softwareupdates kaum ausreichen würden, um den Schadstoffausstoß soweit zu reduzieren, dass sich Fahrverbote für Dieselautos in den Städten vermeiden ließen. Die von der Deutschen Umwelthilfe erzwungenen Dieselfahrverbote wirkten geradezu wie Wachstumsbeschleuniger für die Hersteller, weil sie den Betroffenen einen Neukauf stärker nahe legten als je zuvor. Es ist ähnlich wie beim Autodiebstahl: Der Dieb freut sich – und der Autohersteller auch, weil er einen weiteren Neuwagen als Ersatz verkaufen kann. Leidtragender ist beim Diebstahl die Versicherung, beim Dieselbetrug der Käufer – der Hersteller fährt in beiden Fällen auf der Gewinnerstraße.

Dieselgipfel der Zweite

Bis Mitte 2018 war ohnehin noch keine der ein Jahr zuvor angekündigten Maßnahmen umgesetzt – abgesehen von den Rabatten bei Neuwagen, die indes in der Automobilbranche ohnehin üblich sind. Das hinderte die Bundesregierung allerdings nicht daran, am 1. Oktober 2018 zum nächsten Dieselgipfel einzuladen.[287] Zu diesem Zeitpunkt war längst klar, dass Fahrverbote unvermeidbar sind. Dazu wurde ausgehandelt, dass Autos der Schadstoffklassen Euro 4 und Euro 5 in Zonen mit Fahrverboten fahren dürfen, wenn sie weniger als 270 Milligramm Stickoxid pro Kilometer ausstoßen. Zuvor lag die Grenze für Euro-5-Fahrzeuge bei 180 Milligramm und bei Euro-4-Fahrzeugen bei 250 Milligramm. Zudem erfuhren die Rabatte unter dem Begriff „Umstiegsprämien“ eine Neuauflage. Weiterhin sollten Diesel-5-Fahrer in 14 „besonders belasteten Städten“ (München, Stuttgart, Köln, Reutlingen, Düren, Hamburg, Limburg, Düsseldorf, Kiel, Heilbronn, Backnang, Darmstadt, Bochum und Ludwigsburg) durch Hardwarenachrüstungen zur Reduktion des Stickoxidausstoßes beitragen. Gleichzeitig stellten zwei der großen Hersteller, BMW und Opel, klar, dass sie keine Hardwarenachrüstungen anbieten wollen. Später machten andere Hersteller deutlich, dass sie den Kunden nicht zu Hardwarenachrüstungen raten. Es wurde deutlich: Die Autobranche sah das gesamte Dieseldesaster nicht als Katastrophe an, sondern als die größte Verkaufsveranstaltung seit dem Ende des Zweiten Weltkriegs. Schamlos spielten die Hersteller mit der Politik und mit ihren Käufern. Die Branche wusste, die Kunden wollen und müssen Auto fahren. Den „Schwarzen Peter" für die Dieselfahrverbote schoben sie wahlweise der Deutschen Umwelthilfe, der Bundespolitik oder der EU, die ohnehin als Buhmann für alles gut zu sein scheint, zu, um von einem neuen Autoboom zu profitieren. Den deutschen Herstellern war klar, dass die meisten Kunden noch nicht bereit oder in der Lage waren, sich einen reinen Stromer etwa von Tesla zuzulegen, und letztlich auf einen Wagen angewiesen sind oder jedenfalls das feste Gefühl haben, einen zu benötigen.

Autogipfel ohne Ergebnisse

Um Frühsommer 2019 fand ein Autogipfel im Kanzleramt statt, um Antworten auf die drängenden Probleme der Branche zu finden und die Mobilitätsversorgung der Bevölkerung zu gewährleisten. Selten war der uralte Spruch „außer Spesen nichts gewesen" derart zutreffend wie bei diesem Gipfeltreffen zwischen Politik und Industrie. Selbst der Regierungssprecher konnte nur von einem „Einstieg in einen Gesprächsprozess" berichten. „Wir haben keine Zusagen bekommen, wir haben auch keine Versprechen gemacht", formulierte der Verband der Automobilindustrie (VDA).[288]

Die Autobranche und die Politik verständigten sich immerhin darauf, den Ausbau des Ladenetzes für Elektrofahrzeuge in Deutschland voranzutreiben – ein Aspekt, der zu keinem Zeitpunkt strittig war. Hierzu sollte eine Art „Masterplan“ erstellt werden, um die Voraussetzungen zu schaffen, dass bis 2030 zwischen sieben und 10,5 Millionen E-Autos auf Deutschlands Straßen unterwegs sein können. Die Autoindustrie betonte im Zuge des Gipfels nochmals, dass sie 40 Milliarden Euro binnen drei Jahren in E-Mobilität investieren will.[289]

Mobilitätsprogramm zur NO2-Reduzierung

Lange unternahm die Bundesregierung sehr wenig bis gar nichts, um des Abgasskandals Herr zu werden. Tenor: Die Autohersteller werden es schon richten. Erst als konkrete Fahrverbote wie Pilze aus dem Boden zu schießen schienen, legte Bundesverkehrsminister Andreas Scheuer im Herbst 2018 ein „Mobilitätsprogramm zur NO2-Reduzierung“ vor. Dabei setzte die Bundesregierung auf drei Optionen:[290]

Als erstes wurde ins Spiel gebracht, dass die Autokonzerne Fahrzeuge der Euronormen 4 und 5 von den Besitzern zurückkaufen. „Diese Maßnahme kann sofort beginnen bei maximaler Wirksamkeit“, hieß es im Regierungsprogramm. Dabei sollte nicht etwa der ursprüngliche Verkaufspreis angesetzt werden, sondern der Zeitwert des Wagen, wie er sich aus der sogenannten Schwackeliste ergibt. Allerdings sollte die Branche einen „Wertverlustausgleich aufgrund der Dieselkrise“ von 20 Prozent drauflegen. Das hieße, dass die Dieselbesitzer für ihre Wagen einen deutlich höheren Preis erzielen würden als auf dem normalen Gebrauchtwagenmarkt. Um die Konzerne zu schonen, sollte das Angebot allerdings nicht etwa für die gesamte Republik gelten, sondern nur für sogenannte „Intensivstädte“ sowie angrenzende Landkreise. Dazu gehörten Kommune mit einer Stickoxidbelastung von über 55 Mikrogramm pro Kubikmeter. Dazu zählte die Bundesregierung im Herbst 2018 neun Städte, darunter beispielsweise Köln, Düsseldorf, Frankfurt, Stuttgart und München. Bei den umliegenden Landkreisen zog die Regierung einen Radius von 70 Kilometern um das jeweilige Stadtzentrum. Allerdings: Vom Rückkauf sollte nur profitieren dürfen, wer „ein Beschäftigungsverhältnis in der Stadt" nachweisen kann. Berechnungen gingen von insgesamt 1,38 Millionen Fahrzeugen aus.

Als zweite Option sah das „Mobilitätsprogramm zur NO2-Reduzierung" eine erneute Umtauschaktion alter Diesel gegen neue sauberere Fahrzeuge vor – Diesel neuester Bauart, aber auch Benziner oder Elektroautos. Wie das genau vonstatten gehen sollte, überließ die Politik der Autobranche. Auf jeden Fall sei es maßgeblich, dass „die Industrie höchst attraktive Angebote für die Kunden vorhält, damit ein Umstieg auf ein modernes Fahrzeug mit Euro 6 erfolgen kann", hieß es im Regierungskonzept. Ungefähr zur selben Zeit forderten die ersten Politiker in Deutschland ein Fahrverbot für Euro-6-Diesel, in europäischen Großstädten sind Euro-6-Fahrverbote seit 2021 möglich, waren allerdings angesichts der Corona-Krise zu dieser Zeit kein Thema. Es bedurfte schon einer erheblichen Dreistigkeit, im Herbst 2018 ein Regierungsprogramm vorzulegen, das unter anderem vorschlug, die Bürger sollten sich einen Euro-6-Diesel kaufen, um künftig sicher und sauber unterwegs zu sein. Drei Jahre, von 2018 bis 2021, stellte keine Zukunftsperspektive für ein Kraftfahrzeug dar und der Wertverlust der Wagen bei Euro-6-Verboten dürfte die „attraktiven Angebote" mutmaßlich deutlich übersteigen. Schon zuvor kamen die „Umweltprämien" für Dieselumsteiger unterschiedlich an: VW-

Kunden veranlassten sie zum massenhaften Wechsel, bei anderen Anbietern wie BWM entpuppten sie sich als Flop.

Als dritte Option für alle Dieselfahrer, die ihr Fahrzeug behalten wollen, schlug die Bundesregierung im Herbst 2018 die Nachrüstung der Wagen mit einem sogenannten SCR-Katalysator vor. Dadurch sollte es zu einer deutlichen Reduzierung der Stickoxidemissionen kommen. Zur Finanzierung regte die Bundesregierung „herstellerbezogen einen Zuschuss in Höhe von 80 Prozent“ an. Zur Klarstellung hieß es weiter: „20 Prozent der Kosten für die Hardwarenachrüstung müssten durch den Nutzer getragen werden“. Die Kosten für die SCR-Nachrüstung liegen bei schätzungsweise 3.000 Euro, auf den Dieselbesitzer kämen also etwa 600 Euro zu. Auf die Hersteller kämen rechnerisch bis zu 3,3 Milliarden Euro an Kosten zu. Allerdings ging die Politik davon aus, dass lediglich 20 Prozent der betroffenen 1,38 Millionen Dieselfahrer überhaupt die SCR-Nachrüstung durchführen lassen werden, so dass die Industrie tatsächlich nur mit Kosten in Höhe von 662 Millionen Euro zu rechnen hat.

Die damalige Bundesumweltministerin Svenja Schulze monierte das Regierungskonzept nachvollziehbar: „Ich erwarte, dass der Verkehrsminister ein Konzept vorlegt, dass die Hersteller in die Pflicht nimmt und nicht die Dieselfahrer.“ Die 600-Euro-Zuzahlung durch die Wagenbesitzer stellten in der Tat eine hohe Hürde dar, eine Zumutung für die betrogenen Kunden. Aber für die Industrie waren sie natürlich wichtig aufgrund ihrer abschreckenden Wirkung: Wäre die Nachrüstung kostenfrei für die Dieselbesitzer, würden womöglich alle nachrüsten, und dann kämen Kosten von mehr als drei Milliarden Euro auf die Branche zu. Dank der Hürde war nur mit den besagten 662 Millionen Euro zu rechnen.

Auch für diese dritte Option galt ohnehin: Nur Fahrer in „Intensivstädten“ und 70 Kilometer Umkreis konnten die Umrüstung vom Hersteller verlangen. Außerdem stellte das „Mobilitätsprogramm zur NO2-Reduzierung“ der Bundesregierung natürlich noch lange kein Gesetz dar. Um es umzusetzen, müssten die Maßnahmen im Bundestag gesetzgeberisch geregelt werden und erforderten zudem die Zustimmung der Europäische Union. Daher empfahl Bundesverkehrsminister Andreas Scheuer: „Meine Priorität 1 bleibt, dass die Dieselbesitzer ihr altes Auto in ein sauberes Fahrzeug tauschen können“. Dass den vermeintlich sauberen Euro-6-Diesel zu dieser Zeit längst ebenfalls Fahrverbote drohten, ignorierte der Minister geflissentlich.

Politisch war das „Mobilitätsprogramm zur NO2-Reduzierung“ von Bedeutung, um der Bevölkerung zu zeigen, dass die Politik aktiv war und sich der Sache annahm. Nach der langen Zeit der Regierungsbildung 2017, den Querelen in der Regierungsarbeit 2018 und dem Rechtsruck der Republik durch den damals scheinbar unaufhaltsamen Aufstieg der AfD wollte die Regierung beim Diesel zeigen, dass sie noch handlungsfähig ist. Tatsächlich war das Konzept kaum das Papier wert, auf dem es geschrieben stand. Herr des Verfahrens waren nämlich letztlich die Automobilhersteller – und die wollten keine Hardwarenachrüstungen.

Selten zuvor wurde das vermeintliche Primat der Politik von den größten Konzernen der Bundesrepublik Deutschland so offen mit Füßen getreten wie beim Dieseldesaster. Man muss kein Verschwörungstheoretiker sein, um zu dem Schluss zu gelangen, dass im Zweifelsfall beim Kräftemessen zwischen Politik und Industrie die Wirtschaft am längeren Hebel sitzt. Wer diesen Eindruck schon angesichts der Finanzkrise ab 2007 gewonnen hatte, wurde mit der Dieselkrise seit 2015 sicherlich bestärkt darin. Es wirft zudem die Frage auf, welche weiteren Branchen künftig ebenfalls in der Lage sein werden, den Staat vorzuführen: die Digitalkonzerne, die Lebensmittelkonglomerate, die Pharmabranche? Indes: In der Corona-Krise 2020/21 drehten sich die Verhältnisse wieder um: Der Staat wurde binnen zwei Jahren stärker als wohl jemals zuvor seit Gründung der Bundesrepublik Deutschland. Die Schließung weiter Teile des öffentlichen Lebens wie etwa der Schulen, Shutdowns für den Einzelhandel, Gaststätten, Kulturbetriebe und viele weitere Branchen sowie Kontaktverbote bis in den privaten Bereich hinein – 2020/2021 gewann das Primat der Politik. Entsprechen groß war die politisch-gesellschaftliche Diskussion. Doch schon bevor das Dieseldebakel von der Corona-Krise abgelöst wurde, ging es nicht nur um realpolitische und wirtschaftliche Aspekte, sondern auch um Haltung.

VW gegen AfD

Wie eng die Dieseldiskussionen und das politische Klima in Deutschland zusammenhingen, zeigte beispielhaft das Auskeilen des VW-Konzerns gegen die AfD. Exemplarisch hierfür stand die öffentlichkeitswirksame Weigerung des Autoherstellers, der AfD-Landtagsfraktion in Niedersachsen – also dem „Heimatland“ des Konzerns – Sonderkonditionen einzuräumen. Das Unternehmen sei frei darin, zu entscheiden, welchen Geschäftspartnern es Rabatte anbiete, ließ der Wolfsburger Autobauer kühl mitteilen, und wurde dann sehr deutlich.

Das Parteiprogramm der AfD trägt „aus unserer Sicht völkisch-nationalistische Züge“, bewertete VW die politische Landschaft. Die Begründung hatte es in sich: Die Partei stelle die europäische Integration infrage und forderte ein Verlassen des Europaraums. Damit stehe die AfD konträr zu grundlegenden

Werten des Volkswagen-Konzerns. Nun war die Bewertung der AfD sicherlich ein eigenes Thema und man mag dem Bashing des Konzerns zustimmen, aber es war schon bemerkenswert, dass ausgerechnet der Konzern, die über Jahre hinweg Politik, Behörden und Kunden belogen hatte, den moralischen Zeigefinger erhob. VW stellte sich in Abgrenzung zum damaligen Rechtsruck als Konzern der Chancengleichheit und Gleichbehandlung, des respektvollen und partnerschaftlichen Miteinander, der Vielfalt und Toleranz dar. Vom respektvollen Umgang mit Kunden und Aufsichtsbehörden war allerdings in der Dieselkrise nichts zu bemerken gewesen.

NO2-Belastung sinkt langsam

Die Fahrverbote und sonstigen Maßnahmen zeitigen seit 2018 positive Wirkung, stellte das Umweltbundesamt fest. Zwar war 2018 der Stickstoffdioxidwert (NO2) noch in 57 deutschen Städten zu hoch, aber das waren immerhin acht Städte weniger als noch im Jahr zuvor. Allerdings gab es Pendelbewegungen: 13 Städte hielten 2018 den Grenzwert ein, nachdem sie ihn 2017 überschritten hatten. Aber fünf Kommunen überschritten 2018 wieder den Grenzwert, die im Vorjahr darunter gelegen hatten. Von einer einheitlichen Tendenz der Luftverbesserungen in deutschen Städten konnte also keine Rede sein. Die höchste NO2-Belastung wies 2018 übrigens Stuttgart mit 71 Mikrogramm auf, gefolgt von Darmstadt mit 67 und München mit 66 Mikrogramm.[291] Die Corona-bedingten Rückgänge im Straßenverkehr 2020/21 kamen der Umwelt sicherlich zugute, wenngleich es in diesen Jahren wichtigeres zu tun gab, als die NO2-, CO2- oder Feinstaubentwicklung in den Innenstädten zu messen. In dieser Zeit suchte man eher nach Konzepten zur Belebung der Innenstädte, zumal zu befürchten war, dass es auch nach der Corona-Krise weniger Verbraucher in die Cities ziehen würde – wenn sie nicht mit dem Auto kommen könnten, schon gleich gar nicht, weil bei öffentlichen Verkehrsmitteln die Ansteckungsgefahr größer als im eigenen Auto war.

Behörde wirbt für deutsche Hersteller

Im Herbst 2018 verschickte das Kraftfahrbundesamt einen Werbebrief an rund 1,5 Millionen Halter von Dieselfahrzeugen. In dem Schreiben auf dem Briefpapier der Behörde und mit den Kontaktdaten der deutschen Autohersteller hieß es wörtlich:[292]

„Sehr geehrte(r)…,

unserem Zentralen Fahrzeugregister entnehmen wir Information, dass Sie als Halter eines Dieselfahrzeugs eingetragen sind, das nicht der neuesten Abgasnorm entspricht und in einer Region zugelassen ist, in der ein Stickstoffdioxid-Jahresmittelwert von mehr als 50 Mikrogramm/Kubikmeter Luft überschritten wird.

Daher möchten wir heute die Möglichkeit nutzen Sie über das am 24. Oktober 2018 beschlossene Konzept der Bundesregierung für saubere Luft und die Sicherung der individuellen Mobilität in unseren Städten zu informieren. Dieses Konzept soll zur Verbesserung der Luft in unseren Städten beitragen, die individuelle Mobilität weiter gewährleisten und Fahrverbote in unseren Städten sowie unangemessene Belastungen für Besitzer eines Diesel-Pkw vermeiden. Maßgeblicher Bestandteil des Konzepts ist die Flottenerneuerung, um Fahrzeuge mit moderner Abgasreinigung in den Verkehr zu bringen.

Neben den anderen im Konzept vorgesehenen Maßnahmen bieten die deutschen Fahrzeughersteller in den 15 besonders belasteten Regionen mit einem Stickstoffdioxid-Jahresmittelwert von mehr als 50 Mikrogramm/Kubikmeter Luft Umtauschaktionen und technische Lösungen (z.B. Hardware-Nachrüstungen) an.

Im Rahmen der Umtauschaktionen können betroffene Bürger Umtauschprämien, Leasingangebote oder Rabatte der Fahrzeughersteller in Anspruch nehmen, um im Rahmen einer Flottenerneuerung einen wirksamen und maßgeblichen Beitrag zur Reduzierung der Fahrzeugemissionen und zu einer Verbesserung der Luftqualität in unseren Städten zu leisten. Die Umtauschaktionen der Hersteller können sofort in Anspruch genommen werden. Die Maßnahme zur Hardware-Nachrüstung befindet sich noch in der Ausarbeitung und wird erst im Laufe des Jahres 2019 zur Verfügung stehen.

Über die Angebote des Fahrzeugherstellers Ihres jetzigen Fahrzeugs zur laufenden Umtauschaktion können Sie sich über die Hotline des Herstellers oder dessen Internetseite unter o.g. Link informieren.

Es bleibt Ihnen natürlich unbenommen, sich auch bei anderen Herstellern über laufende Umtauschaktionen zu informieren.

Durch Ihr Mitwirken bei der Flottenerneuerung kann die Luft in unseren Städten weiter verbessert werden, ohne dass Sie eine Einschränkung für Ihr Mobilitätsverhalten befürchten müssen.

Mit freundlichen Grüßen

Kraftfahrt-Bundesamt"

Das Schreiben war an Frechheit kaum zu überbieten, und das gleich in mehrerer Hinsicht. Allein der Grundtenor, die Bundesregierung hat ein neues Konzept erarbeitet und man selbst soll sich deshalb ein neues Auto kaufen, war schon bemerkenswert.

Richtig frech wurde es, wenn die Behörde von „Umtauschaktionen“ schrieb. Tatsächlich pries sie damit Rabattaktionen für Neuwagen an. Es handelte sich um eine offensichtliche und direkte Unterstützung weniger des Konzepts der Bundesregierung als vielmehr des Konzepts der Autohersteller, den Kunden als vermeintlichen „Ausweg aus der Krise“ schlichtweg einen neuen Wagen zu verkaufen. Wohlgemerkt: Es waren dieselben Hersteller, die zuvor mit falschen Angaben und Manipulationen ihre Kunden und das Amt betrogen hatten, die nunmehr von eben diesem Amt empfohlen wurden. Von einer Distanz der Aufsichtsbehörde zur Branche konnte also keine Rede sein, ganz im Gegenteil war sich die Behörde offenbar nicht zu schade, sich als Marketingabteilung der Industrie missbrauchen zu lassen. Für die meisten Menschen wird es einen erheblichen Unterschied ausgemacht haben, ob ihnen ein Autohersteller einen Werbebrief ins Haus schickte oder das Kraftfahrtbundesamt ein offizielles Schreiben zukommen ließ. Man könnte von einer unheiligen Allianz der Betrüger gemeinsam mit der betrogenen Behörde zu Lasten der betrogenen Verbraucher sprechen. Ähnlich sah es wohl die Verbraucherzentrale Bundesverband, deren Vorstand Klaus Müller monierte, der Brief zeige „keine Lösungen für viele von Fahrverboten bedrohte Verbraucherinnen und Verbraucher auf“ und ließe „die nötige Distanz zur Industrie vermissen“. In der Tat hätte man erwarten können, dass die Behörde angesichts der Notlage eine eigene Hotline eröffnet, bei der sich die Betroffene neutral beraten lassen können. Stattdessen die Kontaktdaten der Autohersteller – BMW, Daimler und Volkswagen – im offiziellen Schreiben anzugeben, war schon hanebüchen. Das galt umso mehr, als die von den Herstellern gebotenen Rabatte über die in der Branche ohnehin üblichen Preisnachlasse kaum hinausgingen. Ebenso unfassbar war es, den Bürger in eine Art moralische Verantwortung für den Umweltschutz zu nehmen: Wer die Umtauschprämie in

Anspruch nahm, leistete laut Amt „einen wirksamen und maßgeblichen Beitrag zur Reduzierung der Fahrzeugemissionen und zu einer Verbesserung der Luftqualität in unseren Städten." Es war derselbe Bürger, dem lange zuvor der Diesel als umweltfreundlicher Motor verkauft wurde, der nun mit amtlicher Hilfe zum Neukauf überredet werden sollte. Das Verkehrsministerium verteidigte den Brief dennoch: „Die Kritik ist nicht nachvollziehbar".

Die Autokonzerne gaben sich überwiegend den Anschein, sie hätten mit der ganzen Sache nichts zu tun. VW teilte mit „weder über Inhalt, noch über Zeitpunkt, noch über den Empfängerkreis des Schreiben waren wir als Hersteller informiert". Der Werbebrief liege in der Entscheidung der Behörde und auf den Inhalt habe man „keinerlei Einfluss" gehabt. Daimler wiegelte vollständig ab und verwies alle Anfragen an das Amt, das schließlich den Brief verschickt hatte. Einzig BMW räumte ein, dass ein solches Schreiben auf dem Dieselgipfel Anfang Oktober 2018 zwischen Bundesregierung und Autoherstellern abgesprochen worden war. Die Vertreter von Daimler und VW haben wohl genau bei dieser Absprache gefehlt, vielleicht waren sie gerade am Kaffeeautomaten oder in der Raucherpause. Umgekehrt waren die Behördenvertreter augenscheinlich gerade abwesend, als der französische Autobauer Renault als erster Hersteller unmittelbar auf die Ergebnisse des Dieselgipfels mit einer Umtauschprämie von 10.000 Euro auf alte Diesel der Normen Euro 1 bis 5 beim Kauf eines Neuwagens gleich welcher Antriebsart reagierte. Jedenfalls fand Renault im amtlichen Schreiben keine Erwähnung. Auch dies stellte sicherlich einen Indikator dafür dar, dass es bei der Aktion darum ging, der deutschen Automobilindustrie zu einem Konjunkturprogramm auf Basis des Dieseldesasters zu verhelfen.

„Big Brother“ überwacht Dieselverbot

Die Autofahrer in Deutschland waren noch geschockt von den ausufernden Fahrverboten, der demonstrativen Ignoranz der Autohersteller gegenüber betroffenen Kunden, der scheinbaren Unfähigkeit der Politik, das Desaster in den Griff zu bekommen, da verblüffte die damalige Bundeskanzlerin Angela Merkel gegen Ende 2018 mit einem Vorschlag, der viele sprachlos machte: Die Einhaltung der Fahrverbote sollte durch eine permanente Totalüberwachung des Autoverkehrs inklusive automatisierter Kennzeichenprüfung in den Innenstädten erfolgen. Sie reagierte damit auf klare Ansagen der Polizei, die sich dagegen verwahrte, die Überwachung der „Dieselsünder“ im Rahmen ihrer normalen Arbeit durchzuführen.[293]

Damit war der Dieselskandal auf dem besten Wege, sich zu einem neuen Datenskandal auszuweiten. Denn um die „Dieseltäter“, die unerlaubt mit ihrem Fahrzeug in die Stadt fahren, zu erwischen, müssen natürlich *alle* Wagen anhand ihres Kennzeichens erfasst werden. Die Bundesregierung wollte also offensichtlich die Dieselkrise nutzen, um den Überwachungsstaat voranzubringen. Es bedarf wenig prognostischer Kraft, um vorauszusagen, dass die automatisierte Dieselkontrolle den Einstieg in die bundesweit lückenlose Erfassung aller Kfz-Bewegungen darstellt. In der Corona-Krise 2020/21 wurden weitere staatliche Maßnahmen zur Datenkontrolle der Bürgerschaft eingeführt. Wohin diese Entwicklung mutmaßlich führen wird, schildert das Buch „Stasi 2.0“ (ISBN 978-3-947818-05-1), das ebenfalls im Verlag des Diplomatic Council erschienen ist.

Für den damaligen Bundesverkehrsminister Andreas Scheuer stellte sich die Sachlage naturgemäß ganz anders dar. Schon im November 2018 schrieb er einen ausführlichen Brief sowohl an die Mitglieder der CDU/CSU-Bundestagsfraktion als auch an die SPD-Bundestagsfraktion:[294]

Liebe Kolleginnen und Kollegen,

ungeachtet der anhaltenden politischen Diskussion um gerichtlich oder kommunal angeordnete Verkehrsbeschränkungen und Verkehrsverbote sind Lösungen für deren Vollzug zu entwickeln. Obwohl für den Vollzug des Straßenverkehrsgesetzes grundsätzlich die Kommunen zuständig sind, wurde der Bund gebeten, hierzu einen Unterstützungsbeitrag zu leisten.

Gemäß Bundesimmissionsschutzgesetz (BImSchG) sind die Kommunen verpflichtet, wirksame und aktuelle Luftreinhaltepläne zu erstellen und die darin verankerten Maßnahmen zu vollziehen, zu denen laut Bundesverwaltungsgericht (Urteil vom 28. Februar 2018) als Ultima Ratio auch die Festsetzung von Verkehrsbeschränkungen und Verkehrsverboten gehören kann. Die 87. Umweltministerkonferenz (UMK) hatte bereits im Dezember 2016 folgenden Beschluss gefasst:

Die Umweltministerkonferenz weist darauf hin, dass die Wirksamkeit der zur Verbesserung der Luftqualität aus Gründen des Gesundheitsschutzes festgelegten Verkehrsbeschränkungen nur durch einen hohen Befolgungsgrad sichergestellt werden kann. (...Die Umweltminister) sehen insofern die Notwendigkeit, die diesbezüglichen Kontrollmöglichkeiten insbesondere im fließenden Verkehr (z.B. durch Einsatz automatischer Überwachungseinrichtungen) zu erweitern. Sie bitten den Bund daher, die erforderlichen Rahmenbedingungen unter Berücksichtigung von Datenschutzaspekten zu schaffen.

Diese Beschlüsse wurden auf der 88. UMK im Mai 2017 bekräftigt.

Mit dem am 7. November 2018 im Kabinett beschlossenen und nun im parlamentarischen Verfahren befindlichen Entwurf eines Neunten Gesetzes zur Änderung des Straßenverkehrsgesetzes (StVG) kommt die Bundesregierung dieser Bitte der UMK nach und schafft mit der Möglichkeit eines automatisierten Abrufs der beim Kraftfahrt-Bundesamt hinterlegten Fahrzeugdaten die erforderlichen Rahmenbedingungen. Das Verfahren wahrt dabei die datenschutzrechtlichen Anforderungen. Ob die betroffenen Kommunen die Möglichkeiten des automatischen Datenabrufs nutzen wollen, unterliegt einzig ihrer eigenen Entscheidung.

Zur Durchsetzung der möglichen Verkehrsbeschränkungen oder -verbote gibt es nach dem gegenwärtigen Stand drei vorstellbare Möglichkeiten, nur eine davon ist aber praktikabel und effektiv. Sie wurde daher im Gesetzentwurf umgesetzt:

– In Betracht käme erstens die Kontrolle des ruhenden Verkehrs in der Verbotszone. Aber selbst wenn die Fahrzeuge umfassend gekennzeichnet wären, ließe sich der Verstoß mit diesen Kontrollen letztlich nicht verfolgen. Denn es handelt sich beim Fahren entgegen einem mit Verkehrszeichen angeordneten Verkehrsverbot um eine Zuwiderhandlung. Für diese kann nur derjenige zur Verantwortung gezogen werden, der unzulässig gefahren ist, also der Fahrer des betreffenden Fahrzeuges.

– Zweitens könnten Anhaltekontrollen durchgeführt werden, also die Fahrzeuge beim Einfahren in die Zone oder beim Verkehr in der Zone angehalten und im Hinblick auf ihre Berechtigung anhand der Fahrzeugpapiere überprüft werden. Das bindet aber erhebliche Personalkapazitäten, führt zu Verzögerungen im Verkehrsfluss und belastet massiv die Verkehrsteilnehmer.

– Drittens bleibt also nur die Möglichkeit automatisiert ablaufender Kontrollen, mit denen einerseits die Durchsetzung erfol-

gen kann und andererseits nur gering in die Handlungsfreiheit des Einzelnen eingegriffen wird.

Was genau regelt das Verfahren?

Zur Vorbereitung eines Bußgeldverfahrens, das auf dem Prinzip der Fahrerverantwortlichkeit basiert, ermächtigt der Gesetzesentwurf dazu, das Bild eines Fahrzeugs und des Fahrers automatisiert zu erheben und zu verwenden. Er ermächtigt nicht zur Speicherung von Bewegtbildern. Die konkrete Ausgestaltung des Verfahrens wurde gerade in datenschutzrechtlicher Hinsicht im Rahmen der Ressortabstimmung eng und einvernehmlich mit dem Bundesministerium der Justiz und für Verbraucherschutz, mit dem Bundesministerium des Innern, für Bau und Heimat sowie mit der Bundesbeauftragten für den Datenschutz und die Informationsfreiheit abgestimmt. Lassen Sie mich im Folgenden zu Einzelfragen, die im Moment in der aktuellen politischen Diskussion sind, Stellung nehmen:

– Das automatisierte Verfahren zur Ermittlung von Fahrzeugdaten anhand des Kfz-Kennzeichens ist im Hinblick auf Fragen des informationellen Selbstbestimmungsrechts gerechtfertigt und erforderlich, weil mit ihm ein legitimer Zweck verfolgt wird, nämlich die Durchsetzung von rechtmäßig angeordneten Verkehrsverboten (vgl. Urteil vom 11. März 2008, 1 BvR 2074/05, 1 BvR 1254/07).

– Es bestehen strenge Daten-Löschfristen: Die Daten einfahrtsberechtigter Fahrzeuge werden quasi in Echtzeit wieder gelöscht. Nimmt hingegen ein nicht berechtigtes Fahrzeug am Verkehr in der Verkehrsverbotszone teil, erfüllt der Fahrer wahrscheinlich den Tatbestand einer Ordnungswidrigkeit. Zur Verfolgung ist damit die Einleitung eines Bußgeldverfahrens auf der Grundlage der erhobenen Daten gerechtfertigt. Sobald die dazu gespei-

cherten Daten an die für das Bußgeldverfahren zuständige Verwaltungsbehörde (z.B. eine zentrale Bußgeldstelle) abgegeben worden sind, löscht die das Verkehrsverbot überwachende Behörde unverzüglich die Daten. Die zusätzlich im StVG vorgesehene sechsmonatige Frist ist gewissermaßen eine doppelte Sicherung, um eine absolute Ausschlussfrist zu haben.

– Das vorliegende Verfahren stellt gerade keine Vorratsdatenspeicherung dar. Eine Vorratsdatenspeicherung liegt vor, wenn anlasslos Daten erhoben werden, die später im Hinblick auf eine bei der Erhebung noch nicht absehbare Nutzung ausgewertet werden könnten. Dies ist mit dem StVG gerade nicht der Fall. Die Daten werden vielmehr zur Prüfung des Vorhandenseins eines Anlasses für die Einleitung eines konkreten Bußgeldverfahrens erhoben und sofort gelöscht, wenn keine Anhaltspunkte bestehen.

– Mit dem Verfahren wird lediglich ein räumlich begrenzter Bereich abgedeckt. Straßenverkehrsrechtliche Anordnungen in Form von Verkehrsbeschränkungen oder Verkehrsverboten aufgrund des § 40 BImSchG erfolgen für klar definierte städtische Gebiete, die dann auch entsprechend gekennzeichnet sein müssen. Nur wenn in diesen Gebieten eine fehlende Berechtigung zur Teilnahme am Verkehr festgestellt wird, werden die Daten überhaupt weiterverwendet. Andernfalls werden die Daten unverzüglich gelöscht.

– Die erforderliche Technik für die Durchführung dieses Verfahrens muss noch entwickelt werden. Die Komponenten haben sich in anderen Verfahren bereits bewährt. So wird die automatisierte Kennzeichenerfassung und Kennzeichenverarbeitung bei Geschwindigkeitskontrollen und bei den Kontrollen der LKW-Maut seit Jahren verwendet und hat sich hier als stabil funktionierend erwiesen. Bei der Feststellung der LKW-Mautverstöße

wird zudem auch die zweite erforderliche Komponente des automatisierten Abrufs der Fahrzeugdaten in Echtzeit praktiziert. Fälle, in denen kein Verstoß vorliegt, werden hier – ebenfalls in Echtzeit — nach der Erfassung wieder verworfen.

Wenn in den jüngsten Diskussionen um unseren Gesetzesvorschlag der automatische Kfz-Kennzeichenabgleich sogar als problematischer Eingriff in die Privatsphäre der Bürgerinnen und Bürger bezeichnet wird, so ist darauf hinzuweisen, dass zum Beispiel der Einsatz von Videobeobachtung gerade im Verkehrsbereich seit vielen Jahren als akzeptiert empfunden wird. Dies gilt für die Verkehrsbeobachtung an hoch frequentierten Straßenkreuzungen ebenso wie für das Geschehen in Verkehrsmitteln wie Bussen, Straßen-, U- und S-Bahnen. Auch hier spricht niemand von Überwachungsstaat.

Verkehrsverboten haben wir von Anfang an ablehnend gegenüber gestanden haben. Wir müssen aber einräumen, dass es einzelne Gebiete mit erheblichen Überschreitungen der NO2-Werte gibt, für die wir vorsorglich davon ausgehen müssen, dass man bei solchen möglichen Verboten einen organisatorischen Rahmen schaffen muss.

Ich würde mich freuen, wenn Sie im Sinne der von örtlichen Verkehrsbeschränkungen betroffenen Autofahrer, die aus guten Gründen Rechtssicherheit und Rechtsklarheit erwarten, den Gesetzentwurf konstruktiv durch das parlamentarische Verfahren begleiten, und bedanke mich für Ihre Unterstützung.

Mit freundlichen Grüßen

Andreas Scheuer

Die „Lösung“, mit der die Bundesregierung die Dieselkrise anging, ließ sich also mit einem Wort zusammenfassen: Verbotsüberwachung. Mit einer aufwändigen digitalen Erfassung aller Autokennzeichen in den Städten sollte gewährleistet werden, dass bloß kein älteres Fahrzeug die Luft in der City verpestet. Das Argument des Verkehrsministeriums: Heutzutage verlange doch sowieso alle Welt nach digitalen Lösungen. Anders ausgedrückt: Die Bundesregierung legte den höchsten Wert auf die Durchsetzung der Fahrverbote, nicht etwa auf die Hilfe für die Millionen betroffener Dieselbesitzer. Die Kombination aus Dieselfahrverboten und der Sorge um die lückenlose Überwachung dieser Fahrverbote statt um die betroffenen Autofahrer kam einem Zündeln mit dem gesellschaftlichen Frieden gleich. Während sich in Frankreich unter dem Begriff Gelbwesten längst eine wütende Menge gegen die Regierung stellte, schien die Bundesregierung einen ähnlichen Protest der Bevölkerung geradezu herauszufordern; das Überschwappen der Gelbwesten auf Deutschland war voraussehbar. Wer des Deutschen „liebstes Kind“, sein Auto, angreift, darf sich über Gegenwehr nicht wundern: In dem alten Sprichwort „Wer Wind säht, wird Sturm ernten“ steckt eben doch ein dickes Körnchen Wahrheit.

In eine ähnliche Richtung der Überwachung zielt der Vorschlag, dass künftig alle Neuwagen mit Verbrauchsmessgeräten ausgestattet werden sollten. Dann lässt sich der tatsächliche Verbrauch jeder einzelnen Fahrt messen – und natürlich auch der CO2-Ausstoß pro Kilometer. Somit würden die Grundlagen für eine neue CO2-Steuer geschaffen. Auf dasselbe hinaus läuft der Vorschlag eines CO2-Preises, was einer Steuererhöhung auf klassische Kraftstoffe gleichkommt.

Die CO2-Steuer

„Die Idee ist, dass CO2 einen Preis bekommt, also dass man auf Treibhausgase eine Steuer erhebt.“ So kündigte 2019 die damalige Bundesumweltministerin Svenja Schulze das Konzept einer CO2-Steuer an. Das löste erwartungsgemäß viel politisches Getöse aus, aber die Diskussionen drehten sich vor allem um Höhe und Ausprägungen sowie die Einbindung europaweite Maßnahmen; der Grundgedanke, dass der Staat eine neue Steuer erheben soll, stieß indes kaum auf nennenswerten Widerspruch. Bemerkenswert war das Spektrum der Zustimmung, von der Schülerbewegung „Fridays for Future“ bis zum Chef der sogenannten Wirtschaftsweisen, Christoph M. Schmidt: „Alle für den Klimaschutz relevanten Marktteilnehmer bekämen dasselbe Preissignal“. Ein mögliches Vorbild war die Schweiz: Dort gibt es seit 2008 die sogenannte Lenkungsabgabe auf fossile Brennstoffe wie Heizöl, Kohle und Erdgas. Indes steht das Schweizer Modell auch beispielhaft dafür, wie sich eine solche Abgabe oder Steuer entwickeln kann: Bei Einführung in der Schweiz betrug sie 12 Franken pro Tonne C02, 2019 lag sie bereits bei 96 Franken. Ähnlich in Frankreich: Dort wurde die Energieversteuerung um einen CO2-Aufschlag ergänzt, der zur Einführung 2014 bei 7 Euro pro Tonne CO2 lag. Bis 2019 kletterte er auf 44,60 Euro, für 2030 wird ein Aufschlag von 100 Euro angestrebt. Es war unter anderem diese enorme Steigerung der CO2-Abgabe, die 2018 den Gelbwesten-Protest hervorrief und deshalb von Frankreichs Präsident Emanuel Macron ausgesetzt wurde, um die Demonstranten zu beruhigen und wohl auch, um sein Amt zu retten. In Großbritannien wurden eine vergleichbare Abgabe schon 2015 bei 18 britischen Pfund pro Tonne C02 eingefroren, um nicht zuletzt angesichts des Brexits die Wettbewerbsfähigkeit der britischen Industrie nicht über Gebühr zu belasten.

In Deutschland gibt es übrigens schon seit über 20 Jahren eine sogenannte Ökosteuer, die zu einer sauberen Umwelt beitragen soll. Sie wird auf Benzin und Diesel sowie in geringem Maße auch auf Gas und Heizöl erhoben, betrifft jedoch nicht gezielt den CO2-Ausstoß. Der Grundgedanke, dass es die Umwelt rettet, wenn der Staat seinen Bürgern nur mehr Geld abnimmt, ist also nicht neu. Allerdings: „Umweltpolitisch war die Ökosteuer ein Flop“, urteilte das Deutsche Institut für Wirtschaftsforschung (DIW) – und forderte ebenfalls eine CO2-Bepreisung als „der nächste Schritt“. Während Autofahrer schon seit mehr als 20 Jahren Steuern für Sprit zahlen, war Flugbenzin (Kerosin) bis dato komplett steuerbefreit. Doch die politische Diskussion darum dürfte angesichts der Klimathematik erneut aufkommen.

Neben der Steuer gibt es seit 2005 ein weiteres politisches Instrument, um die Umwelt zu retten: den Emissionshandel. Rund 12.000 Kraftwerke und andere energieintensive Betriebe müssen für jede Tonne C02, die sie freisetzen, ein Zertifikat vorlegen. Die Anzahl der Zertifikate ist begrenzt, doch die Unternehmen dürfen sie untereinander weiterverkaufen. Es war der Versuch, mit marktwirtschaftlichen Mitteln den CO2-Ausstoß zu reduzieren. Doch es funktionierte kaum, weil zu viele Zertifikate ausgegeben wurden und der Preis für eine Tonne CO2 zeitweise bei unter 2,50 Euro lag. 2018 kam er in Deutschland immerhin auf durchschnittlich 15 Euro. Die „High-Level Commission on Carbon Prices“ hat ausgerechnet, der der Tonnenpreis mindestens bei gut 35 Euro liegen müsste, um den weltweiten Temperaturanstieg auf zwei Grad zu begrenzen.

Ex-Umweltministerin Svenja Schulze brachte 2019 bei der CO2-Steuer einen Preis von 20 Euro pro Tonne ins Gespräch. Das ist vergleichsweise wenig und würde eine Dieselfahrt von Berlin nach München nur um rund 1,60 Euro verteuern. Aber ähnlich wie in der Schweiz ist das Einstiegsniveau in die Steuer wohl nicht so erheblich wie die zu erwartende galoppierende Entwicklung danach. Allerdings wurden in der Schweiz schon 2018 zwei Drittel der Steuereinnahme aus der Lenkungsabgabe wieder an die Bevölkerung und die Unternehmen ausgeschüttet. Jeder Schweizer bekam 88,80 Franken zurück. Ob es zu solchen Steuerrückzahlungen auch in Deutschland kommen wird, darf bezweifelt werden.

Der europäische Automobilherstellerverband ACEA kam in seinem „2019 Tax Guide“ zu der Auffassung, dass die Kernstaaten der Europäischen Union (EU-15 ohne Osteuropa) 2018 rund 428 Milliarden Euro Steuern eingenommen haben. Das wäre ein Zuwachs um 3,5 Prozent gegenüber 2017. Allein Deutschlands Autofahrer zahlten demnach rund 92 Milliarden Steuern im Jahr, gefolgt von Frankreich (79 Milliarden Euro) und Italien (74 Milliarden Euro). Die größte Einnahmequelle war nämlich in fast allen EU-15-Staaten die Mineralsteuer, gefolgt von der Mehrwertsteuer auf Fahrzeugkauf, Service, Reparatur und Ersatzteile. Doch mit dem E-Boom sind Milliardenverluste bei der Mineralölsteuer vorprogrammiert; hinzu kommen die staatlich finanzierten Kaufprämien für E-Autos. Doch neben der Anhebung der CO2-Abgaben hält die EU schon längst eine weitere Belastung der Autofahrer parat: eine kilometerabhängige Maut auf allen Straßen in Europa. Das Schöne daran aus Sicht der EU-Finanzminister: Die Kilometermaut müssen alle Autos bezahlen, egal, ob sie mit Verbrennungsmotor oder Strom fahren, und übrigens auch gleichgültig, ob sie autonom oder von einem menschlichen Fahrer gesteuert unterwegs sind. Das kann man durchaus als vorausschauende Planung weit in die 2020er Jahre hinein bezeichnen – allerdings nicht zum Wohle des Autofahrers, sondern des Staatssäckels.

Die CO2-Steuerdiskussion war weder auf Deutschland noch auf die EU beschränkt. Schon 2019 sprach sich die Chefin des Internationalen Währungsfonds (IWF), für eine weltweite CO2-Steuer aus. Um die Ziele des Pariser Klimaabkommens einzuhalten, müssten der weltweite Ausstoß von Kohlendioxid bis 2030 um ein Drittel reduziert werden. Um dies zu erreichen, gebe es einen „wachsenden Konsens" darüber, dass die Besteuerung das „effizienteste Instrument" hierfür sei. Die IWF-Chefin brachte eine Abgabe in Höhe von rund 70 Dollar (etwa 62 Euro) pro Tonne ins Gespräch, räumte aber ein, dass sich die Besteuerung in unterschiedlichem Ausmaß auf den CO2-Ausstoß der einzelnen Länder auswirken wird. So könnte in China, dem Land mit dem weltweit größten CO2-Ausstoß, eine Steuer von 35 Dollar einen Rückgang der CO2-Emissionen um 30 Prozent bewirken. Ähnlich sehe es in Ländern wie Indien und Südafrika aus, wo Energie vor allem aus Kohle gewonnen wird. Ganz anders stellte sich die Situation in Staaten wie Frankreich dar, die Energie aus anderen Quellen wie Atomkraft gewinnen. Hier würde die Steuer lediglich zu einem Rückgang um zehn Prozent führen. Wie immer die Details aussehen werden: Eine Abgabe auf CO2-Emissionen scheint unausweichlich. Am Potsdamer Institut für Klimafolgeforschung wurden bereits 2019 Szenarien entworfen, wie eine weltweite CO2-Behörde in den 2020ern arbeiten könnte.

Der „Einfachheit halber" bietet es sich an, den Aufschlag nicht nur auf Autokraftstoffe zu erheben, sondern auch für das Heizen in Wohnungen mit Öl und Gas. Das käme letztlich einer Quersubventionierung der regenerativen Energien einschließlich der Elektromobilität gleich.

Soziale Spaltung durch CO2-Steuer

Der Automobilclub von Deutschland (AvD) warnte Mitte 2019 vor „sozialer Spaltung“ durch eine CO2-Steuer. Ähnlich wie bei der Ökosteuer würde diese vor allem bei Kleinverdienern und der Mittelstand höhere Belastungen auslösen. Der AvD dürfte vielen Autofahrern aus dem Herzen sprechen: „Eine solche Maßnahme ist umweltpolitischer Unfug und dient allein dem fiskalischen Abkassieren der Autofahrer. Bereits heute sind Kraftstoffe mit mehreren Verbrauchssteuern, wie der Mineralölsteuer, der Ökosteuer sowie der Erdölbevorratungsabgabe (EBB) belegt, mit denen der Staat die Kraftstoffpreise für den Endverbraucher mehr als verdoppelt. Die angebliche Lenkungswirkung, die aus der Verteuerung resultieren sollte, ist jedoch ausgeblieben. Und das wird auch bei einem CO2-Aufschlag der Fall sein“, prognostizierte Deutschlands ältester Automobilclub.[295]

Kalkulationen zufolge würde der „CO2-Preis“, wie die Steuer wohl heißen könnte, den Liter Dieselkraftstoff um 50 Cent verteuern. Der Liter Diesel würde spätestens 2030 dann 1,80 Euro kosten. Aber möglicherweise ist das bis dahin für die Autofahrer nur noch von geringem Interesse, weil sich bis dahin die Elektromobilität auf breiter Front durchgesetzt hat.

CO2-Steuer verfassungswidrig

Für kurzzeitiges Entsetzen bei den Klimarettern und ebenso kurzzeitiger Freude bei den Steuerzahlern sorgte Mitte 2019 ein Gutachten des Wissenschaftlichen Dienstes des Bundestages. Die Experten schrieben darin klipp und klar: „Eine Besteuerung einer CO2-Emission scheidet aus verfassungsrechtlichen Gründen aus.“ Die Bundestagsjuristen stellten fest, der Staat dürfe nicht einfach eine neue Steuer erfinden, sondern es gebe „gerade kein Steuererfindungsrecht". Allerdings zeigten die Fachleute auch gleich den Lösungsweg auf: Jede neue Steuer müsse sich in die schon vorhandenen Steuerarten einfügen. Es könnte also beispielsweise eine Ertrags-, Verkehrs-, Aufwands- oder eine Verbrauchssteuer annehmen. Der Wissenschaftliche Dienst des Bundestages kam in dem Gutachten zu dem Schluss, dass eine CO2-Steuer unter keine dieser Kategorien fallen würde.

Doch möglicherweise hatten die Experten dabei die Findigkeit der Politiker unterschätzt. Schon als unmittelbare Antwort auf das Gutachten kamen die Überlegungen zu einer Änderung des Grundgesetzes auf. Dem Staat ein Steuererfindungsrecht einzuräumen, hat wohl für jede Regierung einen gewissen Reiz; es würde sicherlich nicht nur für die CO2-Steuer gelten. Allerdings wäre für eine Änderung des Grundgesetzes eine Zwei-Drittel-Mehrheit in Bundestag und Bundesrat nötig.

Mehrheit gegen CO2-Steuer

Das eigene Portmonee für den Klimaschutz zu öffnen waren die wenigsten Menschen in Deutschland bereit. So ließ sich eine Umfrage vom Sommer 2019 zusammenfassen, wonach sich 62 Prozent gegen eine CO2-Steuer aussprachen. Immerhin 34 Prozent gaben sich bereit für einen Steueraufschlag auf Sprit und Heizöl.[296]

Wer übrigens meint, dass er mit dem Umstieg auf einen Stromer abgesehen vom Stromverbrauch der kilometerabhängigen Entlohnung an den Staat entkommt, irrt sich gewaltig. Ab 2023 will die EU ein einheitliches streckenbezogenes Mautsystem für Lkw einführen, ab 2027 für Pkw. Dabei haben die Politiker keineswegs nur die Augenbahnen im Sinn, sondern auch die Landstraßen. Das neue Zentralsystem soll die länderspezifischen Mautkonzepte sukzessive ablösen. Gemeinsam mit der Einführung der digitalen Überwachung von Fahrverbotszonen in den Innenstädten, die in Deutschland angestrebt wird, zeichnet sich das Bild einer totalen Überwachung des Autoverkehrs ab. Man braucht nur wenig Weitsicht, um zu erkennen, das dies auf eine Kilometermaut für Pkw hinausläuft – und von der werden natürlich alle Wagen erfasst, gleich mit welcher Antriebsart sie unterwegs sind.

Im Mai 2020 beschloss die Bundesregierung schließlich eine CO2-Steuer, die seit Anfang 2021 gilt. Sie wird fällig auf Benzin, Diesel, Heizöl und Gas. Zuvor mussten nur Unternehmen bestimmter Sektoren für den Ausstoß von CO2 zahlen. Dazu gehörten beispielsweise Fluggesellschaften oder Industrieunternehmen, die eine große Menge des Treibhausgases produzierten. Mit einem einheitlichen CO2-Preis will Deutschland seine CO2-Reduzierungsziele erreichen. Seit 2021 muss jeder, der Waren oder Dienstleistungen anbietet und dabei CO2 ausstößt, diese Steuer zahlen. Zunächst betrug der Preis für eine Tonne CO2 25 Euro. Bis zum Jahr 2025 soll der Preis jedoch schrittweise auf bis zu 55 Euro steigen. Für Autofahrer, Mieter und Wohnungseigentümer heißt es, dass sie mehr für Sprit, Heizöl oder Gas bezahlen müssen.

Kalkulationen ergaben, dass der Benzinpreis bei einem Preis von 25 Euro pro Tonne CO2 ungefähr um 7 Cent pro Liter steigt; für Diesel dementsprechend um 7,9 Cent pro Liter. Allein für 2022 rechnete die Bundesregierung mit etwa 7,4 Milliarden Euro Mehreinnahmen aus der CO2-Steuer.[297] Immerhin soll ein Teil des Geldes verwendet werden, um den Umstieg auf die Elektromobilität zu erleichtern.

Bis 2025 wollen Bundesregierung und Autoindustrie mit milliardenschweren Kaufprämien für Elektroautos die E-Mobilität in Deutschland fördern. Die Prämie war zunächst bis 2020 befristet, wurde aufgrund der geringen Erfolge jedoch um weitere fünf Jahre verlängert. Für reine Elektroautos mit weniger als 40.000 Euro Listenpreis wird ein Zuschuss von 6.000 Euro gewährt, für Plug-In-Hybride immerhin noch 4.500 Euro. Bei Autos mit mehr als 40.000 Euro Listenpreis liegen die Prämien bei 5.000 (E) bzw. 4.000 Euro (Hybrid). Die Prämien teilen sich Staat und Industrie hälftig.

Politik und Justiz entfremden sich

Die Dieselfahrverbote führten zu einer nie zuvor gekannten Entfremdung von Politik und Justiz. Die Fahrverbote seien weltfremd, bemäkelten weite Teile der Politik. Die Kritik war in mehrerer Hinsicht bemerkenswert. Erstens basiert unser Staatswesen auf der Unabhängigkeit der Justiz: Egal, ob Minister, Manager oder „Normalbürger" – vor Gericht sind alle gleich, lautet ein Credo unseres Rechtsstaats. Es steht der Politik also keineswegs an, Gerichtsurteile zu kritisieren. Zweitens wenden die Gerichte lediglich geltendes Recht gemäß gesetzlichen Vorgaben an. Geschaffen werden die Gesetze von der Politik, also der Garde, die sich beim Dieselthema über die Anwendung der Gesetze echauffierte. Man muss kein Freund der Deutschen Umwelthilfe sein, aber man muss der DUH zugestehen, dass sie nicht die Gesetze macht und nicht das Recht spricht. Die gesetzliche Grundlage für die Fahrverbote hat ausschließlich die Politik getroffen. Im Klein-klein der Tagespolitik hat sie möglicherweise gar nicht gemerkt, was sie eigentlich tat, bevor es zu spät war. Auch hier scheint die Schlussfolgerung, dass es sich auf anderen Politikfeldern ähnlich verhält, nicht allzu weit hergeholt.[298]

Der Parlamentarische Staatssekretär im Bundesverkehrsministerium, Steffen Bilger (CDU), drückte das Wegducken der Politik angesichts des ersten Fahrverbotes auf einer deutschen Autobahn, der A40 in Essen, vermutlich ungewollt deutlich aus: „Es ist sicherlich unverhältnismäßig, wenn Fahrverbote für Autobahnen angeordnet werden sollen. Viele Menschen wundern sich zu Recht über solche weltfremden Urteile.“ Bundesverkehrsminister Andreas Schauer schüttelte den Kopf: „Niemand versteht diese selbstzerstörerische Debatte“. Der Bundesverkehrsminister und sein Adlatus wollten den Eindruck erwecken, die Gerichte seien schuld, und natürlich die DUH, denn sie hatte vor diesen Gerichten geltendes Recht eingeklagt. Und wer war unschuldig: wohl die Autohersteller, auf jeden Fall aber die Politik. Wer so handelt, darf sich über Politikverdrossenheit nicht beschweren. Lediglich der damaligen Bundesjustizministerin Katarina Barley schien klar zu sein: „Was unabhängige Gerichte entscheiden, muss gelten. Es ist die Aufgabe der Politik, Entscheidungen zu treffen, die vor unserer Verfassung Bestand haben“.[299]

Zeitgleich mit der Beschimpfung der Rechtsprechung ging der parteipolitische Hick-Hack einher. Bundesverkehrsminister Andreas Scheuer warf seiner Ministerkollegin Svenja Schulze aus dem Umweltministerium eine bewusste Falschinformation der Öffentlichkeit vor: „Sie behauptet, es sei kein Problem, dass ab 2019 Hardwarenachrüstungen beginnen können. Tatsache ist: Bei Nachrüstungen gibt es riesige technische und rechtliche Fragen. Wir machen jetzt sehr zügig die Vorschrift, dann erst werden die Produkte entwickelt“. Scheuer drohte seiner Amtskollegin, er werde „nicht mehr zulassen, dass man sich jeden Tag äußert, ohne die dafür nötigen Kenntnisse zu haben“.[300] Das Verkehrsministerium zweifelte am Sachverstand des Umweltministeriums bei diesem Thema. Es erinnerte an ein „politisches Kasperletheater", aufgeführt auf dem Rücken von Millionen Autofahrern, die sich von den Autoherstellern betrogen und der Politik alleingelassen fühlten. Das Schlimmste daran: Dieses Gefühl war nicht etwa falsch, sondern es war tatsächlich genauso.

Doch die Politik, allen voran Bundesverkehrsminister Andreas Scheuer, wollte immer wieder vom eigenen Versagen ablenken. Solche Diskussionen um Fahrverbote gebe es nur in Deutschland und „auch nur aus einer unglaublichen Wohlstandssituation heraus", beschwerte er sich schon über das erste Autobahnfahrverbot.[301]

Daimler zersetzt die Demokratie

Das Dieseldesaster zeitigte viele Implikationen, eine davon war eine wachsende Spaltung von Autobranche und Politik. Besonders deutlich wurde dies mit der Ankündigung von Daimler 2019, künftig keinerlei Spenden mehr an politische Parteien vorzunehmen. Vorgeschobener Grund waren sinkende Umsätze und Gewinne im ersten Quartal 2019.[302] Doch in Wahrheit fühlte sich der Konzern wohl eher von der Politik im Dieselskandal alleingelassen. Statt Schuld bei sich zu suchen, sich gar bei den betrogenen Behörden und Kunden zu entschuldigen, entschied sich Daimler für die Trotzreaktion. Nun mag es menschlich verständlich sein, wenn man nicht länger ein System unterstützt, dass sich nicht ohne Wenn und Aber als Freund in der Not erweist, der zur Seite springt, wenn man ihn am nötigsten braucht. Aber es war eben auch eine Reaktion, die eines der größten Industriekonzerne Deutschlands unwürdig ist. Tatsächlich fing sich Daimler damit einen Vorwurf ein, der noch viel schwerer wog: der Konzern unterhöhle die Demokratie in Deutschland. Der Tenor: Die großen Kapitalgesellschaften tragen eine Mitverantwortung für das politische Geschehen. Immerhin hatte das Verfassungsgericht in einem Grundsatzurteil schon 1992 die Notwendigkeit festgestellt, dass Parteien sich um die finanzielle Unterstützung durch Mitglieder, Bürger und Kapitalgesellschaften zu bemühen haben, um nicht allein auf Staatsgeld angewiesen zu sein. So kann man es natürlich auch beschreiben, wenn sich die Konzernwelt die Politik bislang durch großzügige Spenden gefügig zu machen suchte.

Während Daimler einen Rückzieher machte, setzte ausgerechnet Volkswagen seit 2019 mehr denn je auf den Staat mit der Forderung, die E-Strategie der Automobilwelt mit Steuermitteln kräftig zu unterstützen. Daimler und VW standen beispielhaft für die Zerstrittenheit der deutschen Automobilbranche nach dem Zusammenbruch der vermeintlich heilen Dieselwelt.

Dieselkampf der Parteien

Das Dieseldesaster rief in der deutschen Parteienlandschaft merkwürdige Erscheinungen hervor. Die AfD und die FPD gebärdeten sich beide als Kämpfer für die Auto- und insbesondere die Dieselfahrer. Allein dies war schon eine bemerkenswerte „Koalition" und selbstverständlich verbündeten sich die beiden Parteien nicht, sondern kämpfen völlig unabhängig füreinander für dasselbe Ziel, das sich vereinfacht mit „freie Fahrt für freie Bürger" beschreiben lässt. Die Grünen hingegen riefen immer lauter das Ende des Autos, wie wir es kennen, nämlich des Autos mit Verbrennungsmotor, aus. Kein Grenzwert schien zu niedrig, kein Zeitpunkt zu früh, um endlich der Diesel- und Benzinergeneration den Garaus zu machen. Dabei stand häufig gar nicht der Umstieg auf das E-Auto im Mittelpunkt der Forderung, sondern vor allem die Chance, den Umstieg der Bevölkerung auf den öffentlichen Nahverkehr zu bewältigen. Sie wollten die Deutschen zu Bus- und Bahnfahrern erziehen.[303]

Dagegen stemmte sich die CDU/CSU massiv. Als damals größte Regierungspartei saß sie zwischen allen Stühlen. Die CDU/CSU war schon in der Regierungsverantwortung, als die Grenzwerte beschlossen wurden; sie hatte sie einfach durchgewunken. Es waren die Verkehrsminister der CSU, die über Jahre hinweg wie Prediger wiederholten, dass es unter allen Umständen darum geht, Fahrverbote zu vermeiden.[304] Es war die von einer CDU-Kanzlerin geführte Bundesregierung, die sich den Vorwurf gefallen lassen musste, sich mit der Automobilherstellern zu verbünden, als klar wurde, dass die Industrie Millionen von Verbrauchern und ebenso die Behörden über Jahre hinweg belogen und betrogen hatte. Es war verständlich, dass es für die CDU nahezu unmöglich erschien, angesichts dieser Situation eine klare Linie aufzuzeigen.

Noch hilfloses agierte der damalige kleinere Regierungspartner SPD. Einmal bestand die SPD auf der strikten Einhaltung der gesetzlichen Grenzwerte, ein andermal drohte sie den Autoherstellern mit hohen Bußgeldern; sie gehörte zur Regierung, aber kritisierte die Pläne der Regierung zur automatischen Erfassung der Autokennzeichen, sie dachte laut über Entschädigungen für die Dieselbesitzer nach, wusste aber, dass diese gar nicht durchsetzbar waren. Während die CDU noch wenigstens eine ganze Zeit lang im Dieselsumpf tapfer schwamm, schickte sich die SPD an, im Dieseldesaster unterzugehen.[305] Die Frage nach der Zukunft der Volksparteien stellte sich schon Jahre zuvor, aber es war nicht zu übersehen, dass die Dieselkrise erheblich zum Demokratiedesaster beitrug – bis die Corona-Jahre 2020/21 beinahe alles durcheinander wirbelten.

Die Grünen überholen die DUH

Wer die Deutsche Umwelthilfe, die quer durch die Republik erfolgreich auf Fahrverbote klagte, für autofeindlich hielt, der sollte sich erst einmal die Anti-Autohaltung der Grünen vergegenwärtigen. Flächendeckendes Dieselverbot bis 2020, für Benziner ab 2025 – so ließ sich das Credo der Grünen auf den Punkt bringen. Diese Ziele verkündete 2019 nicht etwa „irgendeine" Grünen-Politikerin, sondern die Parteivorsitzende Anna-Lena Baerbock. Sie wollte, wie sie formulierte, eine „ökologische Revolution in Deutschland". Die Arbeitsplätze in der Automobilindustrie, die Verzweiflung der Pendler, die nicht mehr an ihre Arbeitsplätze kommen, die drohende Verödung der Innenstädte, die Wut der Autofahrer… nichts konnte die Grünen-Politikerin davon abhalten, von ihrer „konsequenteren Klimapolitik in Deutschland" zu träumen.[306]

Angefeuert durch die guten Umfragewerte sahen die Grünen seit 2018 ihre Stunde gekommen, ihre ideologischen Visionen massiv durchzusetzen. Während sich die CDU/CSU und vor allem die SPD 2018/19 immer häufiger die Frage gefallen lassen mussten, ob sie überhaupt noch Volksparteien sind, gab es zwei Gewinner: die AfD auf der rechten Seite des politischen Spektrums und die Grünen auf der linken Seite, sofern eine solche Zuordnung überhaupt noch zeitgemäß war. Die AfD fordert die Heraufsetzung der Grenzwerte und sprach von einer Enteignung der Autobesitzer, die Grünen wollten das Auto am liebsten ganz abschaffen, auf jeden Fall aber das Auto mit Verbrennungsmotor.

„Die Menschen in Deutschland wollen offensichtlich eine grünere Politik", interpretierte die Grünen-Vorsitzende Anna-Lena Baerbock die Zustimmung in den Umfragen, und sie forderte „bis zum Jahr 2020 ein komplettes Dieselfahrverbot in ganz

Deutschland".[307] Hierzu kam es bekanntlich nicht – unter anderem wegen der Corona-Krise 2020/21, die völlig andere Politikakzente erforderte. Doch noch 2019 wollten die Grünen in allen Bundesländern, in denen sie an der Regierung beteiligt waren, Druck auf ihre Koalitionspartner ausüben. „Wir sitzen bereits in der Hälfte der Länder mit in der Regierung, das müssen wir ausnutzen", sagte Baerbock. Michael Kellner, Bundesgeschäftsführer der Grünen, ging noch viel weiter: „Egal ob Moped, Motorrad, Auto, Lieferwagen oder Lastkraftwagen – fossile Brennstoffe müssen ab dem Jahr 2025 von Deutschland Straßen komplett verschwunden sein. Im Herzen Europas wird es für diese Klimakiller keinen Platz mehr geben." Auf das angrenzende Ausland wollten die Grünen Druck ausüben, indem Autos mit Verbrennungsmotor ab 2025 nicht mehr nach Deutschland einreisen dürfen. Der politische Aufschwung bei den Umfragen seit 2018 schien bei den Grünen zeitweise geradezu euphorische Visionen hervorzurufen.[308]

Die grüne Bundestagsvizepräsidentin Claudia Roth erklärte 2019 klipp und klar: „Egal, ob wir 2021 in einer Jamaica-Koalition oder mit Rot-Rot-Grün an der Bundesregierung beteiligt sein werden, die grüne Handschrift wird beim Regierungsprogramm auf jeden Fall sichtbar sein. Denn bis dahin werden wir die stärkste politische Kraft in Deutschland sein und als grüner Reformmotor die Weichen in Richtung Modernisierung stellen." Dazu gehörte offensichtlich die Abschaffung des Diesel- und Benzingetriebenen Individualverkehrs.[309]

Der „große Wurf" gegen den Verbrennungsmotor

Die Grünen führten in einem Thesenpapier genau aus, wie sie sich die automobile Zukunft in Deutschland vorstellen: Ab 2030 dürfen nur noch abgasfreie Autos neu zugelassen werden. „Das wäre ein klarer Fahrplan, der Planungssicherheit für die Autoindustrie und die Beschäftigten schafft, und der sich in die Pläne vieler anderer europäische Staaten einreiht, die ebenfalls aus dem fossilen Verbrenner aussteigen wollen“, fasste Grünen-Chef Anton Hofreiter zusammen, was er den „großen Wurf“ nannte.[310] Mit der Forderung waren die Grünen nicht alleine: Der Bundesrat hatte sich bereits 2016 dafür ausgesprochen, ab 2030 nur noch „emissionsfreie Pkw“ neu zuzulassen.[311]

Zudem forderten die Grünen, dass alsbald jedes Fahrzeug an jeder öffentlichen Ladestation „zu transparenten Preisen und mit hohem Bedienungskomfort geladen“ werde kann. Die Vielfalt an Tarifen war ihnen offenbar ein Dorn im Auge. Für Mieter und Wohnungseigentümer sollte es zudem leicht werden, private Ladestationen installieren zu lassen. Rechtliche Hürden wie etwa eine Erlaubnis vom Vermieter bzw. Miteigentümer sollten entfallen. Beim Neubau oder der Sanierung von Gebäuden verlangten die Grünen, dass jeder Stellplatz verkabelt und jeder zweite mit einem Ladepunkt versehen sein muss.

Statt einer Kaufprämie für E-Autos wollten die Grünen ein Bonus-Malus-System in der Kfz-Steuer einführen nach dem Prinzip: Rein elektrische Fahrzeuge erhalten eine Gutschrift, Spritschlucker zahlen kräftig. Außerdem sollten die Subventionen für Dieselkraftstoff über zehn Jahre hinweg schrittweise abgeschafft werden. Gegen den drohenden Stellenabbau hielten die Grünen gleich mehrere Lösungsansätze parat: Die betroffenen Arbeitnehmer bekommen ein Anrecht auf Weiterbildung und darüber hinaus wird ein „staatliches Transformation-Kurzarbeitergeld“ für einen gewissen Übergangszeit angestrebt.

Die Grünen betrachteten die Umstellung zur E-Mobilität also offensichtlich als eine nationale Aufgabe, in der Staat und Wirtschaft nach Plan Hand in Hand arbeiten und die Konsumenten mit Zuckerbrot und Peitsche gelockt bzw. bestraft werden. Zum planmäßigen Vorgehen passte die Forderung nach dem Aufbau einer gemeinsamen deutschen Batteriezellenfertigung durch Autoindustrie und Staat.[312]

Doch es wäre zu leicht, die Forderung nach einer ökologischen Verkehrswende einer einzigen politischen Partei allein zu überlassen. Beispielhaft für eine ganze Bewegung in diese Richtung war die „Initiative Volksentscheid Berlin autofrei", die 2021 klare Forderungen erhoben: Pro Jahr sollte jedermann nur noch zwölf private Autofahren durchführen können, nach Ablauf von zehn Jahren sogar nur noch sechs. Alles andere wäre durch ein generelles Autoverbot – zumindest in Berlin – belegt. Ausnahmen sollten nur für den öffentlichen Nahverkehr, den Lieferverkehr, für Rettungsdienste, Polizei und Feuerwehr sowie mobilitätseingeschränkte Menschen gelten. Die Initiative hat bereits einen Gesetzentwurf geschrieben, den sie mit Hilfe eines Volksbegehrens in die Tat umsetzen wollte. 2021 sollten die nötigen 20.000 Unterschriften für die Einleitung eines Volksbegehrens zusammenkommen. Sollte das Berliner Abgeordneten Haus die Initiative dennoch ignorieren, war für 2022 ein weiteres Volksbegehren mit 170.000 Unterschriften geplant Kämen so viele Unterzeichner zusammen, stünde für 2023 ein Volksentscheid an, der ähnlich wie eine Wahl abläuft. Sollte sich die Initiative durchsetzen, entstünde in Berlin mit 88 Quadratkilometern die größte, wenn schon nicht autofreie so doch autoreduzierten Innenstadt der Welt. Wohlgemerkt: Hierbei ging es nicht nur um Verbrenner, sondern auch um E-Autos. „In Berlin sind zu viele Autos auf der Straße und verschmutzen die Luft durch Reifenabrieb, belegen viel zu viel Platz und gefährden unnötig Menschenleben – egal ob Elektro oder Diesel", stellte die Initiative 2021 ihre Ziele dar.[313]

Feindbild SUV

Der SUV hatte seit 2018 an Symbolik zugelegt: Für die einen suggerierte er persönliche Souveränität, für die anderen Uneinsichtigkeit gegenüber dem Umweltschutz. In einer von überstopften Innenstädten und ellenlangen Autobahnstaus geplagten Gesellschaft war der Trend zu den überdimensionierten und hochmotorisierten Mammutfahrzeugen wohl tatsächlich überraschend. 5,5 Millionen SUVs sind in Deutschland zugelassen, bei insgesamt 47 Millionen Pkw. Allein 2018 kamen knapp eine Million neue SUVs auf die Straßen – das war beinahe jedes dritte neu zugelassene Auto. Ein Jahr später wurde die Millionenmarke bei den SUV-Zulassungen mit 1.127.611 Geländewagen sogar deutlich übersprungen.[314]

Wenn man ehrlich ist, kommt man wohl nicht umhin festzustellen, dass niemand auf deutschen Straßen derart kolossale Gefährte benötigt, um sicher und bequem zu reisen. SUV – also das „Sports Utility Vehicle" – ist wohl eher ein Euphemismus für Panzerwagen. Daher wird von den SUV-Gegner unterstellt, dass mit dieser Wagenklasse die Botschaft von Herrschsucht, Rücksichtslosigkeit und vermeintlicher Überlegenheit übermittelt werden soll. Vor diesem Hintergrund hatte sich eine Gegenbewegung begonnen zu formieren, die beispielsweise SUVs und Geländewagen aus Innenstädten heraushalten will. Eine Petition verlangte „eine Klima- und Sicherheitsabgabe in Höhe von 50 Prozent auf den Bruttokaufpreis" eines SUV. In Berlin wurde auf dem Kurfürstendamm die erste Demonstration „No SUV" gesichtet, veranstaltet vom Jugendrat der Generationen Stiftung.[315]

Minister in Beugehaft

Die bayerische Landesregierung weigerte sich, Fahrverbote zur Einhaltung der Stickoxidgrenzwerte in Bayern auch nur in Erwägung zu ziehen geschweige denn entsprechende Gerichtsbeschlüsse umzusetzen. In Bayern sollte der Grundsatz „freie Fahrt für freie Bürger" auch für Dieselfahrer in den Innenstädten gelten. Das schmeckte der Justiz allerdings nicht. Im August 2018 wurde bekannt, dass die bayerische Justiz allen Ernstes prüfte, ob sie Mitglieder der Landesregierung in Beugehaft nehmen lassen kann, um gerichtliche Beschlüsse durchzusetzen. In Frage kämen etwa Bayerns Ministerpräsident Markus Söder oder Umweltminister Marcel Huber.[316]

Von Audi-Chef Stadler abgesehen bekamen die Autobosse Haftverschonung, aber die Politiker, die sich vor die Dieselfahrer stellen, sollten ins Gefängnis? Das war schon eine erstaunliche Auffassung von Gerechtigkeit. Und augenscheinlich waren auch immer mehr Bürger mit dieser Art von „Gerechtigkeit" nicht einverstanden. Die 2018 in Frankreich begonnene Gelbwestenbewegung schwappte 2019 nach Deutschland über.[317]

Gelbwesten auf dem Vormarsch

Die ersten Aufmärsche der Gelbwesten in Deutschland begannen mit dem Inkrafttreten der Dieselfahrverbote in den Innenstädten. Man muss kein Prophet sein, um vorherzusagen, dass sich die Protestwelle mit den ersten Benzinerfahrverboten massiv verstärken könnte. Wie „gelb" Deutschland wird, sollte es tatsächlich zu einem Tempolimit von 120 Stundenkilometern auf den Autobahnen kommen, lässt sich höchstens erahnen. Aus Sicht vieler Bürger werden sie von fragwürdigen Messmethoden, unsinnigen Grenzwerten und nutzlosen Fahrverboten drangsaliert. Das Tempolimit könnte das Quäntchen zuviel sein, welches das Fass zum Überlaufen bringt, wenngleich sich die „Wut über den Staat" 2020 zunächst in der sogenannten Querdenker-Bewegung der „Corona-Leugner" entlud.[318]

Die Boomphase in Deutschland ging nach einhelliger Meinung der Ökonomen 2019 zu Ende. Im letzten Quartal 2018 war die Wirtschaft erstmals seit Jahren geschrumpft. Die Wirtschaftsweisen, der Internationale Währungsfonds und sämtliche großen Wirtschaftsforschungsinstitute hatten ihre Prognosen für das Wirtschaftswachstum für 2019, 2020 und 2021 nach unten korrigiert – nicht nur für Deutschland, sondern für die meisten großen Volkswirtschaften auf der Welt, und das schon lange vor den Corona-Jahren 2020/21. Die Frage lautete also eher, ob wir von einer Wirtschaftsdelle oder einer Rezession ausgehen müssen, die testierte starke wirtschaftliche Situation als Argument gegen die Gelbwesten verfing auf jeden Fall nicht. Das zweite – unterschiedliche Demonstrationskulturen – allerdings auch nicht. Im Grunde sagte Annegret Kramp-Karrenbauer damit nichts anderes, als dass sich die Menschen in Deutschland mehr gefallen lassen als die Franzosen, bevor sie auf die Straße gehen. Doch am 20. Januar 2019 zogen die ersten Gelbwesten durch die Stuttgarter Innenstadt. Sie demonstrierten gegen Dieselfahrverbote, die sie als Enteignung brandmarkten.[319]

Seit dem 1. Januar 2019 durften Diesel Abgasnorm Euro-4 und schlechter von außerhalb nicht mehr in die Stuttgarter Umweltzone einfahren. Vom 1. April 2019 an galt das Verbot auch für Anwohner.

Nicht zuletzt wegen dieser weit über den Diesel hinausgehenden Kritik kam zügig der Vorwurf auf, die hiesige Gelbwesten-Bewegung sei von der AfD gesteuert und unterwandert. Wenn man allerdings jeden Dieselbesitzer, der sich öffentlich darüber aufregt, dass er seinen Wagen nicht mehr fahren darf, der rechten Szene zuordnet, sollte man sich über ein Erstarken eben dieser Szene nicht wundern. Allerdings ließ sich seit Anfang 2019 kaum übersehen, dass die AfD die Wut der Menschen über das Dieseldesaster in politisches Kapital für sich umzumünzen versuchte. Doch viele Menschen wehrten sich gegen diese Vereinnahmung. Bei einer Demonstration im Januar 2019 in Dortmund war das Schild unübersehbar: „Ich bin eine gelbe Weste. Ich bin das Volk! Ich bin ein Mensch! Ich bin alle Hautfarben! Ich bin alle Religionen oder ohne Religion! Ich bin die Welt! Ich bin Freiheit, Gleichheit und Brüderlichkeit!"[320] Das stellte eine klare Abgrenzung gegen AfD und sonstige Rechte dar, war jedoch sicherlich nicht als Zustimmung zur Regierungspolitik zu werten.

Man darf nicht übersehen: In Frankreich richtete sich der im Herbst 2018 begonnene Protest der Gelbwesten zunächst gegen die Dieselverteuerung, genauer gesagt gegen eine von Präsident Emmanuel Macron zur Finanzierung und Durchsetzung der Energiewende in Frankreich geplante, höhere Besteuerung fossiler Kraftstoffe und insbesondere Diesel.[321] Die Bewegung, deren Bezeichnung sich von den gelben Warnwesten ableitet, die die Protestierenden als Erkennungszeichen trugen, erfuhr jedoch rasch eine thematische Verbreiterung. In das Jahr 2019 gingen die französischen Gelbwesten mit Forderungen nach höheren Renten, mehr Mindestlohn und mehr direkter Demokratie. Die Gelbwesten hatten sich in Frankreich längst zu einer Art Generalsturm auf die Regierung, die etablierten Parteien und übrigens auch etablierte Organisationen wie die Gewerkschaften entwickelt. Zunächst in Paris gestartet, war zudem die Ausdehnung in die Provinzen unübersehbar.[322] Es war eine landesweite Wutwelle der Bürger, die sich von „ihrer" Politik bedrängt, missverstanden, ausgebaut und missachtet fühlen. Aus dem Protest gegen die erhöhten Dieselsteuern entwickelte sich ein Aufstand der Mittelschicht gegen die etablierte Politik.

In Deutschland mag das Potential dafür geringer sein, aber die Dieselfahrverbote und die drohenden Fahrverbote sogar für Benziner sind gleichwohl geeignet, auch die behäbigeren Deutschen auf die Straße zu bringen. Man darf nicht übersehen: Die Front gegen den „Dieselwahn“ war breit. In der Dieselaffäre haben Politik wie Industrie gleichermaßen das Vertrauen der Bürger und Kunden verspielt. Das galt nicht nur für die Bundespolitik, schließlich stellte sich auch die Frage nach der Sinnhaftigkeit der EU-Grenzwerte. Inwiefern das Regierungshandeln in den Corona-Krisenjahren 2020/21 das Vertrauen in die Politik wieder gestärkt hat, und wie sich diese auf die „autopolitische Situation“ danach auswirkt, ist kaum absehbar.

Wackelpolitik

Erst nachdem 2018 die ersten Fahrverbote sicher waren und für 2019 ein ganzer Reigen von Fahrverboten anstand, reagierte die Politik mit Gesetzesvorlagen, die den Gerichten bzw. Kommunen ermöglichen sollen, keine Fahrverbote auszusprechen. Mit einer Novelle des Bundes-Immissionsschutzgesetzes (BImSchG) sollte den Kommunen erlaubt werden, selbst dann auf Fahrverbote zu verzichten, wenn der Jahresmittelwert bei der Stickoxidbelastung zwar über dem EU-Grenzwert von 40 Mikrogramm, aber nicht höher als 50 Mikrogramm pro Kubikmeter Luft ist. Faktisch war es der Versuch, die EU-Norm auf unbestimmte Zeit zu umgehen.[323] Allerdings nützte der erhöhte Grenzwert von 50 Mikrogramm vielen Kommunen überhaupt nichts, weil sie weit darüber lagen.

Neben der Novellierung des Bundes-Immissionsschutzgesetzes (BImSchG) stand im Frühjahr 2019 auch eine Ergänzung im Straßenverkehrsgesetz (StVG) an, um zu regeln, wie man Dieselfahrer kontrolliert, ob sie in einer Fahrverbotszone berechtigt sind oder nicht. Bis dato konnten nämlich weder Polizei noch Ordnungsamt bei Inaugenscheinnahme des Autos oder dem Blick in den Fahrzeugschein zweifelsfrei klären, ob der entsprechende Wagen in eine Fahrverbotszone darf oder außen vor bleiben muss.

EU schmettert Deutschland ab

Allen Versuchen von Deutschlands damaligem Bundesverkehrsminister Andreas Scheuer, die EU dazu zu bringen, die strikten Grenzwerte aufzuweichen und damit der Autoindustrie zu helfen, wies die EU-Kommission im März 2019 brüsk zurück. In einem gemeinsamen Brief ließen die drei EU-Kommissare Violeeta Bulc (Verkehr), Karmenu Vella (Umwelt) und Elzbieta Bienkoswska (Binnenmarkt) Deutschland wissen: „Unser gemeinsames politisches Ziel ist ein Europa, das die Menschen vor Luftverschmutzung schützt, innerhalb eines verständlicherweise dringlichen Zeitrahmens“. Wissenschaftliche Erkenntnisse rund um Stickstoffdioxid und Feinstaub wiesen „immer wieder auf negative Auswirkungen auf die Gesundheit hin“. Es gebe nun die rechtliche Verpflichtung, die Grenzwerte für die Luftqualität einzuhalten – schließlich hätten das die Mitgliedsstaaten „einschließlich Deutschlands“ so beschlossen.[324]

Die drei EU-Kommissare ließen es sich nicht nehmen, dem deutschen Verkehrsminister geradezu eine verbale Ohrfeige zu erteilen. Hatte Scheuer Anfang 2019 noch auf Kritikpunkte an den Grenzwerten durch zahlreiche Lungenärzte hingewiesen, so schrieben die drei EUler unverblümt, „dass wichtige Berechnungen im Zusammenhang mit diesen Behauptungen in der Zwischenzeit als fehlerhaft erkannt worden sind.“ Weiter drohen sie sogar, es werde „auch überprüft, ob die derzeitigen EU-Grenzwerte ausreichend streng sind“. Zudem stellten sie klar, die EU habe die Mitgliedsstaaten „wiederholt eingeladen, relevante Erkenntnisse“ in diese Überprüfung einzubringen. Um diesen so genannten Fitness-Check Ende 2019 planmäßig abzuschließen, „würden wir den Beitrag der Bundesregierung so bald wie möglich begrüßen“, machten sich die drei EU-Kommissare in ihrem Brief vom März 2019 geradezu einen Spaß daraus, den Spieß umzudrehen.

Das schmutzigste Kraftwerk der EU

Die EU-Staaten wollen bis 2050 klimaneutral werden – das ist der große politische Plan, den die Vorsitzende der EU-Kommission, Ursula von der Leyen, verfolgt. Dazu werden Dieselautos aus den Innenstädten verbannt, die Bürger mit allerlei Zwangsmaßnahmen dazu verdonnert, sich Elektroautos zu kaufen, Silvesterfeuerwerke, Flugreisen und vieles mehr verpönt. Doch nur 500 Kilometer von Berlin entfernt, im polnischen Belchatów, arbeitet das größte Braunkohlekraftwerk der Welt – und Polen denkt gar nicht daran, es abzuschalten. Jährlich rollen 45 Millionen Tonnen Braunkohle in die Brennkammern. Dadurch gelangen jährlich zwischen 30 und 40 Millionen Tonnen CO2 in die Atmosphäre. Das ist mehr als der Jahresausstoß ganzer EU-Länder wie Irland oder der Slowakei.[325] Die derzeit gültigen Förderlizenzen reichen bis zum Jahr 2040. Nachfolgekonzepte gibt es nicht. Man muss wohl arg nativ sein, um anzunehmen, dass das Kraftwerk 2050 tatsächlich abgeschaltet wird. Dem Autofahrer in anderen EU-Ländern dürfte es derweil nur schwer zu vermitteln sein, warum er verzichten soll, während die Umweltbelastung an anderer Stelle in der EU ungehindert voranschreitet.

EU stuft Autokonzerne als illegal ein

Am 5. Mai 2019 war es soweit: Die EU-Kommission legte die vorläufigen Ergebnisse ihrer Ermittlungen gegen BMW, Daimler und VW vor. Das Resümee stellte ein Desaster für die drei Konzerne dar: Die EU-Wettbewerbshüter gingen von illegalen Absprachen zur Abgasreinigung aus. Die Ermittlungen gingen auf das Jahr 2017 zurück, 2018 wurde eine formelle Untersuchung eingeleitet worden und 2019 kamen Strafen in Milliardenhöhe auf BWM, Daimler und VW zu. Der Vorwurf wog schwer: Die drei Konzerne hatten demnach die Technologie zur Produktion umweltfreundlicherer Fahrzeuge bewusst zurückgehalten, um ihre schmutzigeren Autos weiter verkaufen zu können. Die gesetzeswidrigen Absprachen haben laut Ermittlungen sowohl bei SCR-Katalysatoren für Dieselmotoren als auch bei Feinstaub-Partikelfiltern für Benzinmotoren (OPF) stattgefunden. So verabredeten die Hersteller beispielsweise, auf den Einbau von Partikelfiltern zur Reduzierung von Feinstaub bei Benzinmotoren schlichtweg zu verzichten – jedenfalls bei Pkw, bei Lastwagen wurden die Filter schon lange eingesetzt. Doch ein solcher Filter kostet zwischen 150 und 200 Euro – Geld, das die Autohersteller offenbar nicht aufwenden wollten, nicht einmal in der besonders leistungsstarken und teuren Oberklasse.[326]

Der EU-Bericht verwies auf sogenannte 5er-Kreise (Audi, BMW, Daimler, Porsche und Volkswagen), in denen die illegalen Deals besprochen worden sind. Manch einer mag sich dabei an die Zusammenkünfte der ehrenwerten Gesellschaft am Sitz des Paten erinnert fühlen, aber nicht an die Spitze der deutschen Industrie, drei Schwergewichte im Deutschen Aktienindex Dax.

EuGH schärft nach

Im Sommer 2019 fällte der Europäische Gerichtshof (EuGH) ein Urteil mit weitreichenden Folgen. Die obersten Richter in Luxemburg befanden, dass schon die Überschreitung von Grenzwerten an einzelnen Messstellen einen Verstoß gegen EU-Regularien darstellt. Zudem sollte den Bürger erlaubt sein, bei Gericht überprüfen zu lassen, ob Messstationen richtig aufgestellt sind. Die Spielräume bei der Platzierung der Messstellen und der Einhaltung der Grenzwerte waren zuvor immer wieder strittig gewesen. Der EuGH stellte klar: Nur die strengste Auslegung ist rechtskräftig, es gibt also keine Spielräume.[327]

2018 war laut Umweltbundesamt immerhin in 57 deutschen Städten gegen den EU-Grenzwert für Stickstoffdioxid verstoßen wurden. Zahlreiche Politiker wie etwa Bundesverkehrsminister Andreas Scheuer argumentierten jedoch, dies sei weniger bedeutsam, weil die Geräte direkt an Kreuzungen oder Busbahnhöfen aufgebaut seien und daher der Emissionswert für eine größere Region sicherlich geringer sei. Diesen Ausflüchten schoben die Luxemburger Richter einen rigorosen Riegel vor: Erstens sähen die EU-Regeln vor, die Messstationen tatsächlich an den am stärksten belasteten Orten aufzustellen, und zweitens stelle jede einzelne Überschreitung der Grenzwerte einen Verstoß dar.

Das EuGH-Urteil öffnete Tür und Tor für das Einklagen weiterer Diesel- und wohl auch Benzinerfahrverbote. Schon eine geringfügige Überschreitung der in EU-Richtlinien festgelegten Werte für Feinstaub, Stickstoffdioxid oder anderen Schadstoffen an einer einzigen Messstelle gilt als Verstoß und könnte somit auch Fahrverbote begründen. Genauso folgenreich dürfte es sein, dass jeder Bürger, also auch jeder Umweltverband, vor Gericht überprüfen lassen kann, ob die Messstationen tatsächlich an den „schmutzigsten Plätzen" aufgestellt sind. Die Deutsche Umwelt-Hilfe (DUH) ließ die Öffentlichkeit prompt direkt im Anschluss an das EuGH-Urteil wissen: „Gerichte müssen nun prüfen, ob die durch die Bundesländer und Kommunen aufgestellten Messstationen tatsächlich die Orte der höchsten Belastung abbilden. Ist das nicht der Fall, können entsprechende gerichtliche Verfahren erfolgreich geführt werden." Damit war die DUH-Taktik im Grunde vorgegeben: Zunächst wird erstritten, dass die Messstation dort aufgestellt wird, wo mit hoher Wahrscheinlichkeit die höchsten Messwerte auftreten, und sobald es einmal zu Überschreitung eines Grenzwerts kommt, plädiert die DUH auf Fahrverbot. Bei dieser Vorgehensweise will sich die Deutsche Umwelt-Hilfe nicht mehr nur auf Großstädte konzentrieren, sondern ihre Taktik auf Kleinstädte ausweiten. Allerdings liefert sich die DUH damit einen Wettlauf gegen die Zeit: Jedes Jahr werden ältere Wagen aus dem Verkehr gezogen und es kommen neuere Autos auf die Straßen, die weniger Emissionen erzeugen; zudem zeigen die Softwareupdates bei Millionen Dieselfahrzeugen Wirkung. Die Luft wird also allein dadurch sauberer, dass jeden Tag mehr ältere Diesel von den Straßen verschwinden. In einigen Städten zeigten sich 2018/19 bereits Verbesserungen. Allerdings braucht die DUH pro Stadt nur eine einzelne Grenzwertüberschreitung, um erfolgreich klagen zu können. Das gilt umgekehrt indes auch für Pendler, Handwerker oder Unternehmen, die die Korrektheit der Messungen anzweifeln und sie daher gerichtlich überprüfen lassen wollen – in der Hoffnung, Fahrverbote wieder loszuwerden.

Es bleibt abzuwarten, ob andere EU-Länder sich ebenfalls den strengen Auslegungen der EuGH-Richter beugen. In diesem Fall wäre mit einer Vielzahl von Fahrverboten in beinahe allen europäischen Ländern zu rechnen. Das dürfte indes dort zu erheblichen Widerständen führen, wenn man etwa bedenkt, dass die anhaltenden Gelbwestenproteste in Frankreich durch Steuererhöhungen auf Kraftstoff aufgelöst wurden.

Diese Frage ist umso brisanter, als die DUH zwar in Deutschland die Rolle des „Buhmann der Autofahrer" übernommen hat, tatsächlich aber das international agierende Anwaltsnetzwerk ClientEarth mit Sitz in London dahinter steckt. Es war die Juristenriege von ClientEarth, die das EuGH-Urteil erwirkt haben. Zusammen mit Einwohnern der belgischen Hauptstadt Brüssel hatten sie belgische Behörden auf Erstellung eines Luftqualitätsplans und Einrichtung der nötigen Messanlagen verklagt. Der EuGH gab der Klage statt und fällte erst daraufhin sein Urteil mit weitreichenden Folgen für die gesamte Europäische Union. Man kann wohl schon davon reden, dass sich hier die EU-Politik und infolge dessen auch die deutsche Politik von angelsächsisch geprägten Anwaltskreisen vorführen lässt. Und im angelsächsischen Rechtssystem geht es neben der Sache selbst immer auch um hohe Schadenersatzansprüche und satte Honorare. Die Globalisierung lässt grüßen.

Der Richterspruch aus Luxemburg bezog sich im Übrigen nicht nur auf Autos. Wer in der Nähe eines Bahndamms lebt, könnte ebenfalls gerichtlich überprüfen lassen, ob die Deutsche Bahn zuviel Stickoxide oder Feinstaub in seiner Wohngegend verbreitet. Doch es war nur einer von vielen Fällen, bei denen europäische Gremium deutschen Alleingängen den Garaus machten.

Verkehrswende dauert Jahrzehnte

Über die sogenannte „Verkehrswende" wird in Deutschland seit Jahrzehnten diskutiert. Denn schon seit mehr als 20 Jahren gilt: zu viele Staus, zu wenige Parkplätze, schlechte Luft und fehlende oder lebensgefährliche Radwege gehören zum Bild der meisten deutschen Großstädte. Man kommt kaum umhin festzustellen, dass die Mehrzahl aller städtebaulichen Maßnahmen seit Jahrzehnten das Auto in den Mittelpunkt stellen. Das wird sich künftig zweifelsohne ändern. Daher werden die meisten Maßnahmen der nahen Zukunft zu Lasten des Autos gehen, mithin bei der Mehrheit der Autofahrer unpopulär sein. Die Stichworte dazu heißen Reduzierung des Kfz-Verkehrs, verdichteter ÖPNV und Radschnellwege. Das Ziel ist eindeutig: Der motorisierte Individualverkehr soll möglichst aus den Großstädten herausgehalten werden. Was dabei häufig wenig berücksichtigt wird: In den Ballungszentren lässt sich mit dem Öffentlichen Personennahverkehr durchaus eine Alternative zum Auto schaffen – aber auf dem Land dürfte dies auf absehbare Zeit kaum möglich sein. Über Deutschland hinweg lässt sich feststellen (Stand 2019): 69 Prozent der Berufspendler gelangen mit dem Pkw oder Kraftrad zur Arbeit, 14 Prozent kommen mit Bussen und Bahnen, neun Prozent mit dem Fahrrad und acht Prozent zu Fuß. Wer eine „Verkehrswende" einleiten will, kommt also nicht umhin, die Mehrheit der 69 Prozent anzugreifen. Die Coronazeit 2020/21 hat zwar aus Angst vor Ansteckung die Fahrradnutzung befördert, aber den ÖPNV ebenso deutlich zurückgedrängt. Indes ist davon auszugehen, dass die Zahl der täglichen Berufspendler nach Corona deutlich sinken wird – weil sich das Home Office in der Pandemie bewährt hat.[328]

Die baden-württembergische Landeshauptstadt Stuttgart hat übrigens schon etwas anderes probiert: Die Grünen wollten Autofahrern den Zugang zur Innenstadt nur noch erlauben, wenn die für 365 Euro ein Jahresticket für Bus und Bahn kaufen. Die CDU im Landeskabinett verweigerte die Zustimmung. Der Verband deutscher Verkehrsunternehmen (VDV) hat andere Vorschläge: Ampelschaltungen zugunsten von Fußgängern, Radfahrern und Bussen zu ändern oder schlichtweg Parkplätze für Auto zu reduzieren und dafür mehr Radwege und Busspuren zu schaffen. Möglich wäre auch eine Straßenbenutzungsgebühr. Dank moderner Technologie lässt sich eine solche Gebühr sehr detailliert steuern: Wer etwa zu Stoßzeiten in einem SUV auf stark frequentierten Straßen unterwegs ist, müsste entsprechend viel zahlen.

Bundesverkehrsminister Andreas Schauer hatte längst eine fahrradfreundliche Novelle der Straßenverkehrsordnung (StVO) vorgelegt. Die Novelle sah beispielsweise eine deutliche Anhebung der Bußgelder für das unerlaubte Parken auf Radwegen vor. Manches schien bedenkenswert: Tatsächlich wurde lange Zeit Falschparken als Ordnungswidrigkeit eingestuft, während Schwarzfahren im Bus als Straftat gewertet wurde.[329]

Doch bevor es dazu kam, stand zunächst die Verteidigung des Verbrennungsmotors im Mittelpunkt – insbesondere im Autoland Deutschland. „Nachrüstung“ lautete das Zauberwort, um die „getricksten Dreckschleudern“ in saubere Wagen zu verwandeln.

Nachrüsten oder nicht – das ist hier die Frage

Für die Autofahrer stellten die Nachrüstungen von Anfang an ein unkalkulierbares Risiko dar. Die Einbaukits strotzten vor technischen Problemen, die Nachrüstunternehmen schienen in vielen Fällen schlichtweg überfordert. Zudem drohten Garantierisiken, wenn der Wagen durch ein Einbaukit eher beschädigt denn verbessert wird. Hinzu kam der durch die Nachrüstung ausgelöste Mehrverbrauch mit entsprechend höherem CO2-Ausstoß.

Vor allem aber gab es entgegen der Versicherung mancher Nachrüster keine Systeme, die tatsächlich alle Vorschriften gemäß der gültigen Abgasnorm Euro 6 d-temp erreichten. Das scheiterte unter anderem an den Dauertests für die Haltbarkeit. Mit anderen Worten: Die nachgerüsteten Fahrzeuge wurden nicht als sauber gemäß Euro 6 d-temp anerkannt, sondern behielten ihre alte Abgasnorm Euro 4 oder Euro 5. Damit unterlagen sie konsequenterweise auch allen Fahrverboten für diese Wagen. Für viele Autofahrer hieß das konkret: Auto nachrüsten und dennoch stehen lassen.[330]

VW & Co. ohne Verantwortung

Seit 2019 erhielten immer mehr Systeme für Diesel-Nachrüstungen eine Zulassung. Die Bamberger Firma Dr. Pley erhielt Ende Juli 2019 die erste Betriebserlaubnis für mehrere Volvo-Modelle, später Mercedes-Modelle im August folgte die

Zulassung für die Firma Bumot mit Nachrüstsystemen für mehr als 60 Modelle des VW-Konzerns, was etwa 1,3 Millionen VW-Fahrzeuge abdeckte. Die Verbraucherzentrale Bundesverband (VZBV) forderte zu Recht ein „niederschwelliges und verständliches" Verfahren zur Übernahme der Nachrüstkosten.

Doch die Autohersteller hielten an ihrer Strategie des Mauerns fest. VW steht beispielhaft für die ganze Branche, jegliche Verantwortung für den nachträglichen Einbau der Hardwarenachrüstung mit einem SCR-Katalysator an die Fahrzeughalter abzuschieben. Wer einen Antrag auf Kostenübernahme ausfüllt, muss unterschreiben, dass er akzeptiert, dass infolge der Nachrüstung „Beeinträchtigungen für die dauerhafte Funktionssicherheit, Folgeschäden durch erhöhte Kraftstoffverbräuche und weitere Nachteile an seinem Fahrzeug auftreten können." Weiter heißt es im VW-Antrag „Es kann durch die Hardwarenachrüstung auch zu dem Verlust gesetzlicher Gewährleistungsrechte oder einer noch bestehenden Garantie in Bezug auf das Fahrzeug und nachträglich erworbene Ersatzteilen kommen." Das wäre ungefähr so, als ob man beim Kauf einer Apfelsine beim Obsthändler unterzeichnen müsste, dass man damit rechnen müsste, dass die Früchte vergiftet seien und daher der Händler auf keinen Fall die Beerdigungskosten übernehmen würde.[331]

Ganz im Gegenteil würde man doch erwarten, dass die Autohersteller und die Anbieter von Nachrüstsystemen eine einwandfreie Funktionalität abstimmen und eine Garantiezusage geben, dass die Nachrüstungen gerade keine Schäden am Wagen hervorrufen. Schließlich waren die Autohersteller die Schuldigen, die Betrüger, nicht die Käufer, sie waren die Betrogenen. Man kann schon verstehen, dass viele Betroffene nicht nur die Arroganz der Autobranche für diese Situation verantwortlich machten, sondern daraus eine allgemeine Verdrossenheit in Bezug auf den Staat entwickelten, der eine solche Rechtslage zuließ und letztlich achselzuckend daneben stand, als ob ihn die ganze Sache nichts anginge.

Millionen für die Nachrüstung

Das Bundesverkehrsministerium gab 2019 rund 333 Millionen Euro als Zuschuss für Diesel-Nachrüstungen von Lieferfahrzeugen aus. Die Nachrüstförderung war Teil eines Pakets, mit dem die Bundesregierung den Schadstoffausstoß in den Städten reduzieren wollte. Davon profitierten vor allem Handwerker- und Lieferfahrzeuge, die die Ballungszentren besonders stark belasten, da sie in der Regel täglich in den Innenstädten unterwegs sind. Die Kleinlaster waren leichter als Pkw umzurüsten, weil es weniger Modellvarianten gab und weil in den Fahrzeugen mehr Platz für die Hardwarenachrüstungen vorhanden war.[332]

Der Zuschuss hing von der Firmengröße und dem Fahrzeug ab. Für Lastwagen unter 3,5 Tonnen gab es beispielsweise bis zu 3.800 Euro. Ob die Fördersumme in jedem Fall ausreichend war, darf bezweifelt werden; die Kosten für die Hardwarenachrüstung eines leichten Handwerker- oder Lieferfahrzeugs lagen zwischen 4.000 und 8.000 Euro, bei schweren Fahrzeugen war mit 6.000 bis 12.000 Euro zu kalkulieren. Das Förderprogramm der Bundesregierung lief Ende 2020 aus. Ziel war es schließlich, dass die Umrüstungen besonders zügig stattfanden.

Für Pkw stellte sich die Lage insofern anders ist, als weiterhin unklar blieb, wie Hardwarenachrüstungen zu erfolgen haben und wann sie überhaupt möglich sein werden, welche Modelle davon betroffen sind, welche Kosten damit verbunden sind, in welchen Umfang sich die Hersteller an den Kosten beteiligen, ob und wenn ja in welchem Umfang es staatliche Beihilfen gibt, und wieviel an den Kunden letztlich hängen bleibt. Zudem stellte sich die Frage nach dem Wertverlust eines Diesels mit oder ohne Nachrüstung und nicht zuletzt, ob es nicht sinnvoller ist, sich auf dem gerichtlichen Klagewege durchzusetzen und den Kauf rückabzuwickeln, wobei unklar war, welche Chance damit verbunden sind und welche Kostenrisiken bestehen. Mit anderen Worten: Die gesamte Sachlage war reichlich unklar.

Daran hatte auch der dritte Dieselgipfel gegen Ende 2018 im Kanzleramt nichts geändert. Zunächst hieß es aus der Politik in einem ständigen Wiederholungsmantra, Dieselfahrverbote sollten unter allen Umständen verhindert werden. Als klar wird, dass das Mantra nichts hilft und die Gerichte reihenweise Fahrverbote anordneten, teilte die Politik mit, diese seine höchstens „vorübergehend“.[333] Indes, den meisten Menschen dürfte der Glaube daran schon lange vorher verloren gegangen sein. Das Fahren von Dieseln und auch Benzinern wird künftig immer weiter eingeschränkt werden; eine Lockerung ist nicht in Sicht. Auch die Corona-Jahre 2020/21 sind als „Pause“ zu werden, nicht als „zurück auf Anfang“.

Vor diesem Hintergrund drängten vor allem Volkswagen und Daimler seit Anfang 2019 verstärkt darauf, dass zügig Hardwarenachrüstungen verfügbar werden. Das galt vor allem für Euro-5-Modelle, von denen etwa die Hälfte umgerüstet werden musste. Konkret ging es um den Einbau von Stickoxidkatalysatoren. Dabei gab es gleich zwei Probleme: erstens hatte der Gesetzgeber lange Zeit nicht die Spezifikationen hierfür verbindlich festgelegt, und zweitens und demzufolge waren die erforderlichen Nachrüstsätze zunächst nicht verfügbar, ja, nicht einmal final entwickelt – wie auch, solange die Spezifikationen nicht feststanden. Dennoch stellte beispielsweise Daimler schon

Ende 2018 fest: „Wir möchten unseren Kunden so schnell wie möglich Transparenz darüber verschaffen, welche Hardwarelösungen Drittanbieter anbieten werden“. Begriffe wie „Entschuldigung“ oder „Kostenübernahme“ suchte man vergebens. Stattdessen stellte Ex-Daimler-Chef Dieter Zetsche klar: „Ich will die Sache vom Tisch haben.“[334]

SCR-Katalysatoren

Das „Mobilitätsprogramm zur NO2-Reduzierung“ der Bundesregierung sah unter anderem die Nachrüstung älterer Dieselfahrzeuge mit sogenannten SCR-Katalysatoren vor. Bei der „Selektiven katalytischen Reduktion“ (engl. „selective catalytic reduction“, SCR) werden Stickoxide selektiv reduziert, während unerwünschte chemischen Nebenreaktionen wie die Oxidation von Schwefeldioxid zu Schwefeltrioxid weitgehend unterdrückt werden. Anders ausgedrückt: Das giftige Stickoxid wird durch die Einspritzung von Harnstofflösung unschädlich gemacht, ohne dass sonstige Nebeneffekte auftreten.[335] Durch SCR-Katalysatoren soll es möglich werden, den Stickoxidausstoß eines Wagens auf unter 270 Milligramm Stickoxid pro Kilometer zu drücken. Das liegt allerdings immer noch oberhalb der für Euro-5-Diesel gültigen Grenze von 180 Milligramm, von der Euro-6-Begrenzung auf 80 Milligramm ganz zu schweigen. Das einzelne Fahrzeug wird also durch die SCR-Nachrüstung zwar etwas umweltfreundlicher, aber bei weitem nicht sauber genug, um gegebenenfalls Fahrverboten zu entgehen. Das Kalkül der Politik war ohnehin ein anderes: Je mehr Wagen umgerüstet sind, desto geringer werden die gemessenen Belastungen in den Innenstädten – und dann könnten Fahrverbote möglicherweise völlig entfallen, weil die Messungen Belastungen unterhalb der Grenzwerte ergeben. Anders formuliert: Der einzelne Dieselbesitzer hat zunächst nichts von der Umrüstung, aber wenn alle zusammen umrüsten, dann könnte sich die Luft soweit verbessern, dass dann wiederum alle davon profitieren könnten. Das nennt man wohl „Prinzip Hoffnung“. Immerhin stellte die Politik den umrüstbereiten Dieselbesitzern eine Härtefallregelung in Aussicht: Wenn der Wagen trotz Nachrüstung nicht ausreichend sauber wird, darf er möglicherweise dennoch in Fahrverbotszonen fahren, um den guten Willen zu belohnen.

Die Autobranche wehrte sich allerdings mit Händen und Füßen dagegen und stellte das Verfahren als kompliziert und technisch unausgegoren dar.

Dabei war es hinderlich, dass Bundesverkehrsminister Andreas Scheuer 2018 lange Zeit hinweg klarstellte, dass er nicht an Hardwarenachrüstungen glaubt. Erst Ende 2018 kündigte er an, die dafür notwendigen technischen Vorschriften „in Rekordzeit“ vorzulegen. Sein Fahrplan: Die Hersteller der Nachrüstbausätze bräuchten dann die erste Jahreshälfte 2019, um entsprechende Teile zu entwickeln. Danach müsse das Kraftfahrtbundesamt prüfen und genehmigen. Ob die Nachrüstung im zweiten Halbjahr 2019 schon starten kann oder erst im Laufe des Jahres 2020, war dem Bundesverkehrsminister Anfang 2019 offenbar unklar. Klar war hingegen, dass die ersten Dieselfahrverbote 2018 in Kraft gesetzt wurden und im Verlaufe des Jahres 2019 weite Teile der Republik erreicht hatten.[336]

Es war also eine verheerende Nachricht für alle Besitzer älterer Diesel, die in Städten mit Fahrverboten leben, In den 2020er wird es kaum noch eine größere Stadt in Deutschland geben, die Diesel-5-Fahrzeugen Einlass gewährt. Etwa die Hälfte aller Daimler-5-Diesel werden neue Hardware benötigen. VW ging von einer ähnlichen Größenordnung aus.

Die Hersteller trödeln

Die Automobilhersteller wehrten sich nicht nur gegen Hardwareupdates, sondern trödelten auch bei den Softwareupdates. In das Jahr 2019 ging die Branche mit viel weniger durchgeführten Updates als zugesagt. So wollten die deutschen Autohersteller eigentlich 5,3 Millionen Fahrzeuge vor dem 1. Januar 2019 fix und fertig umgerüstet haben. Tatsächlich waren es aber nur 3,75 Millionen Wagen, wie das Verkehrsministerium herausfand. Bundesverkehrsminister Andreas Scheuer erregte sich: „Ich fordere eindringlich, dass sie schnellstmöglich die restlichen Fahrzeuge abarbeiten. Ansonsten verspielen sie erneut Vertrauen“. Als ob das zum Jahreswechsel 2018/19 überhaupt noch möglich gewesen wäre.

Betroffen waren rund 3,5 Millionen Fahrzeuge von VW, über 900.000 von Daimler und mehr als 300.000 von BMW sowie von weiteren Herstellern. Unisono setzten die Hersteller auf Verzögerungstaktik. Das Trödeln der Autobauer bei Updates hatte sicherlich einen guten Grund: Statt die Fahrzeuge auf den neuesten Stand zu bringen, wollten sie viel lieber Neuwagen verkaufen.[337]

Indes stellten Softwareupdates 2019 wie schon im Vorjahr vorläufig die einzige Abhilfe dar; Hardwarenachrüstungen waren frühestens 2020 zu erwarten. Das Verkehrsministerium sah die Ursache in den verzögerten Softwareupdates darin, dass die Hersteller ihre Anträge auf Freigabe der Updates nicht mit den notwendigen technischen Unterlagen an das Kraftfahrtbundesamt versahen. Der Verband der Automobilindustrie (VDA) widersprach im Namen der Branche: Die Schuld liege bei den Kunden, die ihre Wagen nur zögerlich umrüsten lassen wollten. Wörtlich teilte der Verband mit: „Vor allem aber kommt es darauf an, dass die Kunden auch in die Werkstätten kommen, denn es ist eine freiwillige Aktion". Außerdem wollt der VDA den Eindruck vermitteln, die Hersteller seien von der Komplexität der Updateaufgabe etwas überfordert. Der Aufwand für die Softwareupdates sei erheblich, denn es ginge um die Entwicklung, Prüfung und Freigabe hunderte Softwarevarianten. Die Manipulationen schienen den Herstellern leichter gefallen zu sein.

Grenzwertüberschreitung trotz Softwareupdate

Die vom Kraftfahrtbundesamt (KBA) angeordneten Softwareupdates führten in vielen Fällen nicht dazu, dass die zulässigen Grenzwerte eingehalten wurden.[338] Darauf wies zumindest die Deutsche Umwelthilfe (DHU) seit 2019 unermüdlich hin – und fuhr immer wieder mit konkreten Beispielen auf. Hierzu hatte die DUH zusammen mit dem Emission-Kontroll-Institut (EKI) eigene Abgasmessungen durchgeführt, unter anderem mit Dieselmodellen von Porsche und Audi – und zwar im realen Betrieb auf der Straße. Die Ergebnisse sollten beweisen, dass die Fahrzeuge mit dem 3.0 Liter Motor EA897 die Grenzwerte für Stickoxide (NOx) teilweise um ein Vielfaches überschreiten. Beispielsweise der Porsche Cayenne mit dem Motor EA897evo und der Euronorm 6 brachte es im DUH/EKI-Test auf 340 Milligramm NOx-Ausstoß pro Kilometer; erlaubt waren maximal 80. Der Grenzwert wurde also um das 4,2-fache überschritten. Und das galt im normalen Fahrmodus, im Sportmodus stieß der Wagen doppelt soviel NOx aus. Der mit der gleichen Motorengeneration ausgestattete Audi SQ5 plus 3.0 TDI mit Euro 6 brachte es sogar auf 441 Milligramm NOx pro Kilometer, was einer Grenzwertüberschreitung um das 5,5-fache entsprach. Ein von DUH/EKI getesteter Porsche Cayenne Euro 6 überschritt nach dem Softwareupdate den Grenzwert immer noch um das 2,4-fache mit 191 Milligramm NOx pro Kilometer. Auch bei den

CO2-Emissionen zeigte der Porsche Cayenne erhebliche Abweichungen. Der mit 179 Gramm CO2 pro Kilometer zugelassene Wagen brachte es im Realbetrieb auf der Straße auf durchschnittlich 241 Gramm CO2 pro Kilometer, was einem Mehrverbrauch von rund 35 Prozent entsprach.[339]

Nachrüstungen sind überwiegend wirksam

Obgleich sich die Hersteller vehement gegen Hardwarenachrüstungen wehren, zeigten Untersuchung des ADAC, dass diese sehr wohl wirksam sind. Gemeinsam mit dem Baden-württembergischen Verkehrsministerium wies der ADAC schon 2018 nach, dass sich der Schadstoffausstoß durch Nachrüstungen an Euro-5-Dieselfahrzeugen innerorts um bis zu 70 Prozent und außerorts um bis zu 90 Prozent reduzieren lässt. Bei besonders belasteten Regionen wie etwa dem Stuttgarter Neckartor könnte dies eine Verbesserung der Luftqualitätswert um bis zu 25 Prozent bewirken, urteilte der ADAC. [340] Das Stuttgarter Neckartor wurde von Greenpeace als „die schmutzigste Straße Deutschland" eingestuft. [341] Einer Verbesserung der Situation an dieser Stelle käme also auch eine hohe Symbolwirkung zu.

Kein Schadensersatz wegen Softwareupdate

2020 erklärte der Bundesgerichtshof (BGH) in einem Grundsatzurteil klipp und klar: VW muss vom Abgasskandal betroffenen Kunden Schadensersatz zahlen. Der Einsatz der illegalen Abschalteinrichtung war sittenwidrig. Leer ging allerdings aus, wer sein Auto nach Auffliegen der Betrugssoftware gekauft hat, stellte der BGH 2021 klar. Der Kläger hatte einen VW Tiguan im Herbst 2016 erworben und wenige Monate später ein Softwareupdate von VW aufspielen lassen. Nach dem Update arbeitet der Wagen mit einem sogenanntes Thermofenster, das ebenfalls eine unzulässige Abschalteinrichtung darstellt, argumentierte der Kläger.

Der BGH sah es anders: Anders als beim millionenfachen heimlichen Einsatz der ursprünglichen Manipulationssoftware war VW kein sittenwidriges Verhalten beim Update vorzuwerfen. Die Begründung: VW war keine arglistige Täuschung nachzuweisen. Diese hätte nur dann vorgelegen, wenn VW das Update in dem Bewusstsein und mit der Absicht entwickelt hätte, das Bundeskraftfahrtamt oder gar die Kunden zu täuschen. Doch genau diese Absicht war nicht zu beweisen.[342] „Im Zweifel für den Angeklagten" gilt eben nicht nur im Strafrecht und nicht nur für Personen, sondern ebenso im Zivilrecht und auch für Konzerne. „Wer einmal lügt, dem glaubt man nicht" ist zwar eine Binsenweisheit, aber als Beweis vor Gericht nicht ausreichend.

Die Deutsche Umwelthilfe (DUH) wollte sich allerdings mit diesem Urteil nicht zufriedengeben. Schließlich hatte der BGH über einen Einzelfall geurteilt, nicht über die generelle Zulässigkeit von Thermofenstern. Die Argumentation der DUH lautete 2021: Die per Softwareupdate aktualisierte Motorsteuersoftware reduziert die Abgasreinigung bei Temperaturen unter 10 Grad Celsius oder auch bei solchen Motordrehzahlen und Beschleunigungen, die im Prüflabor nicht getestet werden. Daher wollte die DUH das Kraftfahrtbundesamt verpflichten, die temperaturgesteuerten Abschalteinrichtungen völlig entfernen zu lassen.

Sollte der Europäischen Gerichtshof EuGH entscheiden, dass die Abschalteinrichtungen illegal sind, müssten nach Einschätzung der DUH etwa fünf Millionen ältere Dieselfahrzeuge zurück in die Werkstatt, um die Abgassysteme auszutauschen.[343]

Die Wut der Kunden

Belogen, betrogen, allein gelassen – das war das Gefühl weiter Teile der Autokundschaft, als der Betrug immer offensichtlicher wurde und weder Hersteller noch Politik offenbar gewillt waren, für Abhilfe zu sorgen.

Das Rudel der Anwälte

Wie immer, wenn tatsächlich oder vermeintlich Unrecht in großem Umfang geschieht, war die Heerschar der Anwälte, die ihre Hilfe anbieten, nicht weit. War die 2018 verabschiedete Datenschutzgrundverordnung schon ein Eldorado für Juristen, so stand das Dieseldebakel dem in nichts nach.

Die Argumente der Kanzleien waren vielversprechend:

- Dieselfahrzeug zurückgeben und Kaufpreis erstattet bekommen;
- Schadensersatz, sogar bei bereits verkauften Wagen;
- vergleichbares sauberes Fahrzeug erhalten;
- im Falle eines Autokredits Rückzahlung schon geleisteter Raten und Gebühren durch Widerruf;
- Dieselauto behalten und dafür Schadensersatz bekommen;
- und natürlich die Anmeldung zur VW-Musterfeststellungsklage.

Die Einstiegshürde bei den darauf spezialisierten Kanzleien lag niedrig: kein Kostenrisiko, unkomplizierte Beauftragung via Internet, kurzfristige Fallprüfung – wer wollte da nein sagen. In der Tat konnte man betroffenen Dieselfahrern wohl nur den Rat geben, sich bei einer der „Dieselkanzleien" eine kostenlose juristische Meinung einzuholen. Wer auf die Vernunft der Politik oder die Freiwilligkeit der Hersteller hoffte, wartete vergebens. Ein „Befreiungsschlag" in den 2020ern ist nicht in Sicht. Ganz im Gegenteil wird sich die Situation für Dieselfahrer künftig noch weiter verschärfen.

Klagen konnte sich also lohnen. Immerhin gab es bereits Hunderte von Urteilen zugunsten von Dieselgeschädigten. Dabei ging es keineswegs nur um VW, sondern auch um Audi, Alfa Romeo, Daimler, Renault, Seat und Skoda. Die kostenfreie Ersteinschätzung durch darauf spezialisierte Anwälte in Anspruch zu nehmen war also sinnvoll. Allein gegen Volkswagen und die Tochter Audi waren Anfang 2021 rund 51.000 Klagen an deutschen Gerichten anhängig. Gegen Daimler waren es 9.000 und gegen BMW 1.100 – insgesamt haben die Gerichte also über 61.000 Diesel-Verfahren zu bewältigen.[344]

Diese Klagewelle mehr als fünf Jahre nach Beginn des Dieselskandals hat das Gerichtswesen in Deutschland teilweise lahmgelegt – nicht nur in Bezug auf Dieselurteile, sondern in seiner gesamten Rechtsprechung. Viele Gerichte mussten angesichts der Aktenflut neue Ablagemöglichkeiten schaffen, „eigentlich" einfache Prozesse blieben jahrelang liegen – und das trotz der Vergleiche aus der Musterfeststellungsklage gegen Volkswagen. Es ist nicht übertrieben zu sagen, dass das Dieseldesaster die Gerichtsbarkeit in Deutschland zumindest zeitweise außer Kraft gesetzt hat – die Pandemie 2020/21 hat natürlich noch ihr übriges dazu getan.

Rund 400.000 Kläger

Bis Frühjahr 2019 hatten sich mehr als 400.000 Dieselkunden der Musterfeststellungsklage gegen VW angeschlossen.[345] Sie alle hofften auf Schadensersatz für ihre manipulierten Fahrzeuge. Mit so einer großen Resonanz hatten augenscheinlich nicht einmal der Bundesverband der Verbraucherzentralen (VZBV) und der ADAC gerechnet, als sie das Klageregister Ende November 2018 eröffnet hatten. Doch Volkswagen focht das nicht an, der Konzern wies weiterhin jeden Anspruch zurück.

Insgesamt waren wohl rund 2,5 Millionen Autofahrer in Deutschland betroffen, die ein Dieselfahrzeug aus dem VW-Konzern mit manipuliertem Motor gekauft hatten; weltweit etwa fünf Millionen Fahrzeuge von VW.[346] . Hauptgrund für den Schadensersatz waren die deutlich gefallenen Restwerte ihrer Fahrzeuge. In der Musterfeststellungsklage wurde allerdings nur grundsätzlich geprüft, ob überhaupt ein Schadensersatzanspruch besteht. Wird dies bejahrt, muss anschließend jeder einzelne Autofahrer seinen individuellen Schaden selbst einklagen. Das ist anders als in den USA: Dort hat VW „freiwillig“ für kleinere Dieselfahrzeuge 20.000 Dollar und für größere Fahrzeuge sogar 40.000 Dollar an jeden betroffenen Kunden bezahlt. Dem entsprechend war das Gros der 27 Milliarden Euro, die VW zur Bewältigung der Dieselaffäre bereitgestellt hat, in die USA geflossen. In Deutschland hingegen blieben die meisten Klagen von VW-Kunden vor Landgerichten erfolglos. Für die Musterfeststellungsklage in Deutschland hatte VW nicht einmal Gelder zurückgestellt; der Konzern ging einfach davon aus, dass sich daraus keine nennenswerten Zahlungen ergeben.

Unklar blieb in Deutschland zudem zeitweilig die Verjährungsfrist: Hätte man sich bis 31. Dezember 2018 in die Liste der Musterstellungsklage eintragen lassen müssen, um eine

Verjährung abzuwenden, oder wurde diese Frist mit dem Einreichen der Klage gestoppt? Die juristischen Meinungen darüber gingen auseinander. Sieht man als maßgeblich an, wann der Betrug aufgeflogen war, wäre dafür das Jahr 2015 anzusetzen und der Ersatzanspruch könnte Ende 2018 verjährt sein. Sollte hingegen ausschlaggebend sein, wann das Kraftfahrtbundesamt seine ersten Rückrufe angeordnet hat, würde die dreijährige Frist erst seit dem Jahr 2016 laufen. In diesem Fall wären die Ansprüche erste Ende 2019 verjährt. Der Musterfeststellungsklage konnten sich überhaupt nur Dieselkäufer anschließen, für deren Fahrzeuge es einen amtlichen Rückruf gab. Außerdem mussten sie für die Gemeinschaftsaktion darauf verzichten, selbst juristisch gegen VW vorzugehen.

Im Dezember 2020 ließ der (BGH) in der Verhandlung eines Musterfalls durchblicken, dass Dieselbesitzer, denen schon 2015 klar war, dass ihr Auto vom VW-Abgasskandal betroffen ist, ab dem Jahr 2019 nicht mehr klagen konnten. Damit wären mehr als 9.000 Klagen verjährt.[347]

Sieg vor Gericht

Im November 2018 obsiegte erstmals ein VW-Kunde vor einem deutschen Gericht, der seinen manipulierten Diesel an den Autohersteller einfach nur zurückgeben wollte – und dafür den vollen Kaufpreis zurückerhalten möchte. Genau dies stellte das Landgericht Augsburg fest. Für exakt 29.907,66 Euro konnte der Kunden seinen manipulierten VW Golf TDI an Volkswagen zurückgeben; das wäre der Betrag, den er sechs Jahre zuvor bezahlt hatte, zuzüglich Zinsen.[348] Der Richter begründete den Urteilsspruch deutlich: Der Konzern habe mit der Täuschung der Kunden durch die manipulierten Abgasgrenzwerte Umsatz und Gewinn erzielen wollen. Das ist sittenwidrig, entschied das

Landgericht Augsburg. Zuvor hatten deutschen Gericht stets dahingehend entschieden, dass den Käufern ein sogenannter Nutzungsausgleich für die Zeit der Fahrzeugnutzung vom Kaufpreis abgezogen worden war. Mit dieser Kalkulation war im Herbst 2018 erstmals Porsche vom Landgericht Stuttgart zur Rücknahme eines manipulierten Diesels verpflichtet. Konkret ging es um einen Porsche Cayenne Diesel mit Euro-6-Sechszylindermotor und einer Leistung von 262 PS aus dem Baujahr 2014.[349] Auch in diesem Fall stuften die Richter den Einbau der unzulässigen Abschalteinrichtung ins Fahrzeug als sittenwidrig ein. Zugleich erkannten die Richter einen Anspruch auf Schadensersatz an, weil für den Kunden die Gefahr bestand, dass das Kraftfahrtbundesamt die Stilllegung des Fahrzeugs anordnen würde. Das Landgericht ging davon aus, dass der Kunde vom Kauf des Fahrzeugs Abstand genommen hätte, wären ihm diese Umstände bekannt gewesen. Die zurück zu zahlende Summe von 59.000 Euro plus Zinsen entsprach der Kaufsumme abzüglich des Nutzungsausgleichs für den Gebrauch des Wagens in der Zeit zwischen Kauf und Rückgabe. Dass man etwas zahlen muss für die Nutzungsdauer, dürfte vielen Verbrauchern durchaus verständlich erschienen sein. Andererseits stellte die kostenlose Nutzung eine Art immateriellen Schadensersatz dar; schließlich war man vom Hersteller dreist belogen worden und musste sein gutes Recht vor Gericht einklagen. So gesehen mochte es als Genugtuung durchgehen, wenn man den Wagen einige Monate oder gar einige Jahre lang im Nachhinein kostenlos fahren konnte. Zumal der Gerichtsweg mit den Entscheidungen der Landgerichte keineswegs zu Ende war. Die Hersteller wehrten sich mit allen juristischen Mitteln dagegen, ihre Wagen zum Kaufpreis zurückzunehmen, gleichgültig, ob mit oder ohne Nutzungsentgelt. So teilte Porsche nach der Verurteilung lapidar mit „Die Porsche AG erachtet dieses Urteil des LG Stuttgart als rechtsfehlerhaft“ und kündigte an, juristisch gegen den Richterspruch vorzugehen. Die Begründung des Sportwagenherstellers: Seit Herbst 2017 bot das Unternehmen Softwareupdates für die Fahrzeuge des Typs Cayenne Diesel (EU6) an, die das Problem beseitigen.[350] Das mag sein, allerdings ist auch hier unübersehbar, dass Porsche sich nicht etwa selbst um seine Kunden kümmerte oder gar „die Sache" wiedergutmachen wollte, sondern nur auf behördliche Anordnungen und Gerichtsurteile reagierte.

So ordnete das Kraftfahrtbundesamt im Frühjahr 2018 den Rückruf von 60.000 Luxusgeländewagen Cayenne 4.2 Liter V8 und Macan 3.0 Liter V6 an.[351] Das Amt hatte gleich mehrere Softwaremanipulationen entdeckt. „Aufgrund der eingebauten Abschalteinrichtungen kann es zu erhöhten NOx-Emissionen kommen", begründete das Bundesverkehrsministerium den amtlichen Rückruf. Besonders pikant dabei: Beide Modelle besaßen die Schadstoffklasse Euro 6, die sowohl von der Bundesregierung als auch den Herstellern „eigentlich" als sauber eingestuft wurden. Mit Rabattaktionen waren sich Hersteller und Politik einig, die Verbraucher zu bewegen, ihre älteren Modelle gegen diese neuen und vermeintlich sauberen Euro-6-Diesel einzutauschen – gegen teuer Geld, versteht sich. Genau dies stellte den Kern der Aktion dar, den Dieselbetrug in das größte Konjunkturprogramm der deutschen Autoindustrie zu verwandeln: Die Kunden sollten von dem Hersteller, der sie belogen hatte, ein neues Auto kaufen, in der Hoffnung, dass er dieses Mal die Wahrheit erzählt. Pech, wenn der Hersteller auch beim zweiten Mal lügt und betrügt; soviel Dreistigkeit hätte man der deutschen Automobilindustrie schlichtweg nicht zugetraut. Erst Anfang 2018 wurde deutlich, dass beispielsweise die Audi-Modelle A6 und A7, die immerhin mit Umweltprämien von bis zu 10.000 Euro beworben wurden, wenn die Kunden den Wagen kaufen und ihren alten Diesel dafür verschrotten, ebenfalls mit illegalen Abschalteinrichtungen versehen waren. Es wäre wohl besser gewesen, dem alten deutschen Spruch „Wer einmal lügt, dem glaubt man nicht" mehr Bedeutung beizumessen. Wer sich in den 2020er Jahren einen neuen Wagen zulegen will, kann den Spruch übrigens getrost auf „Wer zweimal lügt…" ausdehnen. Das gilt wohl auch für die Reichweitenangaben von Elektroautos vieler deutscher Hersteller – der Abgasbetrug im Dieselzeitalter scheint sich mit einer sagen wir Reichweiten-Schönrechnung im Elektrozeitalter zu wiederholen.

Porsche kam mit 535 Millionen Euro davon

Der Sportwagenhersteller Porsche stand beispielhaft für diese Taktik der „Diesel-Doppellüge". So nahm der Autobauer schon 2016 ein Softwareupdate beim Macan vor, um die Abgaswerte zu verbessern. Sehr lobenswert, mochte man sagen, bevor man erfuhr, dass Porsche die im Frühjahr 2018 bekanntgewordene Abschalteinrichtung im Vorjahr offensichtlich bewusst verschwieg bzw. sich mit dem Softwareupdate wohl vor weitergehenden Maßnahmen drücken wollte.[352] Erst im Februar 2018 gestand Porsche den Behörden über „Unregelmäßigkeiten" ein, die schließlich zum amtlichen Rückruf führten. Die Masche hatte System: Schon im Herbst 2017 ordnete der damalige Bundesverkehrsminister Alexander Dobrindt einen Verkaufsstopp für den Porsche Cayenne mit 3-Liter-Motor an, nachdem klar wurde, dass auch bei diesem Fahrzeug frech manipuliert worden war: Auf dem Abgasprüfstand sprang ein „Aufwärmprogramm" an, um die Werte zu verbessern, das im realen Verkehr gar nicht aktiviert wurde.

Bei Porsche stellte die zuständige Staatsanwaltschaft Stuttgart ab 2009 eine fahrlässige Verletzung der Aufsichtspflicht in einer Entwicklungsabteilung fest. Die Folge: Die Wagen des

Sportwagenherstellers mit V6- und V8-Diesel haben nicht den Abgasvorgaben entsprochen. Dies betraf rund 99.000 Fahrzeuge. Die Geldbuße von 535 Millionen Euro hat Porsche akzeptiert.[353]

Audi betrügt bis 2018

Im Sommer 2019 wurde bekannt, dass Audi mindestens noch bis Anfang 2018 manipulierte Fahrzeuge verkauft hat. Dabei handelte es sich offenbar um Dieselautos mit größeren Motoren von Audi der Abgasnorm 6. Das Kraftfahrtbundesamt ordnete den Rückruf der Wagen an, nachdem in den Fahrzeugen sogar vier unterschiedliche Abgasmanipulationsmethoden – die das Amt von A bis D durchalphabetierte – entdeckt worden waren, darunter eine „Motoraufwärmfunktion“ (Methode A). Die verbrämende Umschreibung sollte wohl darüber hinwegtäuschen, dass sich die Fahrzeuge dadurch auf dem Prüfstand sauberer gaben als sie im Straßenverkehr unterwegs waren. Die manipulierten Dieselmotoren wurden nicht nur in die Fahrzeuge von Audi eingebaut, sondern auch bei Porsche und VW. Insgesamt waren mehr als 200.000 Wagen betroffen.[354]

Besonders brisant war die Aufdeckung des Motorenschwindel bei Audi, weil das Kraftfahrtbundesamt nur die Methode A als unzulässig einstufte. Bei B bis D sprach die Behörde von „Strategien“ und überließ es Audi, diese „freiwillig“ zu entfernen. Das Amt hatte die meisten Modelle nicht einmal selbst geprüft, sondern anhand der Angaben des Autoherstellers nach „Aktenlage“ entschieden. Im Klartext: Die Behördendokumente legten nahe, dass alle vier Methoden einer unzulässigen Manipulation gleichkamen, aber bei drei davon blieb es dem Hersteller selbst überlassen, wie er damit umgeht. Das war gelinge gesagt bemerkenswert: Die Behörde schritt in drei von vier Betrugsfällen nicht ein, sondern gab dem Betrüger lediglich gute Ratschläge, wie er sich „freiwillig“ aus der Affäre ziehen könnte. Benachteiligte waren unter anderem die Autokäufer, denen wesentliche Grundlagen für eventuelle Zivilklagen entzogen wurden.

Nicht nur die Öffentlichkeit, sondern auch die Staatsanwaltschaft reagierte empört auf das Verhalten des Kraftfahrbundesamtes (KBA). Schon im Sommer 2017 schickte die Münchener Staatsanwaltschaft einen geharnischten Brief an den KBA-Präsidenten Ekhard Zinke, in der sie mit scharfen Worten darauf hinwies, „dass eine nur eingeschränkte Kooperation mit den Strafverfolgungsbehörden – erst recht, wenn von deren Seite eine klare Aufforderung erfolgte – den Straftatbestand der (mindestens versuchten) Strafvereitelung erfüllen kann“. Vorstellbar sei deswegen auch eine Durchsuchung der Behörde.[355] Offenbar hatte die zuständige Staatsanwaltschaft München II im Juni 2017 erst aus den Medien vom ersten Rückruf der KBA erfahren. Dabei hatten die Staatsanwälte das KBA schon im Januar 2016 aufgefordert, bei Erkenntnissen über illegale Abschalteinrichtungen nicht zuerst Audi, sondern vorher die Staatsanwaltschaft zu kontaktieren. Aber augenscheinlich hatte sich das Kraftfahrtbundesamt über eine weite Zeit hinweg entschieden, der Autoindustrie zu ermöglichen, die Manipulationen ohne großes Aufsehen und vor allem ohne Untersuchung des kriminellen Geschehens aus der Welt zu schaffen.[356]

Die Rechte der Verbraucher

Die amtlichen Rückrufe des Kraftfahrtbundesamtes (KBA) hatten die Hersteller verpflichtet, ihre Wagen zurückzurufen, um nachzubessern. Allerdings galten die amtlichen Bescheide nur für die Hersteller; die Kunden waren also „eigentlich“ nicht gezwungen, die Wagen nachrüsten zu lassen. Das Oberverwaltungsgericht Münster sah das allerdings anders: In zwei Beschlüssen vom 17. August 2018 hatte das Gericht entscheiden, dass die Fahrzeughalter sehr wohl verpflichtet werden können, Softwareupdates an ihren Fahrzeugen durchzuführen.[357] Die Richter mahnten das Erfordernis einer gleichmäßigen Anwendung an, um einen wirksamen Emissionsschutz durchzusetzen. Das hatte gravierende negative Auswirkungen auf die ohnehin ausgesprochen schlechte Rechtslage der Autokäufer in Bezug auf Gewährleistung und Schadensersatz.

So hatten die Käufer in der Regel überhaupt keine Ansprüche gegen den Autohersteller, sondern lediglich gegen ihren jeweiligen Vertragspartner, also den Autohändler. In diesem Fall betrug die Verjährungsfrist beim Kauf eines Neuwagens bei der Sachmängelhaftung, und darum handelte es sich wohl, lediglich zwei Jahre. War der Wagen älter – Pech gehabt! Es sei denn, dem Händler ließ sich eine arglistige Täuschung nachweisen. Genau dies dürfte jedoch dem Händler gegenüber kaum möglich gewesen sein, sondern nur dem Hersteller gegenüber – und gerade der haftete für gar nichts gegenüber dem Käufer. Bei Gebrauchtwagen stellte sich die Rechtslage im Grunde genauso dar. Zudem war es beinahe unmöglich, einen finanziellen Schaden zu beziffern. Welcher finanzielle Schaden entstand einem Autofahrer, wenn sein Wagen mehr Schadstoffe ausstieß als angegeben oder wenn er damit nicht mehr in die Innenstadt fahren durfte? Der Preis für eine Busfahrkarte pro Woche, weil er nachweisen kann, dass er früher alle sieben Tage in die City gefahren ist? Aber wäre das nicht mit den Parkgebühren und dem Sprit zu verrechnen? Für das ungute Gefühl, einen Wagen zu besitzen, den man nur noch eingeschränkt nutzen kann, gibt es nach deutschem Recht keine Entschädigung. Diesen sogenannten Strafschadenersatz sieht das deutsche Rechtssystem schlichtweg nicht vor. Der Wertverlust bei Dieselfahrzeugen, wenn durch die Nachrüstung der Verbrauch steigt und die Leistung sinkt, könnte eine Minderung des Kaufpreises um 10 Prozent rechtfertigen; diesen Wert hat jedenfalls das Landgericht Kempten in einem ersten Urteil zu diesem Thema anhand eines VW Tiguan als gerechtfertigt empfunden. Allerdings: Wenn die Käufer gezwungen waren, die Softwareupdates durchführen zu lassen, wurde es im Nachhinein äußerst schwierig, selbst diesen minimalen Schaden nachzuweisen. Das Oberverwaltungsgericht Münster verwies hierzu auf eine selbst für Juristen verblüffend realitätsferne Lösung: Es steht dem Käufer frei, vor dem Update auf eigene Rechnung ein selbstständiges Beweisverfahren durchzuführen.[358]

Juristisch ging es aber um die Frage, ob nach dem Update überhaupt noch ein Sachmangel vorliegt, aus dem die Käufer Ansprüche ableiten können. Einige Juristen bejahten dies, weil nach wie vor der Entzug der Zulassung drohte, der Verbrauch erhöht war und zudem technische Langzeitschäden an dem Fahrzeug durch das Update zu befürchten waren. Andere Juristen vertraten die Gegenansicht, dass für die Zulassung nur der Kaufzeitpunkt maßgeblich war und ein Entzug ohnehin unwahrscheinlich erschien.

Während die Kunden von Politik und Justiz mit ihrem Problem alleingelassen wurden, sahnte der Staat ordentlich ab. So wurde Volkswagen von der Staatsanwaltschaft Braunschweig wegen „Aufsichtspflichtverletzungen" – das ist eine Ordnungswidrigkeit, also vergleichbar mit Falschparken – zur Zahlung von einer Milliarde Euro verurteilt. Der Betrag setzte sich aus dem gesetzlichen Höchstbetrag von fünf Milliarden Euro Geldbuße – diese Höhe ist bei Falschparken eher unüblich – und einer Abschöpfung wirtschaftlicher Vorteile in Höhe von 995 Millionen Euro zusammen. Volkswagen legte keine Rechtsmittel dagegen ein „und bekennt sich damit zu seiner Verantwortung". Die höchste Geldbuße, die in Deutschland jemals gegen ein Unternehmen verhängt wurde, kam jedoch nicht etwa den geschädigten Kunden zugute, sondern floss dem Land Niedersachsen zu.[359] Ähnliches geschah in Bayern: Im August 2017 leitete die Staatsanwaltschaft München ein Ordnungswidrigkeitsverfahren gegen Audi ein, weil sich die Firma „nicht den regulatorischen Vorgaben" entsprechend verhalten habe. Am 15. Oktober 2018 bekannte sich Audi zur Verantwortung über die mangelnde Aufsicht über die „Organisationseinheit Abgas Service / Zulassung Aggregate" und akzeptierte den Bescheid der Staatsanwaltschaft über 800 Millionen Euro. Das Geld floss der bayerischen Staatskasse zu.[360] Im Februar 2019 war BMW dran: Wegen fahrlässiger Aufsichtspflichtverletzung im Zusammenhang mit dem Dieselskandal erging ein Bußgeldbescheid über 8,5 Millionen Euro, den BMW ohne Einlegung von Rechtsmitteln bezahlte. Ein anfänglicher Betrugsverdacht ließ sich nach Angaben der Staatsanwaltschaft München nicht bestätigen.[361]

Musterfeststellungsklage läuft

„Musterfeststellungsklage" war eines der sperrigen Wortungetüme, mit denen 2017 der damalige SPD-Kanzlerkandidat Martin Schulz zu punkten versuchte. Schulz hat den Sieg bekanntlich nicht geschafft, aber die Musterfeststellungsklage war ein Sieger geworden. Und sie stellte tatsächlich einen Sieg für die Verbraucher in Deutschland dar. Im Kern geht es darum, dass zahlreiche Verbraucher gemeinsam gegen einen Hersteller Klage erheben können, um ihre Interessen zu bündeln, statt dass sich jeder einzeln auf das Prozessrisiko einlassen muss.[362]

Seit Anfang November 2017 konnten sich Autobesitzer, die vom Dieselskandal betroffen waren, einer Musterfeststellungsklage gegen die Volkswagen AG anschließen. Damit hatten Käufer von Fahrzeugen der Marken VW, Audi, Seat und Skoda mit Dieselmotoren des Typs EA 189, die ein Rückrufschreiben des Kraftfahrtbundesamtes erhalten haben, die Möglichkeit, ihre Ansprüche gegen den VW-Konzern gemeinsam geltend zu machen. Kläger war der Verbraucherzentrale Bundesverband (vhbz); die Klage wurde vom ADAC unterstützt. Wer sich als Betroffener anschließen wollte, musste sich beim Bundesamt der Justiz das sogenannte Klageregister eintragen. Das ging online schnell und einfach, einen Anwalt benötigte man dazu nicht, auch keine Unterlagen. Die Pflichtangaben wurden vor dem Absenden automatisch überprüft.

Der vzbv hat die Klage am 30 April 2020 zurückgenommen, nachdem sich vzbv und VW auf einen Vergleich geeinigt hatten. Die in der Musterfeststellungsklage angemeldeten Verbraucher erhielten eine Vergleichszahlung. Insgesamt wurden über 750 Millionen Euro an die 240.000 VW-Kunden ausgezahlt, die dem Vergleichsangebot zugestimmt hatten. Die Vergleichssummen wurden je nach Modell und Alter des betroffenen Autos individuell berechnet und bewegten sich zwischen 1.350 und 6.257 Euro. Damit war das Verfahren beendet.[363]

Autokredit-Widerruf

Am 12. November 2018 verurteilte das Landgericht Hamburg erstmals die Volkswagen Bank dahingehend, dass ein VW-Kunde sein Bankdarlehen zur Finanzierung eines Mogel-Diesels nicht mehr bedienen musste. Was war passiert? Der Kläger hatte im Mai 2014 einen VW Tiguan 2.0 TDI Sport mit einem vom Abgasskandal betroffenen Motor erworben und für die Finanzierung einen Darlehensvertrag mit der Bank geschlossen. Von den Dieselfahrverboten in Hamburg war er unmittelbar betroffen. Daher widerrief er im Dezember 2017 seine Erklärung zum Abschluss des Darlehens. Zu spät, weil die Widerrufsfrist von 14 Tagen drei Jahre später längst abgelaufen war? Mitnichten, entschieden die Richter. Sie fanden nämlich im Vertrag zahlreiche Rechtsfehler, die den Käufer unangemessen benachteiligen. Daher war die Widerrufsfrist noch gar nicht angelaufen.[364] Somit konnte der Kläger sowohl den Darlehensvertrag rückabwickeln als auch den ursprünglichen Kaufvertrag. „Verbundene Geschäfte" heißt das im Rechtsjargon: Kommt das eine nicht zustande, so entfällt auch das andere. Dadurch bekam der Kunde bei einer Rückabwicklung eines Autokredits nicht nur sämtliche Raten zurück, sondern auch die geleistete Anzahlung. Es wurde so getan, als ob der Kauf und die Finanzierung niemals stattgefunden haben.

Das Bemerkenswerte dabei: Die Rechtsfehler im Darlehensvertrag mit der Volkswagen Bank standen in keinerlei Zusammenhang mit dem Abgasskandal. Will heißen: Jedermann, der ein Fahrzeug über die VW Bank finanziert hatte, erhielt gute Chance, dass die Finanzierung und der Kauf rückabgewickelt werden konnten, gleichgültig, ob Diesel oder Benziner. Selbst die Frage, ob man sich für die gefahrenen Kilometer einen Wertverlust anrechnen lassen musste, war bei allen Darlehensverträgen nach dem 13. Juni 2014 rechtlich zumindest strittig. Mit anderen Worten: Wenn es gelang, den Wagen zurückzugeben und die damals gezahlte Kaufsumme bzw. die Raten zurückzubekommen, war man jahrelang praktisch kostenfrei Auto gefahren. Mehrere Anwaltskanzleien hatten sich darauf spezialisiert, betroffenen VW-Käufern eine kostenfreie Überprüfung der Widerrufsmöglichkeit anzubieten, um gegebenenfalls Klage zu erheben.[365]

Doch es blieb nicht bei VW. Das Landgericht Stuttgart hat die Mercedes-Benz Bank zur Rückzahlung eines Autokredits wegen fehlerhafter Widerrufsbelehrung verurteilt.[366] Der Autobesitzer kann noch Jahre nach dem Kauf des Wagens das Fahrzeug zurückgeben. In diesem Fall ging es um einen gebrauchten Mercedes im Wert von 26.600 Euro, der zum Teil über einen Autokredit der Mercedes-Benz Bank finanziert wurde. Aufgrund des Dieselskandals befürchtete der Käufer einen drastischen Wertverlust seines Dieselfahrzeugs und widerrief im August 2017 den Darlehensvertrag. Die Bank verweigerte die Rückabwicklung mit der Begründung, dass die Widerrufsfrist längst verstrichen sei. Doch das Landgericht Stuttgart kam ein Jahr später zu einer anderen Einschätzung: Da die Informationen zum Widerruf nicht ordnungsgemäß waren, hatte die Frist zum Widerruf noch gar nicht angefangen. Der Kläger erhielt seine Anzahlung und alle Raten zurück, musste sich allerdings eine geringe Nutzungswertentschädigung für die gefahrenen Kilometer anrechnen lassen. Auch hier galt genau wie bei VW: Die rechtlich mangelhafte Widerrufsbelehrung durch die Bank hatte eigentlich gar nichts mit der Dieselaffäre zu tun, konnte aber für Betroffenen einen guten Weg darstellen, sich aus eben dieser Affäre zu ziehen. Die juristische Prüfung lohnte sich auf jeden Fall, wenn man seinen Diesel wieder loswerden wollte.

Entzug der Zulassung ohne Update

Das Verwaltungsgericht in München fällte im November 2018 ein Urteil, das sich als richtungsweisend für das Thema Softwareupdates erweisen sollte. Dieselbesitzer, die sich weigern, ein Softwareupdate aufspielen zu lassen, müssten damit rechnen, dass ihr Wagen aus dem Verkehr gezogen wird. Bevor die Zulassung für das Fahrzeug ohne Update entzogen wird, mahnten die Richter immerhin ein „maßvolles Vorgehen“ durch die zuständigen Behörden an. So sollten die Ämter erst mit einem Zwangsgeld drohen, bevor sie den Wagen stilllegen.[367]

Betroffenen Dieselbesitzern, die das Update scheuten, weil es die Motorleistung verschlechterte und den Spritverbrauch erhöhte, dürfte das allerdings kein Trost gewesen sein. Wer das Update nicht durchführte, durfte den Wagen über kurz oder lang nicht mehr weiterfahren, entschied das Verwaltungsgericht in München. Das Musterverfahren gab die Marschrichtung der Justiz für die anhängenden weiteren Verfahren an.

Zu den Verlierern gehörte unter anderem eine junge Zollbeamtin, die am Münchener Flughafen arbeitet und vermutlich vielen Betroffenen aus dem Herzen sprach, als sie sagte: „Die Flugzeuge, die da täglich starten und landen, werden immer mehr. Und ich soll nicht mehr mit meinem Auto zur Arbeit fahren dürfen?“. Doch es gilt der Rechtsgrundsatz „keine Gleichheit im Unrecht“.[368] Wenn andere die Umwelt verschmutzen, kann man daraus nicht das Recht ableiten, es ebenfalls zu tun. Der Vorsitzende Richter am Verwaltungsgericht erklärte im Prozess mehrfach, die Dieselfahrer seien „weiß Gott nicht die Schuldigen“, sah sich aber dennoch genötigt, den Behörden recht zu geben.

Und die Ämter waren rigoros, allen voran das Münchner Kreisverwaltungsreferat: Es wollte den Betrieb der Autos ohne Softwareupdate mit sofortiger Wirkung untersagen. Selbst die Fahrt zur Werkstatt, um die neue Software aufspielen zu lassen, wenn die Betroffenen klein beigeben, untersagte die Behörde. Die Anwälte der Autobesitzer sprachen von „staatlichem Zwang, sich selbst zu schädigen“. Zumal viele Fahrzeughalter noch kurz zuvor bei der Hauptuntersuchung durch den TÜV die Prüfplakette und damit die Erlaubnis zum Fahren der Wagen bekommen hatten, obgleich damals schon bekannt war, dass die Fahrzeuge mit der alten Software arbeiteten. Die Behörden waren sich also untereinander nicht einig – außer darin, dass der Dieselbesitzer der Dumme sein sollte. Man konnte sich des

Eindrucks nicht entziehen, dass sich hier der Rechtsstaat auf dem Rücken seiner Bürger austobte. Wie ernst es dem Münchner Kreisverwaltungsreferat war, wurde deutlich, als das Amt anführte, dass es immerhin um den Gesundheitsschutz gehe: „Da muss das Interesse zurücktreten, das zu schmutzige Auto weiter zu fahren". Die Behörde gab im Rahmen des Prozesses selbst an, in München bereits 164 Fahrzeuge mangels Softwareupdate lahmgelegt zu haben.[369] Weitere 800 Autobesitzer befanden sich im Visier der Behörden. Hier wurden Dieselbesitzer zu Kriminellen erklärt, weil sie die Vertuschungen der Hersteller auf Kosten der Kunden nicht mitmachen wollten.

Opel im Visier der Anwälte

Im Sommer 2018 rückte auch Opel nach einer amtlichen Anhörung durch das Kraftfahrtbundesamt ins Visier zivilrechtlicher Angriffe von Käufern auf Schadensersatz. Vor dem Landgericht Offenburg wurde die erste Klage gegen die Adam Opel AG eingereicht mit dem Vorwurf, einen Opel Insignia 2,0 Diesel mit Adblue-Tank so manipuliert zu haben, dass die gesetzlichen Werte nur auf dem Prüfstand eingehalten wurden, nicht aber in der Realität.[370] Der Kunde gab an, dass er sich im Jahre 2017 beim Kauf den Adblue-Tank habe erläutern lassen, und umso erboster war, als im Juli 2018 bekannt wurde, dass das Kraftfahrtbundesamt gegenüber Opel bezüglich der Modelle Insignia, Zafira und Cascada eine amtliche Anhörung wegen des Verdachts der Verwendung einer Willenslenkung Abschalteinrichtung eingeleitet hatte. Der Kunde ging davon aus, betrogen worden zu sein, und focht den Kaufvertrag wegen arglistiger Täuschung an und verlangte die Rückzahlung des Kaufpreises. Darüber hinaus verlangte der Kläger aufgrund der vorsätzlichen sittenwidrigen Schädigung und aufgrund des Verstoßes gegen EU-Recht Schadensersatz.

Ansprüche seit 2019 verjährt

Die rund 45.000 Klagen gegen Volkswagen wegen Dieselmanipulationen, die im Jahr 2019 erhoben wurden, waren verjährt – diese Rechtsauffassung hat zumindest das Oberlandesgericht (OLG) München erhoben.[371] Die Begründung des 20. Senat des OLG München war bemerkenswert: Über die Täuschung durch VW sei ab Herbst 2015 „umfassend in sämtlichen Medien berichtet" worden. Daher hätten die Getäuschten schon zu dieser Zeit Klage einreichen müssen, und nicht etwa warten, bis sie von VW oder den zuständigen Behörden durch ein offizielles Schreiben darüber informiert wurden, dass ihr Fahrzeug von den Manipulationen betroffen sei. VW hatte seinen Kunden gegenüber erst 2016 die Dieselmanipulationen eingeräumt. Ab 2015 gezählt war die dreijährige Verjährungsfrist also bereits 2018 abgelaufen; die Klagen aus 2019 waren demnach hinfällig.

Ende 2020 ließ der Bundesgerichtshof verlauten, dass er sich wohl dieser Argumentation in Sachen Verjährung anschließt. Aber die Tatsache, dass die Aufdeckung des Skandals in der Presse gerichtlich höher zu werten ist also die konkrete Information durch den Hersteller bzw. die Behörden, hat sicherlich in keiner Weise zu Befriedung der Situation beigetragen. Letztlich bedeutete dies nichts anderes, als dass man besser schon im Verdachtsfall Klage erheben sollte, statt abzuwarten, bis konkrete Fakten vorliegen.

BGH mit Hinweis auf Sachmangel

Im Februar 2019 äußerte sich der Bundesgerichtshof (BGH) in einem wegweisenden Beschluss zur Diesellage in Deutschland. Die Richter bewerten illegale Abschalteinrichtungen als einen Sachmangel des Fahrzeugs.[372] Es war allerdings kein

Grundsatzurteil, wie von vielen Dieselbesitzern erhofft, sondern ein Hinweisbeschluss.

VW hatte durch einen Vergleich mit dem betroffenen Dieselbesitzer ein Grundsatzurteil verhindert. Doch die Richter ließen sich von den Konzernjuristen nicht foppen und fanden mit dem Hinweisbeschluss einen Weg, Dieselklägern den Rücken zu stärken. Der Bundesgerichtshof teilte in einem 19-seitigen Hinweisbeschluss mit, dass er die illegalen Abschalteinrichtungen wohl als Sachmangel werten würde. Das heißt konkret: Ist eine Ware mangelhaft, hat der Käufer Anspruch auf einen mangelfreien Ersatz. Die Bundesrichter begründeten den Sachmangel damit, dass die „Gefahr einer Betriebsuntersagung" durch die zuständige Behörde bestehe. „Es ist zu erwarten, dass sie sich an dieser vorläufigen Rechtsauffassung orientieren werden" erklärte die BGH-Sprecherin Dietlind Weinland im Hinblick auf anhängige und spätere Verfahren vor anderen Gerichten.

Ein Hinweisbeschluss ist juristisch nicht annähernd so stark wie ein Grundsatzurteil des BGH, aber es ist immerhin eine vorläufige Einschätzung des Gerichts, wie ein Prozess vermutlich ausgegangen wäre. Dem entsprechend kaltschnäuzig gab sich VW nach dem Beschluss: vorläufige Erwägungen stellten keine Entscheidung dar, betonten die VW-Juristen. Folgerungen für die Erfolgsaussichten von Klagen gegen die Volkswagen AG ließen sich daraus nicht ziehen, teilte der Autokonzern mit, um Dieselgeschädigte durch Verunsicherung von Klagen abzuhalten.[373]

Es ist übrigens ungewöhnlich, dass sich der BGH durch einen Hinweisbeschluss äußert, wenn es in einem anhängigen Verfahren zu einer außergerichtlichen Einigung kommt. Man konnte das ohne weiteres dahingehend interpretieren, dass den Richtern die von den Autokonzernen ausgenutzte unklare Rechtslage gegen den Strich ging und sie die Rechtsposition der Dieselgeschädigten stärken wollten.

Hätte-Entschieden-BGH-Urteil als Wegweiser

In der Tat hatten die Äußerungen des BGH eine Signalwirkung für die Musterfeststellungsklage gegen VW und erwiesen sich als wegweisend für die unteren Gerichtsinstanzen. Die Gerichte wussten nun, wie der BGH wohl entschieden hätte, wenn ein Urteil gefragt wäre.

Im konkreten Fall, auf den der Hinweisbeschluss zurückging, hatte das Oberlandesgericht Bamberg die Ersatzlieferung eines Neuwagens als „unmöglich“ eingestuft, weil der vom Käufer erworbene VW Tiguan der ersten Generation nicht mehr hergestellt wurde. VW hatte argumentiert, dass es sich bei den unterschiedlichen Generationen des Tiguan um zwei völlig verschiedene Fahrzeuge handele und der Aufwand für die Nachlieferung „unverhältnismäßig“ sei. Der BGH stellte fest, dass die dieser Argumentation folgende Auffassung der Bamberger Richter „rechtsfehlerhaft“ sein könnte. Der ADAC interpretierte den BGH-Hinweisbeschluss dahingehend, dass die Ersatzlieferung eines mangelfreien Neufahrzeugs aus aktueller Produktion jedenfalls möglich sei. Zumindest ließ die Ansicht des Bundesgerichtshofs Entschädigungen für Dieselbesitzer in greifbare Nähe rücken.

Weniger Freude bei den betroffenen Kunden löste ein Hinweis des BGH im Jahr 2021 aus, wonach Audi nicht zwangsläufig für den Einbau von Dieselmotoren mit manipulierter Abgasreinigung seiner Konzernmutter Volkswagen verantwortlich ist. Vielmehr müssten nach Auffassung des Bundesgerichtshofs die

Kläger nachweisen oder zumindest handfeste Indizien vorlegen, dass Audi von den Manipulationen der Dieselmotoren seitens VW wusste. Das war zwar rechtlich verständlich – man kann nicht für etwas haften, von dem man keine Ahnung hat –, aber es war eben auch ein Schlag ins Gesicht der betrogenen Dieselkundschaft. Der Kunde sollte Beweise beibringen, dass Audi nicht wusste, von VW betrogen worden zu sein.[374]

Anders ausgedrückt: Wer einen VW mit dem Schummeldiesel-Motor EA189 gekauft hatte, wurde Opfer arglistiger Täuschung und bekam Schadensersatz. Jemand, der den gleichen Motor – für mehr Geld – in einem Audi gekauft hatte, bekam ein Softwareupdate und sonst nichts.[375]

Schwarze Lkw

Während die Verkehrspolizei in ganz Europa auf Lkw-Abgaskontrollen im großen Stil setzte, behalfen sich immer mehr Speditionen mit einem kleinen schwarzen Elektrogerät, um die Kontrolleure auszutricksen Der Kasten am Armaturenbrett versetzte nämlich die Lkw-Fahrer in die Lage, die Abgasreinigung mit SCR-Katalysatoren auf Knopfdruck ein- und auszuschalten. Im Normalbetrieb blieb sie aus, bei drohender Verkehrskontrolle wurde sie rasch eingeschaltet. Der Unterschied lag wirtschaftlich betrachtet bei 1.000 bis 2.000 Euro jährlich. Bei eingeschaltetem SCR-Katalysator wurde nämlich der teure Zusatz Adblue, der giftige Stickoxide in harmlosen Wasserdampf und Stickstoff umwandelt, verbraucht. War der Katalysator aus, entfielen diese Kosten – bei einem Lastwagen, der häufig 100.000 Kilometer pro Jahr zurücklegt, macht das einen deutlichen Unterschied, für die Umwelt wie für die Kasse der Spediteure.[376]

Die UNO fährt mit

Wer verstehen will, warum der einstmals vermeintlich saubere Diesel binnen weniger Jahr geradezu zum Inbegriff des Umweltverpesters und Klimakillers wurde, während die E-Mobilität zu einer Art Heilsbringer aufstieg, muss das politische Klima in dieser Zeit berücksichtigen. Der Umschwung von D (Diesel) nach E (Elektro) hing nicht nur mit neuen Technologien, innovativen Antriebsarten, tatkräftigem Unternehmertum oder einer verschlafenen Autobranche zusammen, sondern wesentlich auch mit einer gesellschaftlichen und damit auch politischen Diskussion über den Zustand und die Zukunft unserer Erde als Lebensgrundlage für die Menschheit.

Es waren die hehren Umwelt- und Klimaschutzziele der Vereinten Nationen (UNO), getrieben von Graswurzelbewegungen wie „Fridays for Future", die letztendlich dem Diesel den Garaus machten und E-Mobilität als einzigen Ausweg offen ließen. Daher wäre ein Buch über das Thema Auto unvollständig, wenn es nicht auch eine Analyse der politischen und gesellschaftlichen Grundlagen für den Wandel in der Automobilindustrie umfasste.

Die überlastete Erde

Der sogenannte Erdüberlastungstag, also das Datum im Jahr, an dem die Weltbevölkerung den Planeten über das jährlich erneuerbare Maß hinaus plündert, verschiebt sich immer weiter nach vorne. 2018 war es der 1. August, seit 2019 rückte er in den Juli hinein. Die Ausnahme 2020 – in diesem Jahr war es der 22. August 2020 – war auf die Corona-Krise und die dadurch stark verminderten wirtschaftliche Tätigkeit rund um den Globus zurückzuführen.[377]

Das Datum basiert auf Berechnungen des Global Footprint Network.[378] Verantwortlich dafür, dass die natürlichen Ressourcen der Erde immer schneller schwinden, ist der Lebensstil der Industrienationen, allen voran die USA, aber natürlich auch Europa. Die Umweltorganisation Germanwatch hat ausgerechnet: Würden alle Erdenbewohner soweit über ihre Verhältnisse leben wie die Deutschen, wären bereits im Mai eines Jahres die nachhaltig verfügbaren Ressourcen verbraucht und die ökologisch verkraftbaren Emissionen ausgestoßen. Hierzulande tragen vor allem die Energieversorgung und der Verkehr durch ihren hohen CO2-Ausstoß Schuld an der schlechten Umweltbilanz tragen. Sowohl beim Klimaschutz als auch bei der Ressourcennutzung agierten die Industrienationen jahrelang, als ob es kein Morgen gäbe. Angesichts dieser Entwicklung war es wohl zu verstehen, dass die junge Generation mit den „Fridays for Future“-Demonstrationen für ihr „Recht auf eine Zukunft“ kämpfte.

Greta Thunberg startet globale Klimabewegung

Die Dieselverbote in Deutschland fielen sicherlich nicht zufällig in eine Zeit, in der die schwedische Klimaschutzaktivistin Greta Tintin Eleonora Ernman Thunberg mit „Skolstrejk för klimatet“ weltweit für Furore sorgte. Sie wollte mit Schulstreiks erreichen, dass Schweden das Klimaschutzübereinkommen von Paris einhält. Doch binnen kurzer Zeit weitete sich die Aktion unter dem Name „Fridays for Future“ zu einer weltweiten Klimaschutzbewegung aus. Die 2003 geborene Jugendliche sprach vor der UNO und der EU, wurde vom Papst empfangen und vom amerikanischen Magazin *Time* in die Liste der 25 einflussreichsten Teenager des Jahres 2018 und die Liste der 100 einflussreichsten Persönlichkeiten des Jahres 2019 aufgenommen.[379]

Thunbergs Position war klar: Die Politik unternimmt viel zu wenig für den Klimaschutz und handelt damit unverantwortlich gegenüber der nachfolgenden Generation. Diese ist daher aufgefordert, durch zivilen Ungehorsam einen Systemwechsel zu erzwingen, der die Biosphäre rettet. Die konkrete Forderung der Schülerin, die im Schuljahr 2020/21 in die elfte Klasse ging: Die wohlhabenden Länder sollen ihre Treibhausemmissionen um 15 Prozent pro Jahr senken und innerhalb von sechs bis zwölf Jahren auf null reduzieren. Gegenüber dem US-Magazin *The New Yorker* sagt Greta Thunberg, bei der das Asperger-Syndrom, eine Variante des Autismus, diagnostiziert wurde: „Ich sehe die Welt etwas anders, aus einer anderen Perspektive. Ich habe ein besonderes Interesse. Es ist sehr üblich, dass Menschen im Autismus-Spektrum ein besonderes Interesse haben."[380]

Globale Klimakoalition

Auf der Frühjahrstagung 2019 von Internationalem Währungsfonds (IWF) und Weltbank beschlossen die Finanzminister von 22 Ländern, darunter Deutschland, eine „Klimakoalition".[381] Das Ziel: Der CO2-Ausstoß soll die Länder teuer zu stehen kommen. Dazu sollten vor allem die Subventionen für die Nutzung fossiler Brennstoff gekürzt werden. 2015 waren immerhin weltweit rund 5,2 Billionen Dollar in derartige Subventionen geflossen. Davon könnte man „viele Straßen und Schulen bauen", zog IWF-Chefin Christine Lagard einen Vergleich, um zeitgleich klarzumachen, dass die gekürzten Förderungen fossiler Brennstoff keineswegs zulasten der Arbeitnehmer gehen dürften. Neben Kürzungen bei den Subventionen einigten sich die 22 Finanzminister auch auf höhere Umweltabgaben der einzelnen Länder und wirksamere Emissionshandelssysteme. Zudem sollte der Klimaschutz stärker bei öffentlichen Investitionen und in den Haushalten der Staaten berücksichtigt werden. Zudem sah die „Klimakoalition“ eine stärke Förderung von privatwirtschaftlichen Investitionen in Erneuerbare Energien vor. Das Spektrum der unterzeichnenden Staaten reichte von Deutschland und weiteren Europäern über Chile bis hin zu den Philippinnen – die USA allerdings hielten sich fern. In Deutschland war zu erwarten, dass die Ergebnisse im Klimakabinett diskutiert werden und in ein neues Klimagesetz Eingang finden.[382]

Die UNO macht Druck

Klimaschutz besitzt eine hohe Bedeutung gerade auch bei weiten Teilen der deutschen Bevölkerung. Seitdem der Club of Rome 1972 erstmals die Studie „Die Grenzen des Wachstums“ veröffentlichte, hat sich die grüne Bewegung in Deutschland breit gemacht. Der Schutz der Umwelt wird hierzulande aktueller als je zuvor wahrgenommen wird. Vor allem die Erderwärmung macht den Menschen Sorgen.

Dazu trug ein Bericht der Weltwetterorganisation (WMO) der Vereinten Nationen Ende 2018 bei, der an Eindeutigkeit nicht zu überbieten war:[383] Wird der Ausstoß an Treibhausgas (CO2) nicht schnellstens reduziert, wird die Aufwärmung der Erde unumkehrbare Folgen für die Menschheit haben. Die Konzentration von Kohlendioxid in der Atmosphäre war so hoch wie nie zuvor. So ermittelten die Klimaforscher 2017 einen CO2-Gehalt von 405,5 ppm (Teilchen pro Million Teilchen) gegenüber 403,3 ppm im Jahr zuvor. Seit 1990 ist der Strahlungsantrieb durch langlebige Treibhausgase um 41 Prozent gestiegen, stellte die WMO fest. Dieser sogenannte Strahlungsantrieb umfasst die Energiebilanz der Erde, also alles, was die Erdkugel erwärmt oder abkühlt. Dabei steht Kohlendioxid (CO2) mit 68 Prozent an erster Stelle, gefolgt von Methan (CH4) mit 17 Prozent. Beide Treibhausgase tragen zu 85 Prozent zur scheinbar unaufhaltsamen Erderwärmung bei, wobei Methan in Bezug auf die Erwärmung 20 bis 30 Mal schädlicher als CO2 ist. Durch die erhöhte Konzentration in der Atmosphäre nimmt die Gashülle um den Globus ständig zu, so dass immer mehr Sonnenstrahlen zur Erde zurückgestrahlt werden und sich die Erdoberfläche dadurch erwärmt („Treibhauseffekt").

Verursacher sind natürlich nicht etwa nur Autos, sondern beispielsweise auch Kraftwerke, Fabriken und die in der Dieselargumentation so häufig herangezogenen Kreuzfahrtschiffe, die mit riesigen Schwerölaggregaten zu den wohl dreckigsten Verkehrsmitteln zählen. Letztlich entsteht CO2 überall dort, wo Kohle, Öl und Gas verbrannt werden, aber etwa auch bei der Zementproduktion und bei anderen Industrieprozessen. Hauptverursacher des Methanausstoßes auf der Welt sind die Rinderhaltung und der Reisanbau. An dem Argument, jede Kuh sei für das Klima schädlicher als ein Diesel, ist zumindest etwas dran: Kühe produzieren nämlich bei der Verdauung haufenweise Methan.[384]

Eine Kuh frisst am Tag rund 50 Kilogramm Grün- und Kraftfutter. Sie schluckt das Gras oder Heu praktisch unzerkaut, die Verdauung beginnt im ersten der vier Kuhmägen, dem sogenannten Pansen. Um die für uns Menschen unverdaulichen Zellwände von Pflanzen zu zerkleinern, tummeln sich im Rindermagen bei Temperaturen von 40 Grad unzählige Mikroben, die die Zellulose in Energie und unter anderem auch Methangas umwandeln. Das gefährliche Gas kommt übrigens entgegen landläufiger Meinung nicht in erster Linie hinten, sondern vorne heraus. Die vorverdauten Pflanzenreste werden nämlich vom zweiten Vormagen, dem sogenannten Netzmagen, durch einen Reflex wieder ins Maul des Tieres gewürgt, so dass das Methan entweichen kann. Daher spricht man von Wiederkäuern, für die der mikrobielle Abbau von Zellulose, die sogenannte Fermentation, übrigens lebensnotwendig ist. Wissenschaftler der Universität Hohenheim wollen herausgefunden haben, dass eine Kuh ungefähr 300 Liter Methan am Tag produziert. Das entspricht umgerechnet einer Luftverschmutzung von etwa drei Tonnen CO2 im Jahr. Damit ist die Kuh im Vergleich zum Auto tatsächlich der größere Klimakiller, je nach Modell, versteht sich. So kommt ein 1er BMW etwa auf einen jährlichen CO2-Ausstoß von zwei Tonnen, eine Tonne weniger als die Vergleichskuh. Die Zahlen variieren je nach Autotyp und Kuh, aber es ist klar: Rinder sind für das Klima genauso schädlich wie Autos. Immerhin stehen rund um den Globus zirka 1,5 Milliarden Kühe auf der Weide; etwa genauso viele Autos befahren die Straßen dieser Welt.[385]

Ähnlich wie sich Fahrzeuge immer umweltfreundlicher konstruieren lassen, kann man vor allem durch die Zusammensetzung des Futters auch bei Kühen den Ausstoß minimieren. Allerdings geschieht in den wärmeren Regionen der Erde genau das Gegenteil: Die dortigen Futterpflanzen haben einen deutlich geringeren Nährwert als bei kühlerem Klima. Das hat zur Folge, dass die Rinder mehr fressen und infolgedessen auch mehr verdauen müssen. Wissenschaftler des Senckenberg-Forschungszentrums in Frankfurt sprechen sogar von einem Teufelskreis: Der weltweite Temperaturanstieg führt dazu, dass die Futterpflanzen durch dickere Blätter und Stängel robuster gegen Hitze und Wassermangel werden und dadurch für die Tiere schwerer zu verdauen sind und weniger Nährwert enthalten. Nimmt man den wachsenden Tierbestand hinzu, so prognostizieren die Forscher bis zum Jahr 2050 einen Anstieg des Methanausstoßes um 70 Prozent. Das Methanvolumen des Jahres 2050 entspräche demnach umgerechnet in etwa einem Erwärmungspotenzial von 4,7 Gigatonnen Kohlendioxid. Allerdings relativiert sich die Rolle der Rinder als Klimakiller, wenn man ihren Beitrag zum weltweiten Methanausstoß in Betracht zieht. So werden jährlich rund 500 Tonnen Methan emittiert, von denen 70 Prozent auf den Menschen zurückzuführen sind. In den letzten 50 Jahren hat sich die Methankonzentration beinahe versechsfacht. Fest steht: CH4, also Methan, stellt ein mindestens ebenso großes Problem für unsere Umwelt dar wie CO2 – auch wenn es nicht zu den Autoabgasen gehört.[386]

Klimanotstand – ein symbolischer Notruf

Durch die „Fridays for Future"-Demonstrationen war der Eindruck entstanden, die Welt hätte nur noch wenige Jahre Zeit, um das Klima zu retten, bevor die ganze Erde oder jedenfalls die Menschheit in einer globalen Naturkatastrophe untergeht. Vor diesem Hintergrund war zu verstehen, dass London, Los Angeles, Vancouver und Basel von einer „Climate Emergency" sprachen, also einem Klimanotstand. In Großbritannien rief das Unterhaus im Frühjahr 2019 den Klimanotstand aus. Es war zwar lediglich ein symbolischer Akt, der aber immerhin mit einem mittleren zweistelligen Milliardenbetrag jedes Jahr Berücksichtigung finden sollte.[387]

In Deutschland sollte Kiel als erste deutsche Landeshauptstadt den Klimanotstand ausrufen, jedenfalls, wenn es nach den Vorstellung der Kreismitgliederversammlung der Kieler Grünen vom Frühjahr 2019 geht. Zur Begründung hieß es: „Es besteht dringender Handlungsbedarf. Wissenschaftler sind sich einig, dass zur Rettung eines gemäßigten Klimas auf der Erde nur noch zehn Jahre verbleiben". „Zum ersten Mal in der Menschheitsgeschichte haben wir eine echte Deadline", formulierte die Kieler Ratsfraktionschefin; in dieser Lesart wäre das Klima also vor 2030 am Ende.[388] Man mag sich an die Zeugen Jehovas erinnert fühlen, die zunächst das Ende der Welt für Oktober 2014 voraussagten, sich danach auf 1975 korrigierten und sich seitdem weigern, ein genaues Datum zu nennen. Doch Konstanz kam Kiel zuvor: Der Gemeinderat der Städtchens am Bodensee fasste einen einstimmigen Beschluss, den Klimanotstand auszurufen. Der Ratsbeschluss umfasste konkret die klimaneutrale Energieversorgung von Gebäuden, ein Mobilitätsmanagement für die Stadt und ein Energiemanagement für städtische Gebäude. Die Anregung für den Beschluss sei von „Fridays for Future" gekommen, bestätigte die Kommune.[389]

Utopische UNO-Klimaziele

Auf dem UNO-Klimagipfel Ende 2018 im polnischen Kattowitz wurden neue Abgaswerte festgelegt, die zu dieser Zeit schon abenteuerlich ehrgeizig erschienen.[390] Bis 2030 – also nur zwölf Jahre später – sollte für neue Pkw und Kleintransporter nur noch eine maximale Freisetzung von knapp 60 Gramm CO2 erlaubt sein. Kaum jemand nahm zunächst an der Zahl Anstoß, weil sie kaum jemand verstand. Das dürfte kein Zufall sein, denn wenn man die Angabe umrechnet, war das Aufschrecken vorprogrammiert. 60 Gramm pro CO2-Ausstoß pro 100 Kilometer entspricht einem Verbrauch von etwa 2,5 Liter Benzin bzw. 2,3 Liter Diesel pro 100 Kilometer. Damit sind Autos mit Verbrennungsmotor, am Ende. Mit einem Verbrauch in dieser Größenordnung ließe sich nur ein DDR-Trabbi in moderner Ausführung bauen, der kaum schneller als 100 Stundenkilometer fährt. Oder natürlich ein Elektroauto. Anders ausgedrückt: In weniger als zehn Jahren sind Wagen, wie wir sie heute fahren, nicht mehr erhältlich, jedenfalls nicht als Neufahrzeuge. Die um sich greifenden Fahrverbote seit 2019 zeigten, dass auch Altautos, die zuvor noch zulässig waren, zügig obsolet werden können. Wer also heute einen Neuwagen kauft, sollte ihn weit vor 2030 wieder abstoßen, schließlich ist der deutliche Wertverlust Jahr für Jahr vorprogrammiert.

Die Zielsetzung der UNO beim Klimaschutz kamen nicht von ungefähr. Schließlich hatten sich auf der UNO-Klimakonferenz 2015 in Paris die Staatenlenker dieser Welt ein Klimaabkommen beschlossen, das die Begrenzung der globalen Erwärmung auf deutlich unter 2 Grad Celsius, möglichst 1,5 Grad, im Vergleich zum vorindustriellen Niveau vorsieht. Um das zu erreichen, müssen die Treibhausgasemissionen weltweit zwischen 2045 und 2060 auf null zurückgefahren werden und anschließend ein Teil des zuvor emittierten Kohlenstoffdioxids wieder aus der Erdatmosphäre entfernt werden. Dazu bedarf es einer sehr strikten Klimaschutzpolitik. So müsste dazu die Verbrennung fossiler Energieträger bis etwa 2040 vollständig eingestellt werden und die Energieversorgung – also Strom, Wärme und Verkehr – binnen dieses Zeitraums komplett auf erneuerbare Energien umgestellt werden.[391]

Die Zeit drängte also, als die Klimaschützer Ende 2018 im polnischen Kattowitz erneut zusammenkamen, um die Erde zu retten. In einem kurz zuvor veröffentlichten Sonderbericht des Intergovernmental Panel on Climate Change (IPCC) hieß es unmissverständlich: Nur mit radikalen, schnell wirkenden Veränderungen ist das 2015 beschlossene Ziel der Begrenzung der Erderwärmung möglichst auf 1,5 Grad Celsius noch zu erreichen. Spätestens bis 2050 muss demnach der Kohlendioxidausstoß CO2 auf null gebracht werden. Dennoch scheint selbst das Minimalziel, die Erderwärmung auf 2 Grad zu begrenzen, kaum realistisch. Vielmehr ist davon auszugehen, dass sich unsere Erde immer weiter erwärmen wird, eher um drei bis vier Grad bis zum Jahr 2100.[392] Denn die weltweiten CO2-Emissionen gingen nicht wie 2015 in Paris beschlossen zurück, sondern legten ganz im Gegenteil sogar noch zu, 2018 um etwa 2 Prozent, stellte das Potsdam-Institut für Klimafolgenforschung (PIK) fest. Als Ursachen hierfür nannten die Potsdamer Klimaforscher allerdings nicht den Autoverkehr, sondern Neubauprojekte von Kohlekraftwerken in Ägypten, Bangladesch, Indonesien und Japan sowie auf den Philippinen.[393] Die Corona-bedingten Pausenjahre 2020/21 dürften genau das sein, eine Pause, bevor die Umweltschädigung wieder weitergeht.

Ökostrom für die Welt

Im Jahr 2050 könnten Sonne, Wind und andere regenerative Energiequellen ausreichen, um den weltweiten Strombedarf zu 86 Prozent zu decken, meint die Internationale Agentur für Erneuerbare Energien (Irena). Die 2009 gegründete internationale Regierungsorganisation zur weltweiten Förderung des Ausbaus und der nachhaltigen Nutzung erneuerbarer Energie wird von rund 150 Mitgliedsländern getragen.[394] Bei ihrer Kalkulation hat die Agentur eigenen Angaben zufolge schon eine deutliche Erhöhung der Stromnachfrage durch eine Milliarde Elektroautos auf den Straßen dieser Welt in Betracht gezogen. Elektrizität wäre in diesem Szenario der zentrale globale Energieträger mit 50 Prozent Anteil (2020 bei etwa 20 Prozent). Strom könnte neben der elektrischen Automobilität auch verstärkt zum Heizen und zur Gewinnung von Wasserstoff genutzt werden, um Kerosin und Öl im Flug- und Schiffsverkehr zu ersetzen, spekuliert die Irena-Agentur. Die Kosten für den dazu notwendigen Umbau der Energiesektors veranschlagt Irena auf 15 Billionen Dollar. Die Investition soll sich volkswirtschaftlich lohnen, weil sie sich durch vermiedene Schäden des Klimawandels und reduzierten Gesundheitskosten bis zum Siebenfachen bezahlt machen würde.

Vor allem aber werden die 15 Billionen Dollar benötigt, um das globale Klimaziel zu erreichen, die weltweite Erwärmung der Erde bis Ende des Jahrhunderts unter zwei Grad gegenüber der vorindustrielle Zeit zu halten.[395]

„Wie können Sie es wagen?“

Ein je nach Blickwinkel grandioses oder jämmerliches Schauspiel bot die Klimaikone Greta Thunberg auf dem Klimagipfel 2019 der Vereinten Nationen in New York. Mit Tränen in den Augen und erstickte Stimme warf sie den amtierenden Regierungen aus aller Welt vor, ihrer Generation die Träume gestohlen zu haben. „Wie können Sie es wagen?“ fragte die damals 16-jährige Schwedin mehrmals die versammelte Politprominenz auf dem Eröffnungspodium. Sie deklamierte: „Wir sind Zeugen einer massiven Zerstörung. Wir werden Ihnen das nie vergessen, wenn Sie uns weiter betrügen. Menschen leiden. Menschen sterben. Wir befinden uns am Anfang eines Massenaussterbens, und alles, woran Sie denken können, sind Geld und Märchen von ewigem Wachstum“.[396]

UNO-Generalsekretär Antonio Guterres beeilte sich, der jungen Aktivistin bei dem New Yorker Klimagipfel zuzustimmen: „Wenn wir nicht dringend unseren Lebensstil ändern, setzen wir das Leben selbst aufs Spiel. Überall auf der Welt schlägt die Natur mit Wut zurück. Das ist kein Klimaverhandlungsgipfel. Man kann nicht mit der Natur verhandeln. Die Zeit ist knapp, aber es ist noch nicht zu spät.“[397]

Die jugendliche Aktivistin und der ausgebuffte Politprofi zeichneten somit beide das Bild einer Welt, die kurz vor dem Untergang steht, aber durch rasches und energisches Eingreifen gerade noch zu retten ist. Wer dieser Überzeugung ernsthaft teilt, für den muss beinahe jede politische Maßnahme, und sei sie noch so drastisch, besser sein, als die Welt untergehen zu sehen. Thunberg und Guterres zeichneten auf dem Klimagipfel 2019 ein Katastrophenszenario, das es im Grunde unausweichlich macht, den Notstand auszurufen und die Klimarettung zum obersten aller politischen Ziele zu erklären. Das kann als moralische Rechtfertigung verstanden wissen, Verbrennungsmotoren praktisch ab sofort zu verbieten, den Verkehr im wahrsten Sinne des Wortes lahmzulegen und „notfalls" mit Gewalt gegen SUVs und Luxuskarossen als Symbole der Umweltzerstörung vorzugehen.

Generation Anti-Auto

Die Generation der Umweltaktivisten, die das Auto mit Verbrennungsmotor als einen der größten Feinde der Umwelt ausgemacht hat, möchte ungern auf den Klimakiller verzichten, der ihren Alltag bestimmt: das Smartphones. Mit weltweit rund drei Milliarden (!) Smartphones gehören diese Geräte zweifelsohne in jede Betrachtung über menschengemachte Klimaveränderungen einbezogen. Hierbei gilt es natürlich in allen Fällen den gesamten Lebenszyklus zu berücksichtigen, also Produktion, Vertrieb, Transport, Nutzung und Recycling. Für ein durchschnittliches Smartphone errechnet sich daraus ein CO2-Fußabdruck von insgesamt etwa 47 Kilogramm. Bei einem iPhone entfallen etwa 57 Prozent auf die Produktion, 34 Prozent auf die Nutzung, 8 Prozent auf den Transport und 1 Prozent auf das Recycling. So geht Apple eigenen Angaben zufolge davon aus, rund 40 Millionen Tonnen CO2-Emissionen im Jahr zu produzieren. Allerdings bleibt die energieintensive Rohstoffgewinnung bei dieser Rechnung noch unberücksichtigt. Für die Geräte werden rund 30 unterschiedliche Metalle benötigt. Ein durchschnittliches Smartphone beinhaltet rund 300 Milligramm Silber, 30 Milligramm Gold und elf Milligramm Palladium. Hinzu kommen Kupfer, Aluminium, Zinn und Tantal sowie zahlreiche Seltene Erden.[398]

Kanadische Forscher von der W. Booth School of Engineering Practice and Technology, die prognostizieren, dass das Smartphones 2040 der größte Klimakiller weltweit sein dürfte, könnten Recht behalten. Hinzu kommt natürlich der CO2-Ausstoß in den Rechenzentren: Jeder Klick und Wisch auf einem Smartphone wird über das Internet übertragen und führt zu einer mindestens Rechenoperation in einem Datenzentrum irgendwo auf der Welt. Es gilt die Faustregel, dass ein Smartphone in seiner Nutzung rund 20 Mal so viel Energie und CO2 in Rechenzentren braucht, wie das eigentliche Gerät benötigt. Tendenz steigend, denn der Datendurst scheint ungebremst. Es gilt als konservativ gerechnet, wenn man davon ausgeht, dass sich das von Smartphones generierte Datenvolumen etwa alle fünf Jahre verzehnfacht.[399]

Beispiel Google: Jede Suchanfrage verursacht Berechnungen zufolge zwischen 5 bis 10 Gramm CO2-Ausstoß. Bei weit über 200 Millionen Suchanfragen täglich (!) errechnen sich daraus bis zu 2 Milliarden Gramm, also 2 Millionen Kilogramm am Tag. Google bestreitet die Zahl übrigens und geht lediglich von 0,2 Gramm pro Suche aus. Selbst daraus ergeben sich allerdings immer noch 400 Millionen Gramm CO2-Ausstoß pro Tag. Es ist zwar eine Dimension weniger, aber gelinge gesagt immer noch sehr viel.[400] Wer die Abschaffung des Autos fordert, sollte also konsequenterweise auch sein Smartphone beiseite legen.

Von der Fleischindustrie – das Methangas der Kühe – bis zur Digitalisierung – Smartphones und die Folgen – gibt es also viele „Klimakiller“. Doch das Auto entwickelte sich geradezu zu einem Symbol der Umweltverschmutzung, zu einer Art Inkarnation der Ignoranz künftigen Generationen gegenüber – allen voran die Luxuskarossen und mehr als alles andere der SUV.

Luxuswagen im Visier

Die Angst vor der Klimakatastrophe verbunden mit der vermeintlichen Gewissheit, dass die Autos auf den Straßen dafür entscheidend mitverantwortlich sind, könnte eine zunehmende Gewaltwelle gegen Autos hervorrufen. Vor allem Luxusmarken und SUVs dürfen als gefährdet gelten.

Immerhin rief die Klimaschutzikone Greta Thunberg mit den Worten „I want you to panic!“ zur Panik auf. Vermutlich hat sie damit keine Gewaltexzesse gutheißen wollen, aber ohnehin gewaltbereite Gruppierungen mögen damit eine Aufforderung zum Handeln sehen. Beispielhaft hierfür stand eine Attacke auf ein Autohaus bei Frankfurt am Main im Sommer 2019, bei dem eine unbekannte Gruppe rund 40 Luxuswagen der Marken Ashton Martin, Jaguar und Land Rover teilweise schwer demolierte. In einem anonymen Bekennerschreiben dazu, das auf dem Internetportal indymedia.org veröffentlicht wurde, schrieb die bis dato unbekannte Gruppe „Steine ins Getriebe“, es sei Zeit, „sichtbare Fakten zu schaffen und einfach mal anzufangen, diese Dreckschleudern zu entsorgen“. Die Gruppe begründete ihre Aktion mit der „Klimakrise“ und der „globalen Heißzeit“. Die Internationale Automobilausstellung IAA 2019 wurde als „Propagandashow“ bezeichnet, bei der „das zentrale klima- und umweltzerstörerische Verkehrssystem von Gestern ausgestellt“ werde. [401]

Es ist zu erwarten, dass sich die Auto-feindliche Stimmung künftig weiter anheizen wird. Wer tatsächlich glaubt, dass das Auto mit Verbrennermotor die Menschheit in die Klimakatastrophe treibt, der fühlt sich als Held – nicht als Täter – wenn er möglichst viele dieser Wagen zerstört.

Für die IAA 2019 hatte sich ein breites Bündnis der Autogegner formiert, darunter der Allgemeine Deutsche Fahrradclub ADFC, die Anti-Globalisierungsorganisation Attac und die Umweltschützer von BUND und Greenpeace. Ihr Unmut war gegen das „klimaschädliche Verkehrssystem" gerichtet. Pikanterweise nannte sich die Anti-Auto-Bewegung „Sand im Getriebe" – sicherlich der Name, an den sich die Auto-Angreifer „Steine im Getriebe" angelehnt hatten. So wird die IAA 2019 als die Automesse des Umbruchs, die letzte Autoshow der alten Garde, in die Automobilgeschichte eingehen – bevor die Corona-Jahre 2020 und 2021 eine Zäsur markierten, weil aufgrund der Maßnahmen zur Pandemie-Eindämmung gar keine Messen möglich waren.

Trend zur Luxusmarke – und zu VW

Allen Angriffen zum Trotz bleibt des Deutschen liebstes Kind augenscheinlich noch lange Zeit das Automobil. Nur damit lässt es sich wohl erklären, dass ein Blick in die Statistik Anfang 2021 zeigte: Der Trend geht zur Luxusmarke – und zu VW. So waren Anfang 2021 etwa 48,2 Millionen Pkw in Deutschland angemeldet, 6,5 Millionen oder knapp 16 Prozent mehr als noch 2010. Während VW sowie auch Audi, Mercedes und BMW allen Skandalen zum Trotz seitdem beinahe zwei Millionen Autobesitzer hinzugewannen, fuhren 2021 über eine Million Opel weniger auf Deutschlands Straßen.

Anders VW: Dieselskandal hin oder her, 2021 fuhren immer noch mehr als zehn Millionen Autobesitzer hierzulande einen VW. Das waren immerhin 1,4 Millionen mehr als 2010, also noch weit vor dem Dieseldebakel. Mit anderen Worten: Jeder fünfte Pkw auf Deutschlands Straßen war 2021 ein VW-Modell. Mit großem Abstand folgte Mercedes mit 4,6 Millionen Pkw. Bemerkenswerte Randnotiz: Im Jahr 2021 waren immer noch mehr Trabbis – der Uralt-Zweitakter aus DDR-Zeiten – in Deutschland zugelassen als Teslas. Den etwa 34.000 E-Wagen von Tesla standen beinahe 38.200 Trabbis gegenüber. Nostalgie lag also Anfang des Jahrzehnts noch deutlich vor dem Fortschritt.[402]

Die UNO testet Autos

Den Weltfrieden, Diplomatie, Hilfe gegen Hunger und Armut, Nahrungsmittelversorgung, Gesundheitshilfe für die Welt – es gibt sicherlich viele Themen, die man mit den Vereinten Nationen verbindet. Das Automobil gehört eher nicht dazu. Und doch spielt die UNO auf dem Automobilsektor eine wichtige Rolle, sowohl bei den Abgasnormen, als auch bei selbstfahrenden Autos. Das hängt damit zusammen, dass die UNO als Weltgremium in der Lage ist, auch weltweite Normen festzulegen. Dazu gehört die Weltnorm für Abgas und Verbrauch WLTP.

Seit 1. September 2017 gilt in der Europäischen Union das genormte Prüfverfahren „Worldwide Harmonized Light-Duty Vehicles Test Procedure“ (WLTP) als Nachfolger des seit 1992 gültigen NEFZ (Neuer Europäischer Fahrzyklus). WLTP war mit zwei Versprechen angetreten: weltweite Vergleichbarkeit herzustellen und deutlich realitätsnähere Angaben zum Spritverbrauch und zu den Abgasen von Fahrzeugen zu liefern.[403]

Entwickelt wurde das weltweit Testverfahren im Auftrag der Vereinten Nationen, oder genauer gesagt des UNO-Gremiums „World Forum for Harmonization of Vehicle Regulations". Entscheidend daran ist der Fahrzyklus, "Worldwide Harmonized Light-Duty Vehicles Test Cycle" (WLTC). Er basiert auf realen Fahrdaten aus zwölf Ländern auf drei Kontinenten: Asien, Europa und die USA. Insgesamt 750.000 Kilometer Messfahrten wurden als Grundlage durchgeführt, von deutschen Autobahnen über amerikanische Landstraßen bis hin zu asiatischen Metropolen. Aus den Daten erstellte das UNO-Forum über Jahre hinweg einen neuen Fahrzyklus und entwickelte daraus eine völlig neue Testprozedur, eben WLTP. Die neue Norm gilt weltweit einheitlich – abgesehen von regionalen Temperaturunterschieden. So hat die UNO eine Testtemperatur von 23 Grad festgelegt, aber in der EU ist ein zusätzlicher Test bei 14 Grad Celsius erforderlich, um den Temperaturen in Europa stärker Rechnung zu tragen.[404]

Schummeln auf UNO-Niveau

War mit der Einführung der UNO-Norm die Schummelei der Autohersteller vorüber? Wohl eher nicht, allerdings könnten Verstöße schneller deutlich werden. So führte der ADAC im Laufe der Jahre Tests an rund 80 verschiedenen Dieselfahrzeugen nach zwei Normen durch:[405]

- dem althergebrachten europäischen Fahrzyklus NEFZ, und
- dem seit 2017 geltenden WLTP-Messverfahren der Vereinten Nationen (UNO).

Das Ergebnis war verblüffend: Nach UNO-Norm wiesen Euro-6-Wagen NO-Abweichungen vom zwei- bis fünffachen aus, also einem Aufschlag zwischen 100 und 500 Prozent. Mit anderen Worten: Nach UNO-Maßstäben getestet waren die Fahrzeuge deutlich umweltbelastender. Zu ähnlichen Ergebnissen führten Vergleichsuntersuchungen der Landesanstalt für Umwelt, Messungen und Naturschutz Baden-Württemberg (LUBW) schon im Jahre 2014. Der Verband der Automobilindustrie ging übrigens von einer Erhöhung der Werte aufgrund des neuen Messverfahrens von 20 Prozent aus.[406] Das war angesichts der tatsächlichen Messwerte wohl deutlich geschönt. Die Schummelei setzte sich also auch unter der UNO-Ägide fort.

Dennoch ist bei künftigen Zulassungen von realitätsnäheren Angaben auszugehen, weil die Bedingungen näher an der Lebenswirklichkeit liegen. So wurden beispielsweise die Fahrzeuge unter NEFZ durchweg nur mit ihrer Serienausstattung geprüft. Dabei weiß doch jeder, dass das Gros der Kunden seinen Wagen mit Sonderausstattungen aufpeppt. Unter WLTP werden unterschiedliche Ausstattungsstufen getestet, inklusive Vollausstattung. Ebenso finden verschiedene Karosserievarianten und Reifen Eingang in die Testergebnisse.

Ausblick

Das Dieseldesaster hat sich die deutsche Automobilindustrie weitgehend selbst eingebrockt. Nachdem es der Autolobby nicht gelungen war, die gesetzlichen Abgaswerte auf einem Niveau zu halten, das sie auch technisch verwirklichen kann, hatte sie Manipulationssoftware eingesetzt, die auf dem Prüfstand korrekte Werte vorgaukelte und sich im Straßenverkehr im wahrsten Sinne des Wortes einen Dreck darum kümmerte.

Dieseldebakel, Elektromobilität und Digitalisierung

Doch das Dieseldebakel stellte keineswegs die einzige Herausforderung für die deutsche Autoindustrie dar. Die Elektromobilität wäre den Herstellern auch ohne Dieselaffäre in die Quere gekommen, vielleicht nicht so schnell, aber dafür umso wuchtiger. Treiber der E-Autogeneration waren nicht die Fahrverbote für Verbrennungsmotoren, sondern ein vor Innovationskraft strotzender Automobilhersteller aus den USA: Tesla und sein Tech-Milliardär Elon Musk. Während Tesla vor allem auf Innovationen gepaart mit dem Image setzt, kommt die eigentliche E-Gefahrenwelle wohl aus China: Bei der Fertigung von Elektroautos wähnen sich chinesische Firmen auf dem Vormarsch. Die für die Benzin- und Dieselmotoren notwendige deutsche Ingenieurskunst wird beim E-Car schlichtweg überflüssig; dieser bisherige deutsche Wettbewerbsvorteil entfällt komplett. Bei der für E-Autos alles entscheidenden Batterietechnik liegt hingegen China mindestens gleichauf mit dem Entwicklungsstand in Europa und den USA, wenn nicht sogar ein Stück weiter vorne.

Doch noch stärker als durch das Batteriefahrzeug wird die deutsche Autoindustrie durch die neuen Mobilitätskonzept bedroht, die durch selbstfahrende Automobile möglich werden. Ein Autonom ist nicht einfach nur ein Wagen, der ohne Fahrer allein fährt, sondern es ergeben sich dadurch fundamentale Umwälzungen für die Branche, und übrigens langfristig auch für die Innenstädte und das gesamte urbane Leben. Warum sollte man ein Auto kaufen, wenn man es per App jederzeit für eine Fahrt ordern kann? Können Autotaxis nicht viel kleiner sein – Ein- oder Zweisitzer –, wenn sie für Stadtfahrten zum Einsatz kommen? Oder sind möglicherweise kleine E-Busse, die als Sammeltaxen fungieren, die bessere Lösung? Die Liste der Fragen ist lang, die der Antworten deutlich kürzer.

Das Dieseldebakel stellte in diesem Szenario nur ein vergleichsweise kleines „Problemchen" für die Branche dar, ebenso wie die teilweise drohenden Strafzölle oder sonstige Einfuhrbeschränken für deutsche Autos in den USA oder in China. Beide Länder verfügen über eine stark wachsende eigene Phalanx von E-Autoproduzenten und eigene Vorstellungen von der Verzahnung von Umweltschutz und Verkehrspolitik; sie werden künftig die deutschen Autohersteller mutmaßlich nicht mehr mit so offenen Armen empfangen wie in früheren Zeiten. Ganz im Gegenteil haben sie Europa eher als Absatzmarkt im Visier. Die E-Schwäche der deutschen Autohersteller macht diese schließlich auf ihrem ureigenen Heimatmarkt anfällig. Der 2020 begonnene Bau der Tesla-Produktionsstätte in Grünheide bei Berlin steht beispielhaft für diese Angriffslust. Gepaart mit einem sich vermutlich verschärfenden Handels- und Technologiekonflikt zwischen China und den USA sind internationale Handels- und Versorgungshemmnisse absehbar, unter der die deutschen Autohersteller in den 2020er Jahren zu leiden haben werden. Die Knappheit an Computerchips im Jahr 2021, die viele Autobauer zeitweise zur Stilllegung ihrer Produktionslinien zwang, war ein erster Vorbote. Zollaufschläge, Exportverbote für Technologien und andere Hürden werden folgen. Studien des Schweizer Wirtschafts- und Beratungsinstituts Prognos kamen schon 2020 zu dem Schluss, dass durch einen Handelskonflikt „die Wirtschaftsleistung in Deutschland im Jahr 2025 um 15 Milliarden Euro beziehungsweise 0,5 Prozent niedriger liegen würde als ... ohne größere Handelskonflikte". 15 Milliarden Euro klang viel, ist es aber nicht. Allein der VW-Konzern wirtschaftet pro Jahr einen Umsatz von mehr als 230 Milliarden Euro. Eine ernsthafte Gefährdung der deutschen Autoindustrie durch Zölle ist nicht zu erwarten. Die wahre Gefahr liegt in den neuen Wettbewerbern und dem Technologiesektor.

Der Verbrenner ist am Ende

Im November 2021 wurde das Aus für Verbrennungsmotoren endgültig besiegelt. Mindestens 24 Staaten und sechs große Autohersteller schmiedeten auf der UNO-Weltklimakonferenz 2021 eine Allianz und wollten „darauf hinarbeiten, dass alle Verkäufe von neuen Pkw und leichten Nutzfahrzeugen bis zum Jahr 2040 weltweit und in den führenden Märkten bis spätestens 2035 emissionsfrei sind". Die Autokonzerne sollen demnach anstreben, spätestens 2035 in führenden Märkten nur noch emissionsfreie Autos und Vans zu verkaufen. Zu den Unterzeichnern gehörten auf Herstellerseite Mercedes-Benz, der schwedische Hersteller Volvo, die chinesische BYD und Jaguar Land Rover, eine Einheit der indischen Tata Motors sowie die US-Autobauer Ford und General Motors.[407]

Die beiden weltweit führenden Automobilhersteller Volkswagen und Toyota wollten die Verpflichtung Ende 2021 offenbar nicht unterzeichnen. Auch der weltweit viertgrößte Automobilhersteller, Stellantis, fehlte, ebenso die japanischen Automobilhersteller Honda und Nissan, sowie das koreanische Unternehmen Hyundai. Auch der deutsche Autobauer BMW nahm Abstand von dieser öffentlichen Verpflichtung. Doch es kann kein Zweifel daran bestehen, dass alle diese Autohersteller völlig losgelöst von irgendeiner Verpflichtung alles daran setzen, im Zeitalter der Elektromobilität und des digitalen Autofahrens eine maßgebliche Rolle zu spielen – und zwar ohne Verbrennungsmotoren.

2040 Autofahren nur noch mit Sondergenehmigung

Als die damalige deutsche Bundeskanzlerin Angela Merkel in den beiden letzten Jahren ihrer Amtszeit zur Zukunft des Automobils befragt wurde, sagte sie 2020 klipp und klar: „Wir werden in 20 Jahren nur noch mit Sondererlaubnis selbstständig Auto fahren dürfen.“[408] 2040 wird also das autonom fahrende Fahrzeug, das selbst seinen Weg findet, der Regelfall sein – allerdings nicht auf freiwilliger Basis, sondern als Zwangsmaßnahme. So wird die Verheißung zur Drohung für alle, die Spaß am Autofahren haben. Merkels Begründung für den Zwang zum „fahren lassen“ sprach für sich: „Wir sind das größte Risiko.“ Wir, die Fahrer.

Welche Rolle bis dahin die deutschen Autohersteller noch spielen werden, obliegt der Spekulation. Klar scheint jedoch, dass die amerikanischen und asiatischen Hersteller schon lange vor 2040 den Automobilmarkt maßgeblich an sich gerissen haben werden.

Über die Autoren

Thomas Gronenthal hat an der RWTH in Aachen Maschinenbau studiert und sich in seiner beruflichen Laufbahn vor allem dem Marketing technischer Produkte verschrieben. Seit 2007 ist er Geschäftsführer der PR-Agentur euromarcom public relations (European Marketing Communications). Privat gilt seine Leidenschaft vor allem zwei Themen: Autos und Uhren. Beiden Aspekten geht er weit über bloße Hobbys hinaus nach. Mit Autos befasst er sich im vorliegenden Buch sowie weiteren Werken, Uhren widmet er sich seit 2015 in dem vielbeachteten Blog Watchthusiast.

Beim Diplomatic Council, einem globalen Think Tank, der die Vereinten Nationen berät und in dessen Verlag dieses Buch erschienen ist, gehört er zur Riege der Mitgründer. Lange Jahre hat er dem Präsidium des Diplomatic Council angehört und in dieser Zeit die „Denkfabrik" maßgeblich vorangebracht.

Et al.: Am vorliegenden Werk haben weitere Mitglieder der UNO-Denkfabrik Diplomatic Council mitgewirkt, vornehmlich durch fachliche, technische, visionäre, wissenschaftliche, gesellschaftliche und politische Beiträge. Das vorliegende Buch stellt in diesem Sinne ein Gemeinschaftswerk „et alii" bzw. „et aliae" dar. Diesen Gemeinsinn will die Autorengemeinschaft mit dem bibliografischen Kürzel „et al.", also „und andere", ausdrücken.

Bücher im DC Verlag

Denken 4.0 – Welt im Umbruch. Was die klügsten Köpfe eines globalen Think Tank über unsere Zukunft denken.
Buddhi K. Athauda, Thi Thai Hang Nguyen, Andreas M. Dripke
332 Seiten, Hardcover, ISBN 978-3-947818-00-6

Mein Atomknopf ist größer – America vs. North Korea
Jamal Qaiser, 184 Seiten, Paperback, ISBN 978-3-947818-01-3

Stasi 2.0 – Wie wir durch den staatlich-industriellen Digitalkomplex zu gläsernen Bürgern werden und was das für unsere Zukunft bedeutet, 2. aktualisierte Auflage,
Andreas Dripke, Markus Miksch, 444 Seiten, Paperback,
ISBN 978-3-947818-05-1

Rechtsruck – Wie das Wiedererstarken des Nationalismus Deutschland in die Katastrophe führt, Anonyme Autoren
660 Seiten, Paperback, ISBN 978-3-947818-06-8

Pandemie – Die Welt im Corona-Krieg, Andreas Dripke, Markus Miksch, 148 Seiten, Paperback, ISBN 978-3-947818-13-6

Covid-19 Falsche Pandemie – Die fatalen Fehler der WHO und ihre verhängnisvollen Folgen, Jamal Qaiser, Markus Miksch, 234 Seiten, Paperback, ISBN 978-3-947818-15-0

75 Jahre UNO – Macht und Ohnmacht der Vereinten Nationen
Andreas Dripke, Hang Nguyen, 336 Seiten, Paperback,
ISBN: 978-3-947818-07-5

Corona und Impfen – Daten, Fakten, Hintergründe, Andreas Dripke et al., 188 Seiten, Paperback, ISBN: 978-3-947818-18-1

Die Dekade 2020-2030 – Das kommt auf uns zu!, Andreas Dripke, Hang Nguyen. 362 Seiten, ISBN 978-3-947818-17-4

Hacker – Angriff auf unsere digitale Zivilisation, Anonyme Autoren, 432 Seiten, Paperback, ISBN 978-3-947818-23-5

Migration nach Europa – Wir schaffen das und die Folgen, Anonyme Autoren, 508 Seiten, ISBN 978-3-947181-32-7

Digitale Disruption – Alles wird anders, Andreas Dripke et al., 216 Seiten, Paperback, ISBN 978-3-947818-34-1

Interim Manager berichten aus der Praxis: Automotive, Reihe „Von Interim Managern lernen“, Hrsg. Dr. Harald Schönfeld, Jürgen Becker, 404 Seiten, ISBN 978-3-947818-29-7

Digitale Identität – Unser Zwilling im Datennetz, Andreas Dripke et al. 164 Seiten, Paperback, ISBN 978-3-947818-53-2

Ewige Pandemie – Freiheit ade, Andreas Dripke, Markus Miksch, 204 Seiten, Paperback, ISBN 978-3-947818-59-4

Der digitale Euro – Computergeld statt Bares, Andreas Dripke, Stephanie Stoerk, 232 Seiten, ISBN 978-3-947818-61-7

Europa am Scheideweg – Was Europa tun muss, um seine Zukunft zu retten, Andreas Dripke, Hang Nguyen, Dr. Horst Walther, Paperback, ISBN 978-3-947818-65-5

Auto ohne Lenkrad – Das selbstfahrende Auto steht vor der Tür, Patrick Dripke, Thomas Gronenthal et al., Paperback, ISBN 978-3-947818-79-2

Der Dritte Weltkrieg – Das Undenkbare denken, Hang Nguyen, Jamal Qaiser, 268 Seiten, Paperback, ISBN 978-3-947818-67-9

Metaverse – Was es ist, wie es funktioniert, wann es kommt, Andreas Dripke, Marc Ruberg, Detlef Schmuck, 256 Seiten, Paperback, ISBN 978-3-947818-87-7

Klimakatastrophe – Wahn oder Wirklichkeit?, Hang Nguyen et al., 184 Seiten, Paperback, ISBN 978-3-947818-49-5

Alles über Krypto – NFT, Blockchain, Bitcoin & Co., Andreas Dripke, Stephanie Stoerk, 160 Seiten, Paperback, ISBN 978-3-98674-007-8

Der Wahn mit der Bürokratie – Wie Bürokratismus unsere Gesellschaft zerstört, Andreas Dripke, Hubert Nowatzki, 260 Seiten, Paperback, ISBN 978-3-94-7818-89-1

Interim Manager berichten aus der Praxis: Business Transformation, Reihe „Von Interim Managern lernen“, Hrsg: Dr. Harald Schönfeld, Jürgen Becker, ca. 360 Seiten, ISBN 978-3-98674-009-2

Computer wie Götter – Die Rechenknechte übernehmen die Herrschaft, Andreas Dripke, Hang Nguyen, 148 Seiten, Paperback, ISBN 978-3-98674-005-4

Alles über Künstliche Intelligenz – Woher sie kommt, wie sie sie denkt, was sie kann, wohin sie führt, Andreas Dripke, Dr. Horst Walther, 208 Seiten, Paperback, ISBN 978-3-947818-25-9

Das Versagen des Westens in Afghanistan, Syrien und der Ukraine, Hang Nguyen, Jamal Qaiser, 148 Seiten, Paperback, ISBN 978-3-947818-97-6

Wenn sich China und Russland verbünden... Die Herausforderung für die Freie Welt, Hang Nguyen, Jamal Qaiser, 260 Seiten, Paperback, ISBN 978-3-98674-016-0

Widerstand gegen die digitale Überwachung!
Wofür Julian Assange und Edward Snowden kämpften,
Marc Ruberg, Detlef Schmuck, 220 Seiten, Paperback,
ISBN 978-3-947818-93-8

Über das Diplomatic Council

Das vorliegende Werk ist im Verlag des Diplomatic Council (DC) erschienen: DC Publishing.

Das Diplomatic Council verknüpft einen globalen Think Tank, ein weltweites Business Network und eine Charity Foundation in einer einzigartigen Organisation mit Beraterstatus bei den Vereinten Nationen.

Unsere Mitglieder vertreten die feste Überzeugung, dass Wirtschaftsdiplomatie ein tragendes Fundament für die internationale Völkerverständigung und den friedlichen Umgang der Nationen darstellt. Aus dieser Erkenntnis heraus überträgt das Diplomatic Council das Ziel der globalen Völkerverständigung in ein ökonomisches Mandat. Die Methodik eines weltweiten Wirtschaftsnetzwerkes wird hierzu mit der diplomatischen Kommunikationsebene der Staaten dieser Erde untereinander verknüpft. Vor diesem Hintergrund sind im Diplomatic Council Persönlichkeiten aus Diplomatie, Wirtschaft und Gesellschaft engagiert, die mit Augenmaß ausgewählt werden und die sich durch eine hohe Akzeptanz, eine hohe Kompetenz und ein mit den Grundpfeilern des Diplomatic Council übereinstimmendes Wertesystem auszeichnen. Ebenso sind Unternehmen willkommen, für die Corporate Social Responsibility weit mehr als ein Schlagwort ist.

Weitere Informationen: www.diplomatic-council.org/application

Quellenangaben und Anmerkungen

[1] https://www.grin.com/document/111749
[2] https://link.springer.com/chapter/10.1007%2F978-3-211-47104-3_1
[3] https://saemobilus.sae.org/content/800462/
[4] https://www.nature.com/articles/nature22086
[5] https://www.automobil-industrie.vogel.de/nefz-wltp-rde-pems-und-obfcm-ein-ueberblick-a-657992/
[6] Rudolf Diesel: *Theorie und Konstruktion eines rationellen Wärmemotors zum Ersatz der Dampfmaschine und der heute bekannten Verbrennungsmotoren.* Springer, Berlin, 1893, ISBN 978-3-642-64949-3.
[7] https://de.wikipedia.org/wiki/Dieselmotor
[8] https://de.wikipedia.org/wiki/EN_590
[9] https://www.chemie.de/lexikon/Dieselruß.html
[10] https://www.greenpeace.de/themen/endlager-umwelt/dieselruss-feinstaub-und-gesundheit
[11] https://www.handelsblatt.com/unternehmen/industrie/vor-dem-autogipfel-warum-der-diesel-so-gefaehrlich-ist/20135822.html
[12] https://de.wikipedia.org/wiki/Abgasnachbehandlung
[13] https://www.adac.de/rund-ums-fahrzeug/auto-kaufen-verkaufen/neuwagenkauf/euro-6d-temp-modelle/
[14] https://www.zeit.de/mobilitaet/2015-10/abgas-grenzwerte-dieselmotor-volkswagen/seite-2
[15] https://www.deutschlandfunk.de/luftverschmutzung-feinstaub-nox-co2-was-ist-eigentlich-was.1773.de.html
[16] https://www.swr.de/abgasalarm/wie-schaedlich-die-luftverschmutzung-wirklich-ist-8-fakten-zu-feinstaub-und-stickoxiden/-/id=18988100/did=18971804/nid=18988100/12nqid0/index.html
[17] https://www.umweltbundesamt.de/themen/sieben-fragen-antworten-diesel
[18] https://www.umweltbundesamt.de/sites/default/files/medien/479/publikationen/uba_factsheet_krankheitslasten_no2.pdf
[19] https://www.tagesschau.de/thema/diesel/
[20] https://www.lungenaerzte-im-netz.de/fileadmin/pdf/Stellungnahme__NOx_und__Feinstaub.pdf

[21] https://pneumologie.de/fileadmin/user_upload/DGP_Luftschadstoffe_Positionspapier_20181127.pdf

[22] https://dzl.de/news/dgp-positionspapier-atmen-luftschadstoffe-und-gesundheit-unter-dzl-beteiligung-veroeffentlicht/

[23] https://pneumologie.de/fileadmin/DGP_Luftschadstoffe_Positionspapier_20190129.pdf

[24] https://www.seas.harvard.edu/news/2021/02/deaths-fossil-fuel-emissions-higher-previously-thought

[25] https://www.sueddeutsche.de/wirtschaft/brennstoffe-tote-studie-luftverschmutzung-1.5200342

[26] https://www.ndr.de/nachrichten/niedersachsen/braunschweig_harz_goettingen/Die-VW-Abgas-Affaere-eine-Chronologie,volkswagen892.html

[27] https://www.faz.net/aktuell/wirtschaft/unternehmen/vw-affaere-prostituierte-fuer-hartz-beim-treffen-des-weltbetriebsrats-1250735.html

[28] https://staatsanwaltschaft-braunschweig.niedersachsen.de/startseite/aktuelles/presseinformationen/vw-muss-bugeld-zahlen-174880.html

[29] https://de.wikipedia.org/wiki/Abgasskandal

[30] https://www.rnd.de/wirtschaft/chronlogie-des-dieselskandals-das-schmutzigste-kapitel-der-vw-geschichte-PZZDQRN5LRELVGB35C2KDU6K7Y.html

[31] https://www.zeit.de/wirtschaft/2015-09/vw-abgase-manipulation-faq

[32] https://www.faz.net/aktuell/wirtschaft/auto-verkehr/volkswagen-chronik-vom-sauberen-auto-zum-schmutzigen-skandal-14422988.html

[33] https://www.automobilwoche.de/article/20180917/AGENTURMELDUNGEN/309119978/-september----wendepunkt-fuer-autoindustrie-dieselgate-stellt-alles-in-frage

[34] https://www.zeit.de/wirtschaft/unternehmen/2019-05/dieselskandal-bosch-autozulieferer-bussgeld-aufsichtspflicht

[35] https://www.presseportal.de/pm/105254/4665727

[36] https://www.duh.de/presse/pressemitteilungen/pressemitteilung/deutsche-umwelthilfe-stellt-bei-abgasuntersuchungen-von-diesel-pkw-auf-der-strasse-bis-zu-ueber-9-fach/

[37] https://www.lubw.baden-wuerttemberg.de/-/zu-hohe-stickstoffoxid-emissionen-von-euro-6-diesel-pkw-im-realbetrieb-

[38] https://www.handelsblatt.com/unternehmen/industrie/dieselaffaere-daimler-scheitert-mit-widerspruechen-gegen-diesel-rueckrufe-des-kraftfahrt-bundesamtes/26891626.html?ticket=ST-7162668-YqReNduxDpXkfTgBX0vB-ap4

[39] https://www.faz.net/aktuell/wirtschaft/auto-verkehr/welche-modelle-sind-vom-abgas-skandal-betroffen-13821503.html

[40] https://www.vcd.org/fileadmin/user_upload/Redaktion/Publikationsdatenbank/Auto_Umwelt/Gutachten_Modellentwicklung_deutsche_Autoindustrie_2015.pdf

[41] https://www.bussgeldkatalog.org/audi-abgas-rueckruf/

[42] https://www.bundesregierung.de/breg-de/aktuelles/zulassungsverbot-fuer-porsche-cayenne-413482

[43] https://www.wuv.de/marketing/video_botschaft_vw_chef_winterkorn_entschuldigt_sich

[44] https://www.wiwo.de/unternehmen/auto/neuer-vw-chef-matthias-mueller-eigentlich-bin-ich-kein-stratege/12371886.html

[45] https://www.tagesschau.de/wirtschaft/vw-usa-103.html

[46] https://www.wiwo.de/unternehmen/auto/vw-abgas-skandal-witter-wird-neuer-finanzchef/12394342-2.html

[47] https://www.manager-magazin.de/unternehmen/autoindustrie/heinz-jakob-neusser-beurlaubter-vw-vorstand-soll-entlassen-werden-a-1224065.html

[48] https://www.ndr.de/nachrichten/niedersachsen/braunschweig_harz_goettingen/Die-VW-Abgas-Affaere-eine-Chronologie,volkswagen892.html

[49] https://www.spiegel.de/wirtschaft/unternehmen/volkswagen-weist-aktionaersklage-zurueck-a-1080337.html

[50] https://staatsanwaltschaft-braun-schweig.niedersachsen.de/startseite/aktuelles/presseinformationen/marktmanipulation-anklage-gegen-winterkorn-potsch-und-diess-180937.html

[51] https://www.handelsblatt.com/unternehmen/industrie/bericht-von-jones-day-vw-und-die-diesel-dokumente-chronik-einer-blockierten-aufklaerung/22771920.html

[52] https://www.sueddeutsche.de/wirtschaft/vw-und-der-abgasskandal-staatsanwaltschaft-us-anklage-aendert-nicht-unser-ermittlungskonzept-1.3967627

[53] https://www.spiegel.de/wirtschaft/unternehmen/audi-ingenieur-ganz-ohne-bescheissen-kann-man-nicht-grenzwerte-einhalten-a-1113348.html

[54] https://www.adac.de/verkehr/abgas-diesel-fahrverbote/abgasskandal-rechte/

[55] https://www.ingenieur.de/technik/fachbereiche/messtechnik/unglaublich-tuev-vw-motorsoftware-laut-gesetz-ueberpruefen/

[56] https://www.spiegel.de/international/business/commission-has-long-known-of-diesel-emissions-manipulation-a-1103249.html

[57] https://www.eca.europa.eu/de/Pages/DocItem.aspx?did=%7BF720CED7-25F5-4010-AC44-1BF91EF346DE%7D

[58] https://www.morgenpost.de/wirtschaft/article208997227/Gabriel-zum-Abgasskandal-Niemand-konnte-Beweise-liefern.html

[59] https://www.zeit.de/mobilitaet/2016-12/volkswagen-abgasskandal-eu-kommission-vw-abgasaffaere-vertragsverletzung

[60] https://www.deutschlandfunk.de/historiker-ueber-deutsch-amerikanische-freundschaft-die.691.de.html
[61] https://www.br.de/nachricht/bayern-verklagt-vw-100.html
[62] https://www.spiegel.de/wirtschaft/unternehmen/volkswagen-hessen-verliert-wegen-vw-abgasskandal-vier-millionen-euro-a-1105920.html

[63] Rechtsruck – Wie das Wiedererstarken des Nationalismus Deutschland in die Katastrophe führt, Anonyme Autoren, ISBN: 978-3-947818-06-8
[64]

https://www.bundestag.de/webarchiv/Ausschuesse/ausschuesse18/ua/5untersuchungsausschuss
[65] https://www.spiegel.de/wirtschaft/unternehmen/vw-abgasaffaere-britischer-volkswagen-chef-entschuldigt-sich-a-1057459.html
[66] https://www.deutschlandfunk.de/volkswagen-im-fokus-neue-ermittlungen-in-italien-und-den-usa.769.de.html?dram:article_id=334087
[67] https://www.test.de/Abgasskandal-4918330-5092247/
[68] https://www.handelsblatt.com/unternehmen/industrie/dieselskandal-volkswagen-entgeht-weiteren-millionenstrafen-in-den-usa/23834852.html
[69] https://www.n-tv.de/wirtschaft/E-Mail-belastet-Audi-im-Abgas-Skandal-article18696811.html
[70] https://www.welt.de/wirtschaft/article216866102/Maerchen-vom-sauberen-Diesel-Ex-Audi-Chef-Rupert-Stadler-vor-Gericht.html
[71] https://www.spiegel.de/wirtschaft/unternehmen/audi-chef-rupert-stadler-festgenommen-a-1213533.html
[72] https://www.bussgeldkatalog.org/audi-abgas-rueckruf/
[73] https://vki.at/vw-abgasskandal-2018/5457
[74] https://www.sueddeutsche.de/wirtschaft/dieselskandal-die-deutsche-autoindustrie-muss-sich-von-der-vergangenheit-loesen-1.4177059-2
[75] https://www.spiegel.de/wirtschaft/audi-absturz-einer-deutschen-ikone-a-00000000-0002-0001-0000-000161087491
[76] https://www.donaukurier.de/nachrichten/wirtschaft/lokalewirtschaft/Prozess-Rupert-Stadler-Audi-Prozess-Jetzt-haben-wir-den-Salat;art1735,4741588
[77] https://www.t-online.de/auto/recht-und-verkehr/id_85399816/dieselskandal-so-schamlos-wollte-audi-wirklich-manipulieren.html
[78] https://www.handelsblatt.com/unternehmen/industrie/bram-schot-hoehere-produktivitaet-und-hundert-prozent-transparenz-neuer-audi-chef-formuliert-ziele/23796782.html?ticket=ST-7561236-ROb6pgMfair62RyLRdv6-ap1
[79] https://boostyourcity.de/abgasskandal-audi-ruft-8-modelle-zurueck
[80] https://media.handelsblatt.com/handelsblatt/specials/dieselgate/chronik.html
[81] https://www.welt.de/wirtschaft/article192222833/Martin-Winterkorn-Das-Gericht-macht-Tempo-im-Fall-des-Ex-VW-Chefs.html

[82] https://www.handelsblatt.com/meinung/kommentare/kommentar-der-vw-aufsichtsrat-muss-seinen-peinlichen-freispruch-fuer-winterkorn-kassieren/24244518.html

[83] Der Spiegel 17/19 vom 20.4.2019

[84] https://www.sueddeutsche.de/wirtschaft/anklage-in-den-usa-reisewarnung-fuer-den-ex-vw-chef-1.3967832

[85] https://www.tagesschau.de/wirtschaft/unternehmen/vw-winterkorn-anklage-marktmanipulation-fallengelassen-101.html

[86] https://www.spiegel.de/wirtschaft/dieselskandal-wie-autobosse-von-der-justiz-gejagt-werden-a-00000000-0002-0001-0000-000163511535

[87] https://www.sueddeutsche.de/wirtschaft/abgasaffaere-akten-oder-aerger-1.4180155

[88] https://www.focus.de/finanzen/boerse/knapp-ein-jahr-nach-amtsantritt-audi-chef-duesmann-rechnet-mit-vorgaenger-winterkorn-ab-ich-haette-mir-ein-arbeiten-in-der-frueheren-kultur-nicht-vorstellen-koennen_id_13019203.html

[89] https://www.spiegel.de/wirtschaft/unternehmen/volkswagen-ag-ferdinand-piech-kritisiert-martin-winterkorn-a-1027921.html

[90] https://www.faz.net/aktuell/wirtschaft/auto-verkehr/diesel-skandal-bei-vw-piechs-rache-14873334.html

[91] http://geschichtskombinat.de/porsche-und-volkswagen-eine-familiengeschichte

[92] https://www.faz.net/aktuell/wirtschaft/auto-verkehr/piech-lehnt-erscheinen-vor-u-ausschuss-zum-vw-skandal-ab-14872261.html

[93] https://www.faz.net/aktuell/wirtschaft/unternehmen/vw-affaere-prostituierte-fuer-hartz-beim-treffen-des-weltbetriebsrats-1250735.html

[94] https://www.myright.de/magazin/abgasskandal/umfrage-unter-12-000-vw-kunden-zeigt-massive-enttaeuschung

[95] https://www.wiwo.de/unternehmen/auto/unbeliebte-us-aufpasser-die-heikle-mission-des-larry-thompson-bei-vw/19724272.html

[96] https://www.ndr.de/nachrichten/niedersachsen/braunschweig_harz_goettingen/Ex-VW-Manager-wird-nach-Deutschland-ueberstellt,volkswagen1890.html

[97] https://www.zeit.de/wirtschaft/unternehmen/2015-11/vw-skandal-staatsanwaelte-ermitteln-auch-wegen-steuerhinterziehung

[98] https://www.wallstreet-online.de/nachricht/13001111-abgasskandal-jahre-vw-dieselskandal-folgen/all

[99] https://www.tagesspiegel.de/mobil/vw-diesel-skandal-eine-chronologie-der-abgasaffaere/12407702.html

[100] https://www.meinauto.de/lp-vw-skandal-auto-betroffen

[101] https://www.test.de/Abgasskandal-4918330-5092247/

[102] https://www.sueddeutsche.de/wirtschaft/vw-diess-betrug-lanz-dieselaffaere-1.4517681

[103] https://www.auto-motor-und-sport.de/verkehr/herbert-diess-juristischer-aerger-nach-auftritt-bei-markus-lanz/

[104] https://www.handelsblatt.com/unternehmen/industrie/dieselskandal-volkswagen-zahlt-umstrittene-vorstands-boni-aus/24284184.html?ticket=ST-968471-eg4pDI5UfbClfcJIUa5Y-ap3

[105] https://www.focus.de/finanzen/boerse/studie-dax-vorstaende-verdienen-52-mal-so-viel-wie-ihre-angestellten_id_10813770.html

[106] https://www.faz.net/aktuell/wirtschaft/auto-verkehr/vw-investiert-35-milliarden-euro-in-elektromobilitaet-17051526.html

[107] https://www.stuttgarter-nachrichten.de/inhalt.verkehrsminister-alexander-dobrindt-der-buhmann.7c2ec705-913a-412c-addc-db7365e5c1f6.html

[108] https://www.welt.de/motor/news/article222731602/Motorschutz-ist-kein-Argument-EuGH-Urteil-zum-Dieselskandal.html

[109] https://www.eca.europa.eu/Lists/ECADocuments/BRP_Vehicle_emissions/BRP_Vehicle_emissions_DE.pdf

[110] https://www.sueddeutsche.de/wirtschaft/abgasaffaere-die-abgasaffaere-ein-debakel-fuer-die-gesamte-autoindustrie-1.2961703

[111] https://www.auto-motor-und-sport.de/verkehr/auto-kartell-vw-audi-porsche-bmw-und-daimler-diesel-abgasskandal-benzinpartikelfillter/

[112] https://www.handelsblatt.com/unternehmen/industrie/kartellverdacht-autokonzerne-sahen-dieselkrise-kommen-ohne-bescheissen-werden-wir-es-nicht-schaffen/24066992.html?ticket=ST-1354455-pe46uHjqkcyMBogtjkSv-ap3

[113] https://www.focus.de/finanzen/boerse/abgas-skandal-im-news-ticker-vw-will-vier-millionen-diesel-autos-nachruesten_id_7404005.html

[114] https://www.faz.net/aktuell/wirtschaft/auto-verkehr/daimler-chef-zetsche-bei-uns-wird-nicht-manipuliert-13824889.html

[115] https://www.auto-motor-und-sport.de/verkehr/auto-kartell-vw-audi-porsche-bmw-und-daimler-diesel-abgasskandal-benzinpartikelfillter/

[116] https://rundschau-hd.de/2019/03/kartellverdacht-ohne-bescheissen-werden-wir-es-nicht-schaffen/

[117] https://www.handelsblatt.com/unternehmen/industrie/dieselskandal-neue-manipulationsvorwuerfe-bringen-daimler-in-erklaerungsnot/24218420.html

[118] https://www.handelsblatt.com/unternehmen/industrie/dieselskandal-neue-manipulationsvorwuerfe-bringen-daimler-in-erklaerungsnot/24218420.html

[119] https://www.sueddeutsche.de/auto/daimler-mercedes-glk-rueckruf-kraftfahrtbundesamt-1.4495109?reduced=true

[120] https://www.vw-schaden.de/aktuelles/daimler-dieselskandal-die-betroffenen-modelle-heute-mercedes-sprinter-21-liter

[121] *Der Spiegel* 45/2021, „So soll Daimler seine Motoren manipuliert haben, Ein Hacker enthüllt Abgas-Tricks im Dieselskandal“

[122] https://www.t-online.de/auto/recht-und-verkehr/id_91089418/-mutmasslich-illegal-manipuliert-daimler-droht-der-naechste-skandal.html

[123] https://www.golem.de/news/dieselskandal-hacker-weist-daimler-abgas-manipulation-nach-2111-160883.html

[124] https://www.t-online.de/auto/recht-und-verkehr/id_91089418/-mutmasslich-illegal-manipuliert-daimler-droht-der-naechste-skandal.html

[125] https://www.focus.de/auto/news/abgas-skandal/vw-ea-288-vw-unter-druck-hinweise-auf-betrug-bei-neueren-dieselautos-verdichten-sich_id_24352284.html

[126] https://pneumologie.de/fileadmin/DGP_Luftschadstoffe_Positionspapier_20190129.pdf

[127] https://www.bverwg.de/pm/2018/9

[128] https://www.ace.de/ratgeber/mobilitaet/mobilitaet-aktuell/fahrverbote/

[129] https://www.essen.de/leben/mobilitaet/kraftfahrzeugverkehr/dieselfahrverbote/dieselfahrverbote.de.html

[130] https://diesel-verkehrsverbot.stuttgart.de/item/show/668796

[131] https://www.hwk-stuttgart.de/artikel/fahrverbote-wer-in-stuttgart-fahren-darf-und-wer-nicht-67,0,2104.html

[132] https://www.berlin.de/special/auto-und-motor/nachrichten/4947848-2301467-drohende-fahrverbote-was-dieselfahrer-wi.html

[133] https://www.zeit.de/mobilitaet/2018-12/diesel-stickoxid-grenzwerte-eu-kommission-eug-urteil

[134] https://abgasskandal-hpc.de/2019/07/16/moegliche-weitere-fahrverbote-nach-eugh-urteil/

[135] https://www.focus.de/auto/news/fahrverbote-wegen-feinstaub-erster-spd-politiker-fordert-aus-fuer-benzinfahrzeuge_id_10089607.html

[136] https://www.welt.de/wirtschaft/article164515641/Dieselverbot-schwebt-wie-ein-Damoklesschwert-ueber-Deutschland.html

[137] https://www.welt.de/newsticker/dpa_nt/infoline_nt/wirtschaft_nt/article173796711/Umfrage-Deutsche-zu-Fahrverboten-gespalten.html

[138] https://www.presseportal.de/pm/13399/3886490

[139] https://www.zeit.de/mobilitaet/2018-01/diesel-fahrverbote-bayern-verwaltungsgericht-zwangsgeld

[140] https://www.berlin.de/gerichte/verwaltungsgericht/presse/pressemitteilungen/2018/pressemitteilung.747221.php

[141] https://www.gesetze-im-internet.de/bimschv_39/BJNR106510010.html

[142] https://www.sueddeutsche.de/wissen/umwelt-berlin-wie-ungesund-ist-die-luft-buerger-koennen-no2-werte-messen-dpa.urn-newsml-dpa-com-20090101-191127-99-907709

[143] https://www.focus.de/auto/experten/mess-experte-spricht-klartext-gestern-stickoxid-heute-feinstaub-wie_id_10627923.html

[144] https://dipbt.bundestag.de/dip21/btd/17/005/1700508.pdf

[145] https://www.umweltbundesamt.de/themen/luftmessnetz-wo-wie-wird-gemessen

[146] https://www.lfu.bayern.de/luft/immissionsmessungen/index.htm

[147] https://www.tagesspiegel.de/berlin/berliner-luft-sorgt-das-coronavirus-wirklich-fuer-weniger-luftverschmutzung/25699472.html

[148] https://www.umweltbundesamt.de/presse/pressemitteilungen/daten-zur-luftqualitaet-2018-57-staedte-ueber-dem

[149] https://www.welt.de/wirtschaft/article188002921/Neue-Zahlen-veroeffentlicht-Messwerte-weiter-brisant-trotz-verbesserter-Luft-in-den-Staedten.html

[150] https://www.dwd.de/DE/presse/pressemitteilungen/DE/2019/20190619_gemeinsame_pm_uba_dwd_news.html

[151] https://www.umweltbundesamt.de/themen/luft/luftschadstoffe-im-ueberblick/ozon

[152] https://www.zeit.de/mobilitaet/2018-12/luftverschmutzung-massnahmen-deutsche-umwelthilfe-dieselfahrzeuge-klage

[153] https://www.umweltbundesamt.de/themen/luft/daten-karten/entwicklung-der-luftqualitaet#kombination-von-messung-und-modellrechnung

[154] https://www.heise.de/autos/artikel/Feinstaub-in-Stuttgart-Test-mit-Wasserreinigung-endet-3677633.html

[155] https://www.nabu.de/umwelt-und-ressourcen/oekologisch-leben/bauen-und-wohnen/27138.html

[156] https://www.wochenanzeiger-muenchen.de/sendling/hohe-feinstaubbelastung-durch-stop-and-go,62866.html

[157] https://inrix.com/press-releases/scorecard-2018-de/

[158] https://www.adac.de/verkehr/verkehrsinformationen/staubilanz/

[159] https://www.tagesspiegel.de/berlin/berlins-verkehrssenatorin-wir-moechten-dass-die-menschen-ihr-auto-abschaffen/24049058.html

[160] https://www.ulm.de/aktuelle-meldungen/zöa/dezember-2019/oepnv-im-ulm-bis-ende-2022-jeden-samstag-kostenlos

[161] https://www.electrive.net/2020/06/23/bremen-will-offenbar-erste-e-busse-bestellen/

[162] https://www.hochbahn.de/hochbahn/hamburg/de/Home/Naechster_Halt/Ausbau_und_Projekte/emissionsfreie_busse

[163] https://www.hochbahn.de/hochbahn/hamburg/de/Home/Naechster_Halt/Ausbau_und_Projekte/emissionsfreie_busse

[164] https://www.zeit.de/mobilitaet/2019-04/u-bahnen-feinstaub-luft-lokfuehrer-frankreich-grenzwerte?utm_referrer=https%3A%2F%2Fwww.google.com

[165] https://www.helmholtz.de/luftfahrt_raumfahrt_und_verkehr/wie-schmutzig-ist-der-diesel-wirklich/
[166] https://www.bundestag.de/dokumente/textarchiv/2019/kw11-de-dieselnachruestung-595204
[167] https://www.windkraft-journal.de/2019/03/13/duh-veroeffentlicht-stellungnahme-der-eu-kommission-zur-aenderung-des-bundes-immissionsschutzgesetzes/133561
[168] https://kopp-report.de/generation-greta-gebt-die-smartphones-ab/
[169] https://www.adac.de/rund-ums-fahrzeug/auto-kaufen-verkaufen/neuwagenkauf/euro-6d-temp-modelle/
[170] https://www.fuhrpark.de/was-bedeutet-euro-6d-isc-fcm
[171] https://www.welt.de/wirtschaft/article220453398/Euro-7-Norm-fuer-Autos-Weltfremde-Beschluesse-mit-dramatischen-Konsequenzen.html
[172] https://www.focus.de/auto/news/bmw-betriebsratschef-warnt-massiver-stellenabbau-durch-euro-7-norm_id_13022764.html
[173] https://www.msn.com/de-de/nachrichten/finance-top-stories/dramatischer-rückgang-der-verkäufe-in-europa-der-diesel-steht-vor-dem-aus/ar-BB1enH2e
[174] https://www.oecd-ilibrary.org/sites/4a4dc6ca-en/index.html?itemId=/content/publication/4a4dc6ca-en&_csp_=681d016aff567eeb4efd802d746cdcc4&itemIGO=oecd&itemContentType=book
[175] https://www.wiwo.de/politik/deutschland/faktencheck-wie-serioes-ist-die-deutsche-umwelthilfe/23937452.html
[176] https://www.capital.de/wirtschaft-politik/das-fragwuerdige-geschaeftsmodell-der-umwelthilfe
[177] https://www.faz.net/aktuell/wirtschaft/deutsche-umwelthilfe-cdu-ist-partei-der-autoindustrie-15999598.html
[178] https://www.duh.de/ueberuns/
[179] https://de.wikipedia.org/wiki/Abmahnverein
[180] https://www.juraforum.de/lexikon/abmahnverein
[181] https://www.duh.de/presse/pressemitteilungen/pressemitteilung/180914-3-jahre-dieselgate-bilanz-eines-regierungsversagens/
[182] https://www.n-tv.de/politik/CDU-will-der-Umwelthilfe-Mittel-streichen-article20762335.html
[183] https://www.wallstreet-online.de/nachricht/11072672-cdu-parteitag-ueberpruefung-gemeinnuetzigkeit-deutsche-umwelthilfe-e-v-duh
[184] https://www.tagesschau.de/inland/cdu-umwelthilfe-101.html
[185] https://www.gesetze-im-internet.de/ao_1977/__52.html
[186] https://www.welt.de/politik/deutschland/article185208346/CDU-Parteitag-Gemeinnuetzig-der-Deutschen-Umwelthilfe-soll-geprueft-werden.html
[187] https://www.tagesschau.de/inland/bgh-deutsche-umwelthilfe-101.html
[188] https://www.onlinehaendler-news.de/e-recht/rechtsfragen/132953-sammelklagen

[189] https://www.n-tv.de/wirtschaft/Umwelthilfe-darf-weiter-abmahnen-und-klagen-article21125128.html

[190] https://www.handelsblatt.com/politik/deutschland/streit-um-fahrverbote-nach-beugehaft-antrag-cdu-fdp-und-gruene-attackieren-deutsche-umwelthilfe/24885294.html?ticket=ST-7758573-Mz2k9WBd0rvxHNKhomCv-ap6

[191] https://www.duh.de/fileadmin/user_upload/download/Pressemitteilungen/Verkehr/190820_12-Punkte-Plan_für_eine_zukunftsfähige_Automobilindustrie_in_Deutschland_01.pdf

[192] https://www.presseportal.de/pm/9377/4198671

[193] https://www.n-tv.de/politik/CDU-will-der-Umwelthilfe-Mittel-streichen-article20762335.html

[194] https://www.focus.de/auto/news/keine-boeller-kein-diesel-das-steckt-hinter-der-finanzierung-der-umwelthilfe_id_10150766.html

[195] https://www.greenpeace.de/presse/presseerklaerungen/vor-urteil-zu-fahrverboten-greenpeace-aktivisten-protestieren-fuer-bessere

[196] https://www.duh.de/projekte/silvesterfeuerwerk/

[197] https://www.duh.de/fileadmin/user_upload/download/Projektinformation/Klimaschutz/Klimaschutzgesetz/OVGBB_Klimaschutzgesetz_-_Sektorübergreifende_Klage_final.pdf

[198] https://boostyourcity.de/deutsche-umwelthilfe-verklagt-bundesregierung

[199] https://www.duh.de/presse/pressemitteilungen/pressemitteilung/deutsche-umwelthilfe-stellt-antrag-auf-beugehaft-gegen-mitglieder-der-landesregierung-baden-wuerttemb/

[200] https://www.focus.de/politik/deutschland/wegen-umsetzung-von-diesel-fahrverboten-deutsche-umwelthilfe-beantragt-zwangshaft-gegen-regierungsmitglieder_id_11003910.html

[201] https://www.duh.de/tempolimit/

[202] https://www.bmvi.de/SharedDocs/DE/Pressemitteilungen/2018/073-nationale-plattform-zukunft-mobilitaet.html)

[203] Der Spiegel 4/2019 vom 30.1.2019

[204] https://www.spiegel.de/auto/aktuell/tempolimit-und-co-regierungskommission-schlaegt-scharfe-massnahmen-vor-a-1248672.html

[205] https://ec.europa.eu/commission/presscorner/detail/de/qanda_20_1004

[206] https://www.t-online.de/auto/recht-und-verkehr/id_48139090/richtgeschwindigkeit-warum-sie-sie-einhalten-sollten.html

[207] https://www.tagesspiegel.de/gesellschaft/panorama/urteil-raser-muessen-fuer-alle-folgen-ihres-handelns-buessen/1376930.html

[208] https://www.welt.de/politik/deutschland/article187830176/Tempolimit-auf-Autobahn-Nein-zu-Hoechstgeschwindigkeit-130.html

[209] https://www.handelsblatt.com/unternehmen/industrie/autobranche-das-ende-des-verbrennungsmotors-ist-nah-welche-hersteller-wann-aus-der-technologie-aussteigen/26938578.html
[210] https://www.zeit.de/mobilitaet/2021-03/verkehrswende-verbrenner-verbot-elektroauto-autoindustrie-verkehrspolitik
[211] https://taz.de/Volvo-begrenzt-die-Hoechstgeschwindigkeit/!5577923/
[212] https://www.auto-motor-und-sport.de/verkehr/isa-automatisches-tempolimit-ab-2022/
[213] https://ec.europa.eu/transport/road_safety/home_de
[214] https://www.heise.de/hintergrund/Im-Tal-der-Ahnungslosen-Studie-zu-Fahrassistenzsystemen-5068656.html
[215] https://ec.europa.eu/commission/presscorner/detail/de/IP_19_1793
[216] https://de.statista.com/statistik/daten/studie/30164/umfrage/verkehrstote-in-europa/
[217] https://www.spiegel.de/auto/aktuell/tempolimit-130-die-meisten-autofahrer-rasen-gar-nicht-a-1261436.html
[218] https://www.tagesschau.de/wirtschaft/autoabsatz-2020-kba-101.html
[219] https://www.vda.de/de/themen/automobilindustrie-und-maerkte/produktion/entwicklungen-in-der-produktion.html)
[220] https://www.auto-motor-und-sport.de/news/vw-abgasskandal-vor-41-jahren-musste-vw-schon-mal-zahlen/
[221] https://de.wikipedia.org/wiki/Abgasskandal
[222] https://www.dw.com/de/hitler-und-sein-volkswagen/a-43880843
[223] https://theicct.org/news/unterschied-zwischen-offiziellem-und-realem-kraftstoffverbrauch-neue-pkw-europa-stagniert
[224] https://www.kba.de/DE/Statistik/Fahrzeuge/Neuzulassungen/Umwelt/fz_n_umwelt_archiv/2017/2017_n_kurzbericht_umwelt_pdf.pdf
[225] https://www.autozeitung.de/co2-grenzwerte-192003.html
[226] https://www.c-klasse-forum.de/index.php?article/28-wir-halten-uns-grundsätzlich-an-die-gesetzlichen-vorgaben-und-haben-keinerlei-ma/
[227] https://www.uni-due.de/~hk0378/publikationen/2015/201510_Wirtschaftsdienst.pdf
[228] https://www.welt.de/wirtschaft/article220960722/Tesla-Elon-Musk-zwingt-BMW-und-Daimler-zum-Elektro-Glueck.html
[229] https://www.tagesspiegel.de/wirtschaft/bundesregierung-und-autoindustrie-die-chronik-der-fuenf-diesel-gipfel/23594234.html
[230] https://www.handelsblatt.com/unternehmen/industrie/diesel-breite-kritik-am-diesel-kompromiss/23600672.html
[231] https://www.volkswagenag.com/de/news/stories/2019/01/volkswagen-offers-exchange-incentive-all-over-germany.html#

[232] https://www.adac.de/verkehr/abgas-diesel-fahrverbote/fahrverbote/hardware-nachruestungen/

[233] https://www.faz.net/aktuell/wirtschaft/der-handelsstreit/so-wichtig-ist-die-autoindustrie-fuer-deutschland-16050840.html

[234] https://www.vzbv.de/sites/default/files/downloads/2018/09/13/cam_gutachten_vertrauenskrise_im_automobilmarkt_v1.1.pdf

[235] https://www.kba.de/DE/Statistik/Fahrzeuge/Bestand/b_jahresbilanz.html

[236] https://de.statista.com/statistik/daten/studie/484054/umfrage/durchschnittsverbrauch-pkw-in-privaten-haushalten-in-deutschland/

[237] https://www.spiegel.de/auto/aktuell/abgasskandal-schummelt-auch-das-software-update-von-vw-a-1247441.html

[238] https://www.kostenlose-urteile.de/BGH_VI-ZR-43319_Erste-BHG-Entscheidung-zum-Daimler-Thermofenster.news29773.htm

[239] https://www.finanzen.net/nachricht/aktien/abgasskandal-volkswagen-aktie-fester-bgh-sagt-verhandlung-zum-software-update-fuer-vw-diesel-kurzfristig-ab-9831831

[240] https://www.sonnenseite.com/de/mobilitaet/dieselskandal-deutsche-zeigen-erhoehte-wechselbereitschaft-zu-auslaendischen-automarken/

[241] https://de.statista.com/statistik/daten/studie/74433/umfrage/neuzulassungen-von-pkw-in-deutschland/

[242] https://www.auto-motor-und-sport.de/verkehr/autoabsatz-2019-kennzahlen-hersteller

[243] https://www.businessinsider.de/wirtschaft/mobility/svolt-chinesisches-unternehmen-spendiert-deutschland-naechste-gigafactory-m/

[244] https://www.cleanthinking.de/tag/northvolt/

[245] https://www.manager-magazin.de/unternehmen/autoindustrie/tesla-rivale-rivian-koennte-eigene-fabrik-in-deutschland-bauen-a-bfa9d4e4-0e6e-422b-93d1-9e571002e015

[246] https://www.auto-motor-und-sport.de/verkehr/diess-stellenabbau-wolfsburg-vw-30000-jobs/

[247] https://www.tagesschau.de/wirtschaft/autoabsatz-2020-kba-101.html

[248] https://www.rnd.de/wirtschaft/deutscher-automarkt-am-boden-19-prozent-weniger-neuzulassungen-als-im-februar-2020-I7EA3TL6KVHCZI6EU5ZDW7JGPA.html

[249] https://www.zeit.de/news/2019-04/25/oecd-fast-jeder-fuenfte-job-durch-automatisierung-bedroht-190425-99-958367

[250] https://www.welt.de/wirtschaft/article195985853/US-Autohersteller-Ford-will-12-000-Arbeitsplaetze-in-Europa-abbauen.html

[251] https://www.stuttgarter-zeitung.de/inhalt.nutzfahrzeugtochter-von-daimler-warum-bei-daimler-truck-tausende-jobs-gefaehrdet-sind.10052efb-b4b4-42d2-a269-e2fb3ad85405.html
[252] https://www.faz.net/aktuell/wirtschaft/konjunktur/droht-neue-welle-der-entlassung-durch-stellenabbau-von-konzernen-16268918.html
[253] https://www.igmetall.de/politik-und-gesellschaft/wirtschaftspolitik/arbeitsmarkt/darum-brauchen-wir-das-transformations-kurzarbeitergeld
[254] https://www.kloepfel-consulting.com/supply-chain-news/unternehmen/continental-kuerzt-nun-30-000-arbeitsplaetze-980032/
[255] https://www.welt.de/wirtschaft/article201106910/Autoindustrie-Elektromobilitaet-kostet-bis-2030-fast-125-000-Jobs.html
[256] https://www.autogazette.de/mercedes/eqc/elektro/mercedes-eqc-mit-einem-elektro-suv-in-eine-neue-aera-989389005.html
[257] https://www.auto-motor-und-sport.de/tech-zukunft/vw-kuendigt-ende-von-verbrennungsmotoren-entwicklung-fuer-2026-an/
[258] https://www.fuhrpark.de/bmw-beschleunigt-elektro-offensive
[259] https://www.glaesernemanufaktur.de/de/zukunft-erleben/zur-uebersicht/e-mobilitaet-ist-die-zukunft.html
[260] https://www.handelsblatt.com/unternehmen/industrie/autobauer-daimler-setzt-auf-die-kreuzung-aus-verbrenner-und-stromer-/23990970.html
[261] https://www.handelsblatt.com/unternehmen/industrie/vw-bmw-daimler-die-irrfahrt-der-deutschen-autoindustrie/24023306.html
[262] https://www.welt.de/wirtschaft/plus196469929/BMW-nach-Harald-Krueger-Die-netten-Jahre-sind-vorbei.html
[263] https://www.sueddeutsche.de/wirtschaft/krueger-bmw-abtriit-1.4512784
[264] https://www.heise.de/newsticker/meldung/EU-Klimaziele-Autobranche-sucht-Kaeufer-fuer-Elektroautos-4327071.html
[265] https://www.presseportal.de/pm/68912/4185966
[266] https://www.manager-magazin.de/unternehmen/autoindustrie/co2-vorgaben-eu-autobranche-drohen-14-mrd-strafen-wg-co2-flottenzielen-a-1304154.html
[267] https://www.automobil-industrie.vogel.de/emissionshandel-pakt-mit-dem-feind-a-835819/
[268] https://www.handelsblatt.com/technik/hannovermesse/bosch-geschaeftsfuehrer-stefan-hartung-deutsche-unternehmen-liegen-weiter-vorne-als-mancher-denkt/21179890.html
[269] https://www.ndr.de/nachrichten/niedersachsen/braunschweig_harz_goettingen/Corona-Krise-Fehlanzeige-VW-macht-weiter-Milliardengewinne,vw5560.html
[270] https://efahrer.chip.de/news/vw-will-elektro-meister-werden-doch-greenpeace-erhebt-ungeheuerlichen-vorwurf_104193

[271] https://www.manager-magazin.de/unternehmen/autoindustrie/porsche-boersengang-volkswagen-ag-sucht-finanzierungsquellen-fuer-e-offensive-a-2f9561af-474e-46a9-a504-224d1db6984d

[272] https://www.sueddeutsche.de/wirtschaft/auto-stuttgart-daimler-macht-mehr-gewinn-und-setzt-sich-groessere-ziele-dpa.urn-newsml-dpa-com-20090101-210217-99-483291

[273] https://www.autobild.de/artikel/bundeskanzlerin-merkel-eroeffnet-iaa-2015-6063811.html

[274] https://www.epa.gov/sites/production/files/2015-10/documents/vw-nov-caa-09-18-15.pdf

[275] https://www.vda.de/de/presse/Pressemeldungen/20180130-bernhard-mattes-folgt-matthias-wissmann-als-vda-pr-siden.html

[276] https://de.wikipedia.org/wiki/Gelbwestenbewegung

[277] https://www.consilium.europa.eu/de/press/press-releases/2019/01/16/co2-emission-standards-for-cars-and-vans-council-confirms-agreement-on-stricter-limits/

[278] https://www.vcd.org/artikel/vorgaben-fuer-klimaschonende-autos/

[279] 75 Jahre UNO – Macht und Ohnmacht der Vereinten Nationen, Andreas Dripke, Hang Nguyen, 336 Seiten, ISBN 978-3-947818-07-5

[280] https://www.bundeskanzlerin.de/bkin-de/aktuelles/rede-von-bundeskanzlerin-merkel-im-deutschen-bundestag-1526392

[281] https://www.lto.de/recht/hintergruende/h/eugh-c591-17-deutsche-maut-verstoss-unionsrecht-ungerechtfertigte-diskriminierung/

[282] https://www.handelsblatt.com/politik/deutschland/foerdermittel-erst-15-6-millionen-euro-von-milliarden-programm-fuer-saubere-luft-abgerufen/24305660.html

[283] https://www.spiegel.de/auto/aktuell/bundesrat-billigt-gesetz-zu-selbstfahrenden-autos-a-1147370.html

[284] https://www.heise.de/news/Gesetzentwurf-Scheuer-will-Regelbetrieb-autonomer-Fahrzeuge-einleiten-4920962.html

[285] https://twitter.com/heuteshow/status/892673564142444544?lang=de

[286] https://www.zeit.de/wirtschaft/2017-08/diesel-gipfel-software-update-fuer-fuenf-millionen-dieselfahrzeuge

[287] https://www.zeit.de/wirtschaft/2018-09/dieselgipfel-einigung-vertagt-fahrverbote-nachruestungen-abgasskandal

[288] https://www.deutschlandfunk.de/ergebnisse-des-autogipfels-hoehere-kaufpraemien-und-schnell.1773.de.html

[289] https://www.faz.net/aktuell/wirtschaft/auto-verkehr/elektromobilitaet-autogipfel-ohne-konkrete-ergebnisse-16252824.html

[290] https://www.umweltbundesamt.de/presse/pressemitteilungen/stickstoffdioxidbelastung-geht-2018-insgesamt

[291] https://www.umweltbundesamt.de/presse/pressemitteilungen/daten-zur-luftqualitaet-2018-57-staedte-ueber-dem

[292] https://taspo.de/kategorien/diesel-brief-613000-euro-steuergelder-verschwendet/
[293] https://www.autobild.de/artikel/fahrverbote-kennzeichenerfassung-14354533.html
[294] https://netzpolitik.org/2018/verkehrsminister-andreas-scheuer-die-massenueberwachung-von-autos-ist-doch-kein-ueberwachungsstaat/
[295] https://www.focus.de/auto/ratgeber/kosten/neue-oekosteuer-geplant-autoclub-neue-co2-steuer-kassiert-kleinverdiener-ab-und-bringt-umwelt-nichts_id_10897975.html
[296] https://www.zdf.de/politik/politbarometer/zdf-politbarometer-mehrheit-gegen-co2-steuer-102.html
[297] https://www.handelsblatt.com/finanzen/steuern-recht/steuern/co2-preis-was-die-neue-co2-steuer-fuer-verbraucher-bedeutet/26228322.html
[298] https://www.handelsblatt.com/politik/deutschland/diesel-urteile-verhaeltnismaessig-oder-weltfremd-streit-um-fahrverbote-entzweit-justiz-und-politik/23653482.html?ticket=ST-9283061-apsQ6XZtseFItfHZTQNF-ap3
[299] https://www.handelsblatt.com/politik/deutschland/a40-urteil-niemand-versteht-diese-selbstzerstoererische-debatte-ruhrgebiet-drohen-weitere-dieselfahrverbote/v_detail_tab_comments/23642168.html
[300] https://www.focus.de/auto/news/andreas-scheuer-bundesverkehrsminister-wirft-schulze-im-diesel-streit-verbrauchertaeuschung-vor_id_9921274.html
[301] https://www.sueddeutsche.de/wissen/umwelt-gelsenkirchen-scheuer-kritisiert-diesel-fahrverbot-fuer-autobahn-dpa.urn-newsml-dpa-com-20090101-181115-99-831109
[302] https://www.sueddeutsche.de/wirtschaft/daimler-parteien-spenden-parteispenden-1.4416783
[303] https://www.bundestag.de/dokumente/textarchiv/2018/kw39-de-aktuelle-stunde-abgasskandal-570244
[304] https://www.handelsblatt.com/politik/international/diesel-streit-cdu-wirtschaftsrat-zur-dieseltauschpraemie-der-steuerzahler-darf-nicht-zur-kasse-gebeten-werden/23135690.html
[305] https://www.handelsblatt.com/politik/deutschland/dieselskandal-spd-beharrt-auf-nachruestung-/20150928.html
[306] https://www.handelsblatt.com/politik/deutschland/annalena-baerbock-gruenen-chefin-fordert-mehr-mut-bei-euro-zonen-reform-und-schuldenerleichterungen-fuer-athen/21167728.html
[307] https://issuu.com/tourvision/docs/gr_ne__komplettes_diesel-verbot_bis
[308] https://www.focus.de/auto/news/abgas-skandal/unternehmen-oezdemir-fuer-bundesweit-einheitliche-regeln-bei-fahrverboten_id_9008099.html
[309] https://www.swp.de/politik/interview-mit-claudia-roth-ueber-den-wahlerfolg-der-gruenen-31183675.html

[310] https://www.merkur.de/wirtschaft/benziner-und-diesel-hofreiter-fordert-totales-verbot-und-spaltet-damit-eigene-partei-zr-12144363.html
[311] https://www.dw.com/de/ab-2030-keine-neuen-autos-mehr-mit-verbrennungsmotor/a-35997338
[312] https://www.faz.net/aktuell/wirtschaft/auto-verkehr/gruene-fordern-ende-des-verbrennungsmotors-bis-2030-16130328.html
[313] https://efahrer.chip.de/news/nur-noch-12-private-autofahrten-im-jahr-berliner-stellen-dreiste-oeko-forderung_104225
[314] https://www.auto-motor-und-sport.de/verkehr/suv-neuzulassungen-deutschland-dezember-2019-daten-zahlen-jahr-bilanz/
[315] https://www.heise.de/tp/features/SUVs-Botschaft-von-Ruecksichtslosigkeit-Herrschsucht-und-vermeintlicher-Ueberlegenheit-4451981.html
[316] https://www.zeit.de/mobilitaet/2019-12/zwangshaft-urteil-markus-soeder-eugh-diesel-fahrverbote-deutsche-umwelthilfe
[317] https://de.wikipedia.org/wiki/Gelbwestenbewegung
[318] https://www.br.de/nachrichten/deutschland-welt/die-querdenker-eine-heterogene-protestbewegung,SO9TvdX
[319] https://www.bild.de/wa/ll/bild-de/unangemeldet-42925516.bild.html
[320] https://www.ruhr24.de/dortmund/title-page-2-13094819.html
[321] https://www.sueddeutsche.de/wirtschaft/frankreich-macron-protest-gilets-jaunes-1.4214095
[322] https://www.t-online.de/nachrichten/ausland/usa/id_85120258/proteste-in-frankreich-die-gelbwesten-haben-macron-entzaubert.html
[323] https://www.bmu.de/gesetz/gesetzesentwurf-eines-dreizehnten-gesetzes-zur-aenderung-des-bundes-immissionsschutzgesetzes/
[324] https://www.sueddeutsche.de/politik/grenzwerte-feinstaub-scheuer-1.4365362?reduced=true
[325] https://www.spiegel.de/wissenschaft/mensch/belchatow-in-polen-das-groesste-braunkohlekraftwerk-der-welt-a-1300995.html
[326] https://www.test.de/Abgasskandal-4918330-5092247/
[327] https://www.zeit.de/news/2019-06/26/urteil-eugh-staerkt-anwohnerrechte-bei-luftverschmutzung-190626-99-801742
[328] https://www.mdr.de/nachrichten/panorama/weniger-pendler-verkehr-corona-100.html
[329] https://www.tagesschau.de/inland/mobilitaet-105.html
[330] https://www.adac.de/verkehr/abgas-diesel-fahrverbote/fahrverbote/hardware-nachruestungen/
[331] https://www.heise.de/newsticker/meldung/Dieselskandal-Bei-Hardware-Nachruestungen-droht-ein-Debakel-4710527.html
[332] https://www.bmvi.de/SharedDocs/DE/Artikel/StV/Hardware-Nachruestung/hardware-nachruestung-fuer-handwerker-und-lieferfahrzeuge.html

[333] https://www.bmu.de/meldung/erklaerung-des-bmu-zum-diesel-gipfel-vom-8-november-2018/

[334] https://www.spiegel.de/spiegel/print/d-160838441.html

[335] https://www.chemie.de/lexikon/Selektive_katalytische_Reduktion.html

[336] https://www.finanztip.de/blog/faq-diesel-abgasskandal-und-fahrverbote/

[337] https://www.zdf.de/nachrichten/heute/software-updates-diesel-umruestungen-dauern-noch-100.html

[338] https://www.auto-motor-und-sport.de/tech-zukunft/diesel-fahrverbot-nox-abgasskandal-rde-technik-erklaert/

[339] https://www.spiegel.de/auto/aktuell/abgasskandal-porsche-und-audi-ueberschreiten-grenzwerte-um-ein-vielfaches-a-1275362.html

[340] https://www.presseportal.de/pm/7849/3872538

[341] https://www.presseportal.de/pm/6343/3870760

[342] https://www.tagesschau.de/wirtschaft/verbraucher/bgh-abgasskandal-thermofenster-volkswagen-software-101.html

[343] https://web.de/magazine/wissen/wissenschaft-technik/stickoxid-grenzwerte-dieselautos-umsetzung-strassenverkehr-35589492

[344] https://www.daserste.de/information/wirtschaft-boerse/plusminus/sendung/klagen-diesel-skandal-100.html

[345] https://www.handelsblatt.com/unternehmen/industrie/abgasskandal-ueber-400-000-dieselfahrer-schliessen-sich-klage-gegen-vw-an/23936628.html

[346] https://www.tagesschau.de/wirtschaft/vw-nutzfahrzeuge-107.html

[347] https://www.tagesspiegel.de/wirtschaft/wer-zu-spaet-kommt-ueber-9000-dieselklagen-gegen-vw-duerften-verjaehrt-sein/26717624.html

[348] https://www.spiegel.de/auto/aktuell/volkswagen-muss-kaufpreis-erstatten-was-das-urteil-fuer-vw-kunden-bedeutet-a-1240137.html

[349] https://www.automobilwoche.de/article/20181106/NACHRICHTEN/181109962/gerichtsurteil-porsche-muss-diesel-cayenne-zuruecknehmen

[350] https://www.anwalt.de/rechtstipps/lg-stuttgart-verurteilt-porsche-im-dieselskandal-zu-schadensersatz_149628.html

[351] https://www.spiegel.de/auto/aktuell/porsche-cayenne-und-macan-kraftfahrt-bundesamt-erlaesst-amtlichen-rueckruf-a-1208382.html

[352] https://www.autohaus.de/nachrichten/autohersteller/software-update-porsche-macan-muss-erneut-in-die-werkstatt-2721904

[353] https://www.zeit.de/mobilitaet/2019-05/dieselskandal-porsche-muss-535-millionen-euro-bussgeld-zahlen

[354] https://www.br.de/nachrichten/bayern/audi-und-der-abgasskandal-die-chronologie-der-manipulation,RUUhMZG

[355] https://www.proplanta.de/agrar-nachrichten/agrarpolitik/abgasskandal-scheuer-verteidigt-kba_article1561993266.html

[356] https://www.tagesschau.de/thema/dieselskandal/

[357] https://www.ovg.nrw.de/behoerde/presse/pressemitteilungen/01_archiv/2018/36_180817/index.php

[358] https://rsw.beck.de/aktuell/daily/meldung/detail/ovg-muenster-halter-von-manpulierten-diesel-kfz-zu-software-update-verpflichtet

[359] https://www.zeit.de/wirtschaft/unternehmen/2018-06/abgasskandal-vw-geldbusse-niedersachsen

[360] https://www.justiz.bayern.de/gerichte-und-behoerden/staatsanwaltschaft/muenchen-2/presse/2018/13.php

[361] https://www.dw.com/de/bmw-muss-85-millionen-euro-bußgeld-zahlen/a-47675453

[362] https://www.musterfeststellungsklagen.de

[363] https://www.adac.de/verkehr/abgas-diesel-fahrverbote/abgasskandal-rechte/faq-musterfeststellungsklage/

[364] https://www.anwalt.de/rechtstipps/fehlerhafte-widerrufsbelehrung-im-darlehensvertrag-fuehrt-zu-schadensersatz_181424.html

[365] https://www.handelsblatt.com/finanzen/steuern-recht/recht/gerichtsverhandlung-vw-droht-aerger-mit-autokrediten/20497294.html?ticket=ST-9886823-rN0vHhkYDac2vb0Nrj7j-ap3

[366] https://www.vw-schaden.de/aktuelles/mercedes-bank-widerruf-autokredit-landgericht-stuttgart-verurteilt-mercedes-bank-wegen

[367] https://www.lto.de/recht/nachrichten/n/vg-muenchen-update-software-diesel-abgas-weigerung-betriebsuntersagung/

[368] https://www.juraforum.de/lexikon/gleichbehandlung-im-unrecht

[369] https://www.sueddeutsche.de/muenchen/dieselskandal-software-update-fahrerlaubnis-gericht-1.4230401?reduced=true

[370] https://www.vw-schaden.de/aktuelles/landgericht-offenburg-gutachten-soll-bei-opel-insignia-klaeren-ob-unzulaessige

[371] https://www.lto.de/recht/nachrichten/n/olg-muenchen-54o69119-abgasaffaere-diesel-vw-verjaehrung-2018/

[372] https://www.zeit.de/mobilitaet/2019-02/dieselskandal-bgh-stuft-abschalteinrichtung-als-sachmangel-ein

[373] https://www.autoservicepraxis.de/index.php/nachrichten/recht/bgh-diesel-abschalteinrichtung-ist-mangel-2493933

[374] https://www.manager-magazin.de/unternehmen/bgh-bundesgerichtshof-stellt-haftung-von-audi-im-diesel-skandal-infrage-a-2203eb29-881b-4a65-a0d4-efd8bde3d6d0

[375] https://www.rnd.de/wirtschaft/urteil-zu-dieselskandal-audi-kommt-zu-billig-weg-VPFBK2GRQZFWHG5QIIDCEOHHNY.html

[376] https://www.sueddeutsche.de/wirtschaft/spediteure-lastwagen-manipulation-1.4391601?reduced=true

[377] https://germanwatch.org/de/overshoot

[378] https://www.footprintnetwork.org
[379] https://www.grin.com/document/633364
[380] https://www.nau.ch/news/europa/greta-thunberg-ist-stolz-darauf-auf-autismus-spektrum-zu-sein-65502661
[381] https://www.dw.com/de/finanzminister-vereinbaren-klimakoalition/a-48318529
[382] https://www.stern.de/panorama/finanzminister-gruenden--klimakoalition----fuer-co2-bepreisung-8666216.html
[383] https://library.wmo.int/doc_num.php?explnum_id=5789
[384] https://www.br.de/klimawandel/kuh-kuehe-rind-rinder-methan-klima-landwirtschaft-treibhausgase-100.html
[385] https://www.welt.de/wissenschaft/video199492382/Klimakiller-Eine-Kuh-ist-in-etwa-so-klimaschaedlich-wie-ein-Kleinwagen.html
[386] https://www.br.de/klimawandel/kuh-kuehe-rind-rinder-methan-klima-landwirtschaft-treibhausgase-100.html
[387] https://www.faz.net/aktuell/wirtschaft/klimanotstand-ausgerufen-so-soll-grossbritannien-klimaneutral-werden-16167376.html
[388] https://www.kn-online.de/Kiel/Kiel-macht-ernst-mit-dem-Klimanotstand
[389] https://www.spiegel.de/panorama/klimanotstand-in-konstanz-was-erreicht-wurde-und-wieso-nun-streit-droht-a-f137c8a9-e61d-4291-9a23-e8b926f3130c
[390] https://www.br.de/klimawandel/un-klimakonferenz-2018-kattowitz-klimagipfel-100.html
[391] https://pvspeicher.htw-berlin.de/wp-content/uploads/2016/05/HTW-2016-Sektorkopplungsstudie.pdf
[392] https://report.ipcc.ch/sr15/pdf/sr15_spm_final.pdf
[393] https://www.pik-potsdam.de/pik-startseite
[394] https://www.irena.org
[395] https://www.erneuerbare-energien.de/EE/Navigation/DE/Recht-Politik/International/IRENA/irena.html
[396] https://www.n-tv.de/politik/Wie-koennen-Sie-es-wagen--article21291000.html
[397] https://www.onvista.de/news/guterres-mahnt-eindringlich-zum-handeln-angesichts-der-klimakrise-277726529
[398] https://www.globalecho.org/84990/generation-greta-gebt-sofort-die-smartphones-ab/
[399] https://www.zdf.de/nachrichten/heute/smartphones-2040-groesste-klimakiller-100.html
[400] https://www.heise.de/newsticker/meldung/Fuer-wieviel-CO2-Ausstoss-sind-Internetsuchen-verantwortlich-Update-196697.html
[401] https://www.fnp.de/lokales/hochtaunus/kronberg-hessen-luxusautos-zerstoert-polizei-steht-vor-raetsel-12945659.html
[402] https://www.24matins.de/topnews/eins/studie-deutsche-premium-marken-dominieren-zunehmend-pkw-bestand-in-deutschland-246638
[403] https://es.wikipedia.org/wiki/WLTP

[404] https://www.vda.de/de/themen/umwelt-und-klima/WLTP-realitaetsnaehere-Ergebnisse-beim-Kraftstoffverbrauch/WLTP-Wieso-ein-neues-Testverfahren.html
[405] https://www.adac.de/rund-ums-fahrzeug/auto-kaufen-verkaufen/neuwagenkauf/euro-6d-temp-modelle/
[406] https://www.vda.de/de/themen/umwelt-und-klima/WLTP-realitaetsnaehere-Ergebnisse-beim-Kraftstoffverbrauch/WLTP-Was-unterscheidet-das-neue-Testverfahren-vom-alten.html
[407] https://www.sueddeutsche.de/wirtschaft/verbrennungsmotor-klimakonferenz-in-glasgow-cop26-1.5460494
[408] https://www.welt.de/politik/deutschland/article165359594/Als-Merkel-in-die-Zukunft-blicken-soll-lacht-das-Auditorium.html